LIST

neue edition list
Herausgeber: Adelbert Reif

Die Frage »Was heißt Philosophie« oder »Was heißt philosophieren« muß neu gestellt werden. Die Philosophie der zweiten Hälfte des 20. Jahrhunderts kann nicht mehr als eine in sich geschlossene autonome Wissenschaft verstanden werden, als eine Disziplin, die ihre Erkenntnisse unabhängig von der Veränderung der Einzelwissenschaften gewinnt. Im Gegenteil: Heute kommt es zu fortwährenden Überschneidungen und Berührungen zwischen der Philosophie und ihren Nachbardisziplinen. Die klassischen philosophischen Probleme bleiben zwar weiterhin in der Diskussion, sie haben jedoch eine Wandlung durchgemacht; sie erscheinen heute überall dort, wo in den Einzelwissenschaften Fragen auftreten, die den jeweiligen theoretischen oder empirischen Ausgangspunkt überschreiten.
Dieser neuen Lage der Philosophie trägt unser Band Rechnung. Die Frage, wo heute Philosophie verdeckt oder direkt eine Rolle spielt, wird von prominenten Vertretern ihres Faches gestellt; die Linguistik und Logik kommen ebenso zu Wort wie die Anthropologie, die Psychoanalyse und die Sozialpsychologie.

Marlis Gerhardt (Hrsg.)

Die Zukunft der Philosophie

Mit Beiträgen von

Klaus Baumgärtner
Ernst Bloch
Marlis Gerhardt
Jürgen Habermas
Klaus Horn
Ekkehard Kaemmerling
Wolf Lepenies
Alfred Lorenzer
Niklas Luhmann
Hans Jörg Sandkühler

List Verlag München

Redaktion: Hansjörg Graf

Umschlaggestaltung: Werkstatt Hotop. Entwurf: Monica Plenk

Diesem Sammelband liegt eine Sendereihe des Süddeutschen Rundfunks zugrunde.

ISBN 3 471 66576 5

Printed in Germany. Schrift: Garamond Antiqua.
Satz und Druck: Süddeutscher Verlag, München.
Bindearbeit: Grimm u. Bleicher, München.

Inhalt

Vorwort 7

Ekkehard Kaemmerling
Aspekte des Positivismus
Geschichte-Methoden-Begriffe positivistischen Denkens 9

Marlis Gerhardt
Die gegenwärtige Lage der Philosophie
untersucht am Beispiel der Schriften von Karl-Otto Apel 40

Hans Jörg Sandkühler
Die Geschichte besser verstehen – die Wirklichkeit
besser gestalten 63

Niklas Luhmann
Interaktion, Organisation, Gesellschaft
Anwendungen der Systemtheorie 85

Klaus Baumgärtner
Logik in der Alltagssprache 108

Wolf Lepenies
Zur Aktualität der Anthropologie 128

Alfred Lorenzer
Psychoanalyse und Gesellschaft 149

Klaus Horn
Sozialpsychologie versus politische Psychologie 166

Jürgen Habermas
Die Rolle der Philosophie im Marxismus 191

Ernst Bloch
Utopische Funktion im Materialismus 205

Die Autoren 231

Namenregister 237

Vorwort

> Als Saussure das System der Sprache (langue) von der gesprochenen Sprache (parole) unterschied und damit einen Gegenstand der Linguistik hervorbrachte, hat er eine Operation philosophischer Natur angestellt. Als Russell in der Logik die Schwierigkeit, die Unmöglichkeit aufdeckte, die Existenz als Prädikat zu betrachten bzw. den Existenzsatz als einen Satz vom Typ Subjekt-Prädikat zu sehen, hat er die Arbeit eines Logikers getan; aber die Tätigkeit, die ihm diese logische Entdeckung ermöglicht hat, war eine philosophische Tätigkeit. Wenn die Philosophie also nicht mehr so sehr ein bestimmter Diskurs als vielmehr eine einem objektiven Feld immanente Tätigkeit ist, kann sie nicht mehr eine totalisierende Perspektive beanspruchen. Sofern Husserl also die innere Erkenntniswelt in ihrem Bezug zum transzendentalen Subjekt überdacht hat, ist er der letzte Philosoph mit absolut universalistischen Ansprüchen. Dieser Anspruch scheint mir nunmehr hinfällig zu sein.
>
> Michel Foucault

Was bedeutet es heute eigentlich, von »Philosophie« oder »Philosophieren« zu sprechen? Gibt es überhaupt, abgesehen von der akademischen Weiterführung vorhandener Disziplinen und Traditionen, noch eine in sich geschlossene, autonome Wissenschaft, auf die man den Begriff Philosophie in eindeutiger Form anwenden kann?

Hält man an einem derartigen traditionellen Anspruch fest, dann haben einige der Aufsätze dieses Bandes kaum etwas mit Philosophie zu tun, sondern gehören eindeutig in den Bereich der Psychoanalyse, Sozialpsychologie, Anthropologie oder

Linguistik. Diese Grenzüberschreitung in Richtung auf anscheinend sehr unphilosophische Bereiche erklärt sich aus der Konzeption dieser Reihe. Wenn sie versucht, die aktuelle Situation der Philosophie von sehr verschiedenartigen Ansätzen aus zu beleuchten, geht sie davon aus, daß sich spätestens in der zweiten Hälfte des 20. Jahrhunderts die Grenze zwischen Philosophie und Nicht-Philosophie so weit verschoben hat, daß eine eindeutige Bestimmung der philosophischen Tätigkeit nicht mehr möglich ist.

Die klassischen philosophischen Probleme sind zwar nicht verschwunden und sie haben sich auch nicht – wie der frühe Positivismus nachzuweisen versuchte – als sinnlos erwiesen. Nur haben sie inzwischen eine Reihe von Transformationen und Verschiebungen erfahren. Philosophie erscheint heute an Stellen, wo sie anscheinend wenig zu suchen hat, nämlich im Zusammenhang linguistischer, psychoanalytischer, ökonomischer oder soziologischer Überlegungen, um nur diejenigen Bereiche anzuführen, auf denen in diesem Band das Schwergewicht liegt.

Im Kontext der Einzelwissenschaften werden heute – und dies ist die Grundthese dieser Sammlung – Fragen gestellt, die den jeweiligen empirischen und theoretischen Ausgangspunkt übersteigen und die philosophische Fragen sind, auch wenn sie nicht ausdrücklich als solche deklariert werden. Und nur von hier aus kann die Frage neu gestellt werden: Wo beginnt Philosophie, was leistet sie und was trägt sie zur Diagnose und Therapie unserer heutigen Situation bei.

Ekkehard Kaemmerling
Aspekte des Positivismus

Geschichte – Methoden – Begriffe positivistischen Denkens

1 Annäherung an das positivistische Denken

Der *Positivismus* gehört zu den einflußreichsten und zugleich umstrittensten philosophischen Strömungen des 19. und 20. Jahrhunderts. Während seine Anhänger in ihm einen ersten entscheidenden Schritt zur Verwissenschaftlichung der Philosophie sehen, werfen ihm seine Gegner vor, einen verengten, reduzierten Begriff der Philosophie und der Wissenschaft allgemein zu vertreten.

Bekannt geworden ist die Diskussion um den Positivismus in den sechziger Jahren durch den sogenannten *Positivismusstreit in den deutschen Sozialwissenschaften.* Die *Kritischen Rationalisten* Karl R. Popper und Hans Albert plädierten dabei für das Konzept eines in entscheidenden Punkten bereits veränderten Positivismus, die *Kritische Theorie der Frankfurter Schule*, vertreten durch Theodor W. Adorno und Jürgen Habermas, lehnte dagegen dieses Konzept zugunsten einer dialektischen Konstitutionstheorie scharf ab, welche die in seinen gesellschaftlichen Bezügen gründende Totalität des Erkenntnisobjekts allein zu erhalten vermöge.

Trotz dieser inzwischen berühmt gewordenen Kontroverse, in der der Ausdruck ›Positivismus‹ von beiden Seiten mit einem polemischen Unterton verwendet wurde, trat die begriffliche Bedeutung des Ausdrucks ›Positivismus‹ nicht genügend klar hervor. Mit dem Ausdruck ›Positivismus‹ nämlich werden verschiedene Erkenntnis- und Wissenschaftsmethoden bezeichnet, die aus der antiken Philosophie Epikurs bis zur heutigen Wissenschaftsmethodologie der Kritischen Rationalisten Popper und Albert reichen. Diese Erkenntnismethoden vereinigen auf sich einige ihnen allen gemeinsame erkenntnistheoretische Merkmale, durch die eine bestimmte Haltung des Wissenschaftlers zu der ihn umgebenden Welt hervorgerufen wird:

a. Jede menschliche Erkenntnis kann nur von dem *wahrnehmbar Gegebenen* ausgehen, d. h. von jenen positiven Tatsachen, die mit den menschlichen Sinnen des Sehens, Hörens, Fühlens, Riechens, Schmeckens wahrgenommen werden können.

b. Zur Erkenntnisgewinnung liegen nur in ihrer Zusammenstellung jeweils veränderte Mengen von *Sinneseindrücken* oder *Sinnesempfindungen* vor. Diese verfügen jedoch über bestimmte Regelmäßigkeiten wie z. B. Zuordnungen im raumzeitlichen Koordinatensystem.

c. Alles über die in der sinnlichen Wahrnehmung vorfindliche Welt Hinausweisende ist hingegen kein Gegenstand menschlichen Wissens. Folglich kann die Ordnung dieser Welt aus Dingen, Personen und deren Eigenschaften, die in Form einer bestimmten Ideologie jenseits sinnlicher Erfahrung liegt, kein wissenschaftliches Erkenntnisobjekt sein, wie auch die eine Metaphysik begründenden Sätze für sinnlos erklärt werden, ohne sie einer weiteren Analyse zu unterwerfen.

d. Da das *erkennende Subjekt* und das *erkannte Objekt* nicht mehr länger als zwei voneinander getrennte Bereiche gelten, wird jener Scheidung der Boden entzogen. Das Ich wird zum ›Scheingebilde‹ deklariert, dem kein Anspruch auf Eigenständigkeit mehr zukommen kann.

e. Der Positivismus bezieht eine *radikal antimetaphysische Haltung*. Er nimmt keine Erkenntnisse für wahr und damit auch als sinnvoll an, welche sich nicht auf Sinneseindrücke und damit auf intersubjektive Aussagen zurückführen lassen. In diesem Punkt trifft er sich mit einem ›szientistisch‹ zu nennenden Empirismus, der eine gerechtfertigte Erkenntnis nur in einem erfahrungswissenschaftlichen System als möglich ansieht. Von solcher Erfahrung hat, weil unbeweisbar, ausgeschlossen zu bleiben, was sich nicht auf Sinneseindrücke der umgebenden Wirklichkeit zurückleiten läßt und deshalb nicht durch sinnliche Erfahrung angeeignet werden kann. (Aufgliederung nach Harald Delius, »Positivismus und Neopositivismus«. In: *Fischer-Lexikon: Philosophie*, Frankfurt/Main, ²1967, S. 262–280, ebd. S. 262–263.)

Obgleich jene Methoden, die diese Merkmale tragen, sich kraft solcher Gemeinsamkeiten in der Geschichte wissenschaftlichen Denkens zu einer Kette verbinden, mit der ein durchgängiger Dualismus von Positivismus und Idealismus als den konträren Formen der Weltaneignung in der Geschichte der Philosophie eingerichtet wird, so darf doch von *dem* Positivismus niemals die Rede sein. Was auch in jenem ›Positivismusstreit‹ nämlich fehlte, war eine kurze, aber zugleich verständliche wissenschaftsgeschichtliche Erörterung positivistischer Erkenntnistheorie. Ohne von einer Forschungsabsicht geleitet zu sein und mithin dem, was wissenschafts- und methodengeschichtlich über den Positivismus bekannt ist (wenn es nur wirklich bekannt wäre), nichts unbedingt Neues hinzufügend, hätte eine solche Studie doch den damaligen Mangel an gegenseitigem Verständnis gemindert. Sie hätte die unter einem einzigen, unscharfen Begriff gefaßte Summation geschichtlich wie systematisch voneinander abweichender positivistischer Methodologien in eben diese Stadien und Erkenntnistheorien bzw. Theorien der Methode wieder aufgelöst. – Zumindest dieses Ziel sucht unter kritischer Distanz der folgende Essay zu erreichen.

2 Die Entwicklung positivistischer Philosophie von Epikur bis Hume

Verfolgen wir zunächst in Stichworten und ohne den Anspruch, eine differenzierte Kritik zu leisten, den Weg positivistischen Philosophierens bis zu Beginn des 19. Jahrhunderts. Was mit Epikur (342–271 v. Chr.) beginnt, der die sinnliche Wahrnehmung zur alleinigen Quelle von Erkenntnis erklärt und sich damit in Opposition zu Platons Ideenlehre stellt, findet seinen ersten Höhepunkt im *Universalienstreit der Scholastik.* Im Universalienstreit vertreten die *Realisten* die Auffassung, daß den allgemeinen Begriffen, die uns zur Ordnung der sinnlich wahrnehmbaren Welt dienen, das gleiche Recht auf reale Existenz zukommt wie den von ihnen bezeichneten Erscheinungen. Demgegenüber sehen die *Nominalisten* die allgemeinen Begriffe nur in Verknüpfung mit den Formen oder in deren Gestalt als bestehend an, die den Dingen und bestimmbaren Eigenschaften der Dinge zugesprochen werden. In geringfügiger Abwandlung setzt dieser Streit hierbei zugleich das antike sprachphilosophische Problem fort, ob den Dingen die Namen von Natur oder mittels vereinbarter Setzung zukommen, und greift auf die Philosophie des englischen Empirismus wie auch in weit spätere positivistische Nominalismustheorien vor.

Bevor nämlich der Positivismus im 19. Jahrhundert seine Ausprägung unter John Stuart Mill, Auguste Comte und Ernst Mach erhält, zeichnet sich hundert Jahre vorher die Verbindung von Natur- und Geisteswissenschaften im *Englischen Empirismus* bereits ab. Im Anschluß an Francis Bacon (1561–1626), der eine Wissenschaftsmethodik zu begründen sucht, die auf experimentelle und induktive Verfahren der Erkenntnisgewinnung hinausläuft, unterteilt David Hume (1711–1776) alles, was menschlichem Wissen zugänglich ist, in zwei große Gruppen:

a. in *Eindrücke (impressions)*, die sich auf die sinnliche Wahrnehmung ebenso beziehen wie auf die Wahrnehmung unserer eigenen menschlichen Verfassung, und

b. in *Vorstellungen (ideas)*, die sich als abgeschwächte Bilder solcher Eindrücke in uns niederschlagen.

Demnach erweisen sich durch Humes Entwurf der Tatsachenerkenntnis die Tatsachen als Entitäten, denen nur *Wahrscheinlichkeit* zukommen kann.

Die jeweiligen Verknüpfungen und Bezüge der Eindrücke machen die Menge dessen aus, was wir wissen. Diesen Bezügen aber liegt eine genaue begriffliche Bestimmung von Kausalität und Funktionalität zugrunde. Nach Hume beruht Kausalität, die Beziehung von Ursache und Wirkung, niemals auf reinem Denken a priori, sondern ausschließlich auf Erfahrung. Das Kausalitätsverhältnis zwischen den Sachverhalten offenbart nur die Einsicht darein, daß ein Vorgang 2 auf einen Vorgang 1 folgt. Es erlaubt jedoch nicht die Einsicht in die Notwendigkeit dieses Ablaufs. Folglich erklärt Kausalität nicht, daß Vorgang 2 *auf Grund von* Vorgang 1 zu erfolgen hat. Humes Festlegung eines solchen Kausalitätsbegriffs muß mithin zu einem bestimmten Begriff einer von Wahrnehmungen ausgehenden *psychischen Assoziation* führen. Hume leitet Naturgesetze aus *Gewohnheiten der Wahrnehmungen* ab. Wir bilden Naturgesetze, weil wir gewisse Dinge immer wieder wahrnehmen. Wenn aber psychische Assoziationen, die in Wahrnehmungsgewohnheiten ihren Ausgangspunkt haben, in naturgesetzlichen Zusammenhängen verankert sind, so wird folglich auch die Vorstellung eines *frei* assoziierenden und von der Wirklichkeit abgelösten Denkens aufgehoben.

Neben dieser Art steht eine zweite Gruppe von Erkenntnissen, die nur die *konzeptuellen Beziehungen (relations of ideas)* berücksichtigt. Sie beruhen auf Operationen des Denkens, ohne in die real bestimmbaren Verhältnisse zwischen den Gegenständen oder zwischen verschiedenen Sachverhalten eingebettet zu sein. Folglich bleiben sie, als intuitiv charakterisiert, außerhalb jedes wissenschaftlichen Verwendungszusammenhangs.

3 Comte, Mach und der naturwissenschaftlich-philosophische Positivismus des 19. Jahrhunderts

Als philosophische Richtung im engeren Sinne wird der Positivismus jedoch erst im 19. Jahrhundert begründet. Der französische Philosoph und Soziologe Auguste Comte (1798–1857), der allgemein als der Begründer des Positivismus gilt, verdient diese Bezeichnung bei genauerer Betrachtung nur zu Unrecht. Weder hat er vorgefundene Positionen radikalisiert – darin greift Hume weit über Comte hinaus –, noch hat er jene antimetaphysische, naturwissenschaftlich bestimmte Haltung erstmals begründet, die er in seinen Schriften vertritt.

In seinem »Discours sur l'esprit positif« (1844) hat Comte seine Bestimmung positiven Denkens niedergelegt. ›Positiv‹ bezeichnet das, was *tatsächlich bei sinnlicher Wahrnehmung vorzufinden* ist *(réel)*. Dieses tatsächlich Vorfindliche wird damit von dem bloß *Eingebildeten (chimérique)* abgehoben. Positive Tatsachen können den Anspruch erheben, *gewiß* zu sein *(certitude)*, da sie nicht im Bereich des *Unentschiedenen (l'indécision)* verbleiben. Das Positive ist das *Genaue (le précis)*, also das, was sich exakt aufweisen läßt. Es tritt dem *Unbestimmten und Verschwommenen (le vague)* entgegen. Zugleich bedeutet es das *Nützliche (l'utile)* im Gegensatz zum *Überflüssigen (l'oiseux)*. Und schließlich beansprucht das Positive keine *Absolutheit (l'absolu)* für sich, sondern zielt nur auf *relative Geltung (le relatif)*. (Vgl. Auguste Comte, Discours sur l'esprit positif [Iring Fetscher, Ed.], Hamburg 1956, S. 82 f.)

Diese Festlegung des Begriffs ›Positivismus‹ ist erstmals in Comtes *Dreistadiengesetz* (1822) angelegt. Während es den Anfang des älteren Positivismus bezeichnet, liegt sein Ursprung doch in dem geschichtsphilosophischen Denken des späten 18. Jahrhunderts. Das Dreistadiengesetz beschreibt eine Entwicklung des individuellen und des kollektiven Geistes von der *Theologie* über die *Metaphysik* bis zum neuzeitlichen Stadium der *positiven Wissenschaft.* Zwar entlehnt Comte das Modell bei Condorcet und Saint Simon, doch verändert es sich unter ihm zum Mittel, allein der Wissenschaft das Recht auf Erkenntnis zuzusprechen. Erkenntnis wird von jedem Bezug zur Metaphysik befreit und damit zugleich wieder aufgehoben. Denn die systematische Theorie der Wissenschaften, die sich in Comtes System der sechs Grundwissenschaften zwischen Mathematik und Soziologie bereits niederschlägt, tritt an die Stelle einer die Subjekt-Objekt-Relation bestätigenden Erkenntnistheorie. Das Subjekt im Sinne der kantianischen Erkenntnistheorie wird durch den wissenschaftlich objektivierbaren Fortschritt der Naturwissenschaften, der Technik und der gesellschaftlichen Ordnungen verdrängt, der, wie Jürgen Habermas in »Erkenntnis und Interesse« (Frankfurt/Main 1968, S. 94) feststellt, innerhalb einer szientistischen Geschichtsphilosophie als Subjekt verstanden werden kann.

Comtes Positivismus schließt an empiristische Erkenntnismethodik und vor allem an den Englischen Empirismus an. Von jeder Erkenntnis wird verlangt, daß sie, will sie Gültigkeit für sich beanspruchen, einer intersubjektiven Überprüfung zugänglich sein muß und ihr unterzogen worden ist. Dies allein vermag mittels sinnlicher Gewißheit die Erkenntnis zu bestätigen. Die Gegenstände wissenschaftlicher Erkenntnis werden bei Eintritt in die wissenschaftliche Sphäre der sinnlichen Erfahrung ausgesetzt und mithin erst durch solche Kontrolle zu empirischen. Mit der *Methode der sinnlichen Gewißheit* wird also eine Erkenntnis erst zur Erkenntnis im wissenschaftlichen Sinn. Von diesem positivistischen Standpunkt aus muß selbstverständlich die Metaphysik sowohl als eigenständiger Bereich neben den Tatsachen wie auch als ein die Tatsachen übersteigendes Prinzip außer Kraft gesetzt werden. Comtes Verständnis für die Metaphysik zeigt sich dabei verkürzt in der Konstruktion eines gleichermaßen historischen wie systematischen Gegensatzes von Metaphysik und Wissenschaft. Deshalb kann Comte alles, was von der Metaphysik nur irgendwie thematisch berührt wird, als zugleich wesenlos und sinnlos erklären.

Doch beschränkt sich Comte nicht auf eine Fortsetzung des Empirismus. Vielmehr stellt er sinnlicher Gewißheit die methodische zur Seite. Erst die Methode nämlich garantiert die *Verifikation der Tatsachen.* Nur sie vermag durch ihre eigene Schlüssigkeit die Wahrheit bzw. Richtigkeit der Tatsachen sicherzustellen. Dabei richtet sich die Methode jedoch nicht an den wissenschaftlichen Gegenständen aus, sondern das wissenschaftlich systematische Verfahren ist dem Erkenntnisobjekt immer vorausgesetzt. Die Gewißheit der Methode bestätigt mithin die Gewißheit sinnlicher Erfahrung. Damit aber wird ihr Zusammenhang von der positivistischen Kategorie der *Relation* getragen, welche die seit der Leibnizschen Kritik an der scholastischen Metaphysik längst schon veraltete Kategorie der Substanz endgültig verdrängt. Die wissenschaftlichen Gegenstände und die Prinzipien positivistischen Erkennens stehen folglich immer in einer von der Methode her allerdings nur einseitig verlaufenden Beziehung zueinander, da der Bereich dessen, was erkannt werden kann, nach der Reichweite der Methode empirischer Erkenntnisgewinnung festgelegt ist.

Auch im deutschen Positivismus setzt sich die an den Naturwissenschaften ausgerichtete Wissenschaftsmethode verstärkt fort. Sinnesempfindungen werden Gegenstand der Beschreibung, ohne daß der Wissenschaftler über das Bestätigen des sinnlich Faßbaren hinausgreift. Nach der von dem Physiker und Philosophen Ernst Mach (1838–1916) vorgetragenen *Elementenlehre* baut sich die gesamte seelische und körperliche Welt aus einer *begrenzten Zahl von gleichartigen Elementen* auf. Diese Elemente stellen *Empfindungen* des Menschen dar, die von Mach deshalb als Elemente bezeichnet werden, um der im Begriff der Empfindung vorliegenden Ausrichtung auf den ausschließlich psychischen Bereich auszuweichen. In der den Menschen umgebenden und ihn einbeziehenden materiellen Welt sowie in seiner inneren Welt treten diese Elemente (elementaren Empfindungen) bald zu lockeren, bald zu festgefügten Verbindungen zusammen, die in ihrer jeweiligen Zusammensetzung und Ordnung über jene Tatsache Auskunft geben, zu der sie sich zusammengeschlossen haben. Obwohl die Elemente in der Weise, wie sie sich zum Subjekt oder im Objekt verhalten, entweder als *Empfindungen* oder als *Merkmale von Körpern* zu gelten haben, sind diese Empfindungsinhalte doch für die Felder des Physischen und Psychischen gleich. Wenn also Empfindungen (komplexe Empfindungen) und physikalisch bestimmbare Körper Tatsachen sind, die sich uns in elementare Empfindungsinhalte aufgelöst präsentieren, so wird damit die Einheit von Physis und Psyche in einer positivistisch bestimmten Aneignung von Erfahrung vertieft.

Der naturwissenschaftlich-philosophische Positivismus des 19. Jahrhunderts läßt sich zusammenfassend deshalb erkenntnistheoretisch wie folgt charakterisieren:

a. Er geht von einer bestimmten wissenschaftlichen Einstellung aus, d. h. er ist *einstellungsbestimmt.*

b. Er ist über seiner Grundlage im Empirismus *psychophysiologisch orientiert,* neigt sich hierin also dem Rationalismus zu.

c. Er muß als *formalontologisch* angesehen werden. Zum ›Positiven‹ wird erklärt, was tatsächlich gegeben ist und mithin empirisch erkannt werden kann.

d. Jede getroffene Aussage über die Fakten, denen das Erkenntnisinteresse des Wissenschaftlers sich zuwendet, muß auch von anderen Wissenschaftlern nachgeprüft werden können. Auf diese Weise bleibt die Gefahr metaphysischer Implikationen in den Aussagen eines einzelnen Wissenschaftlers, die den Gegenstand unbewußt verfälschen, ausgeschaltet.

e. Metaphysik wird im Verhältnis zum sinnlich Wahrnehmbaren als ebenso sinnlos wie überflüssig betrachtet und steht damit dem Positiven gegenüber.

So kennzeichnet das Moment des Positiven am Gegenstand oder Sachverhalt die Art seiner Gegebenheit in Beziehung zum Wissenschaftler auf doppelte Weise: sowohl *methodologisch bestimmt* als auch eingebunden in die Kategorie der *Wertung*.

4 Der geisteswissenschaftliche Positivismus des 19. Jahrhunderts

Scheidet eine metaphysische Betrachtung aus, die die Trennung von Kultur- und Naturwissenschaften nach sich zöge, indem sie dem Psychischen ein eigenes Feld der Erkenntnisgewinnung zuwiese, lassen sich die beiden prinzipiellen Wissenschaftskomplexe unter dem Zeichen naturwissenschaftlicher Methodik zusammenschließen. Von dieser Überlegung ausgehend suchten auch manche Kulturwissenschaftler seit der Mitte des 19. Jahrhunderts ein Maß an Genauigkeit und Überprüfbarkeit der von ihnen getroffenen Aussagen zu erreichen, das eindeutig von einem solcherart motivierten und zugleich wissenschaftlich konkurrierenden Vergleich mit den Naturwissenschaften und positivistischer Erkenntnistheorie diktiert war. Dahingestellt sei dabei, wie weit diese ersehnte Konvergenz auf die rasch fortschreitende Entfaltung der Naturwissenschaften im Zuge der industriellen Entwicklung des 19. Jahrhunderts zurückgeführt werden muß. Hingegen ist entscheidend, unter welchen *Abwandlungen* diese Methode der Erkenntnisgewinnung von den Naturwissenschaften auf die Kulturwissenschaften übergreift. Dies soll am Beispiel der ›positivistisch‹ genannten Kunstwissenschaft dargelegt werden:

Der kunstwissenschaftliche Positivismus verfolgt die Entstehungs- und Entwicklungsgeschichte des Kunstwerks in allen seinen Phasen. Es soll nichts ausgelassen werden, was eventuell die Ursache einer bestimmten Malweise, einer Figur, einer

Verbindung von Figuren, eines Kolorits, oder auch eines Bildtitels sein könnte. Deshalb können die Prinzipien der Genese und Evolution nicht auf der Ebene der Kunstwerke selbst verbleiben. Das Kunstwerk präsentiert sich nicht nur als aus anderen Kunstwerken herausgeformt oder herausgemalt, nicht nur als Fortentwicklung einer anonymen Malweise oder Methode des Malens. Vielmehr greift es auf die Ebene des Künstlers über, da dessen Persönlichkeit die Merkmale und ästhetischen Eigenschaften seiner Kunstwerke noch unverschlüsselt und folglich noch nicht mehrdeutig in sich trägt. Eine derartige genetisch-evolutionäre Erklärung unterliegt dem Grundsatz einer streng *determinierenden Kausalität.* Dieses Prinzip der Kausalität aber wird in den positivistischen Kulturwissenschaften mit jenem Prinzip der *Umkehrbarkeit zwischen Leben und Werk des Künstlers* im Untersuchungsverfahren verknüpft. Es wird nicht allein untersucht, ob ein Werk in der vorangegangenen Lebensperiode des Künstlers seine Ursache hat, sondern man sucht die jeweils zu verstehenden Kunstwerke auch wieder als mögliche Bedingungen der weiteren Lebensentwicklung des Künstlers zu begreifen.

Von hier aus lassen sich folgende Beziehungen aufzeigen:

a. Leben des Künstlers vor einem Kunstwerk K_1 — Kunstwerk K_1 — Leben des Künstlers nach dem Kunstwerk K_1.

b. Werke K_x vorangehender Künstler — das Gesamtwerk K_n oder ein einzelnes Werk K_i des Künstlers (z. T. vermittelt durch seine Biographie).

c. Gesellschaftlicher Kontext, aufgegliedert in eine soziale, ökonomische, politische und eine mehr oder weniger eng anliegende kunst- und literaturgeschichtliche Ebene — Leben und Werk des Künstlers.

d. Leben und Werk des Künstlers – Kritik und Publikum.

Derartige methodische Fragestellungen zielen

a. auf eine analytische Zerlegung des Erkenntnisgegenstandes im Sinne der Naturwissenschaften,

b. auf die vollständige Erklärbarkeit des ästhetischen Erkenntnisobjekts $K_1/K_i/K_n$.

Die analytische Zerlegung in Elemente, die in den naturwissenschaftlichen Erkenntnisprozessen verwendet wird, wird auch auf Kunstwerke übertragen. Ein solches analytisches Vorgehen und das ihm notwendig folgende Gruppieren der Fakten aber ist an die *Induktion* gebunden, d. h. an die Ableitung des Allgemeinen aus dem Besonderen. Somit lassen sich induktive Methodik und die kunstwissenschaftlich positivistische Methode zumindest für die Kunstgeschichtsschreibung des 19. Jahrhunderts als Synonyme ansehen. Elemente werden miteinander verknüpft und ihr Gemeinsames wird herausgestellt. Der positivistische Literatur- und Kunstwissenschaftler Wilhelm Scherer prägte den Begriff *Mathematisierung* in den kunst- und textanalytischen Verfahren, der für eine genaue Aufgliederung in verschiedene Schichten des Kunstwerks steht. Diese Gliederung bedingt, daß die auf solchem Wege aufgefundenen Einheiten oder Elemente irgendwie unter dem Gesichtspunkt verwandtschaftlicher Bezüge einander auch wieder zugeordnet werden. Hierbei sichert ein ausgeprägt analogisches Zusammendenken der freigesetzten Elemente, das von der Vorstellung ausgeht, die Geschichte der Kunst sei ein geschlossenes System, die Schlüssigkeit der Aussagen. Ohne auf die Geschichtlichkeit des jeweiligen Erkenntnisgegenstandes einzugehen, können dadurch Analogien über weite Zeiträume gebildet werden, die als *historische Analogien* (Scherer) bezeichnet werden.
Mit dieser Art des Erkenntnisverfahrens aber mußte die positivistische Kunstwissenschaft in zwei Konflikte geraten:
a. Die induktiv gewonnenen Teil-Erkenntnisse können im Prozeß des Analogisierens in deduktive Elemente umschlagen, die die empirische Grundlegung der Kenntnisgewinnung zerstören.
b. Gerade die Geschichtlichkeit des zu erkennenden Gegenstan-

des, die vermittels ihres Eingehens in die Faktizität als erkenntnisleitend angesehen wird, geht durch das unhistorische Analogisieren wieder verloren.

Der kunstwissenschaftliche Positivismus strebt über die Determiniertheit des ästhetischen Erkenntnisgegenstandes dessen vollständige Erklärbarkeit an. Wenn nämlich alles, was sich nicht sofort erschließen läßt, auf andere Teilkomponenten zurückgeführt werden kann, dann muß irgendwann einmal ein Punkt erreicht sein, an dem alle Variablen innerhalb des Beschreibungsmodells durch Teil-Modelle auf Invariable zurückgeleitet sind.

An diesem Punkt jedoch öffnen sich drei Widersprüche, die dem kulturwissenschaftlichen Positivismus durchgängig anhaften:

a. Kann das Prinzip der vollständigen Erklärbarkeit *systematisch* betrachtet Gültigkeit besitzen, so schließt doch eine *historisch* determinierende Ursache-Folge-Relation, die das Werk eines Künstlers aus den ihm vorgegebenen Werken streng abzuleiten sucht, in letzter Konsequenz den Fall ein, daß ein unendlicher Regreß notwendig wird. Dieser mündet aber letztlich irgendwann einmal in eine Unbestimmtheit, die sein Wissenschaftsprinzip der Nachprüfbarkeit empirisch zunichte machen muß.

b. Zwar weist der Begriff der *funktionalen Kausalität* auf die Untersuchung der funktionalen Verkettung hin – der literaturwissenschaftliche Positivismus Wilhelm Scherers verfolgt deutlich eine ›wechselseitige Erhellung der Künste‹ –, der Begriff der Funktionalität im 19. Jahrhundert aber deckt sich nur zum geringen Teil mit unserem heutigen Begriff. Unter *Funktionalität* verstand man nichts anderes als Abhängigkeitsbeziehungen innerhalb einer von der frühen Ideengeschichte geprägten, fast wieder metaphysisch zu nennenden Vorstellung von Natur. Bezüge also, die keineswegs den strengen Begriff von Struktur voraussetzten, in der jedes Element eines Systems allein auf Grund seiner funktionalen Beziehung

zu den anderen Elementen des Systems definiert wird. So wird der Funktionalismus eher durch jene mehr intuitive Gleichsetzung von Geist und Natur gerechtfertigt und ist nur unter diesen wissenschaftsgeschichtlichen Vorbehalten annehmbar.
c. Der Determinismus, dem die Entstehungs- und Entwicklungsgeschichte des Kunstwerks unterworfen ist, wird durch den ständig neu unternommenen Rückbezug auf die Person des Künstlers wieder aufgehoben. Auf diese Weise wird die Möglichkeit, Kunstgeschichte als *Sozialgeschichte* zu schreiben, indem sie sich auf die Bedingungen und Formen des Kunstwerks als eines gesellschaftlich und historisch bestimmten Kommunikationsinstruments verwiesen sieht, vom biographisch-deterministischen Schema wieder zerstört.

5 Der Neopositivismus

Nach der Jahrhundertwende erfährt die Erkenntnistheorie des klassischen Positivismus, wie sie von Comte, Mach und anderen entworfen worden ist, eine entscheidende Veränderung. Die naturwissenschaftliche, physio-psychologische Untersuchung der uns umgebenden, sinnlich wahrnehmbaren Welt wird durch die logische und/oder empirische Erforschung der sinnvollen Aussagen (der Sätze, der sprachlichen Ausdrücke) ersetzt, die wir zur erkenntnismäßigen Aneignung der Welt über die in dieser Welt vorliegenden Sachverhalte fällen.
Diese positivistische Strömung, die sich vom älteren Positivismus durch die zentrale Stellung unterscheidet, welche in ihr der Logik und Sprachanalyse eingeräumt wird, heißt *Neopositivismus.* Als Ursprungsstätte gilt eine Gruppe von Mathematikern, Philosophen und Naturwissenschaftlern, die sich in den zwanziger Jahren zum sogenannten ›Wiener Kreis‹ zusammenschlossen: Rudolf Carnap, Otto Neurath, Moritz Schlick, Friedrich Waismann und Herbert Feigl. Zu diesem

Kreis standen einige Mathematiker und Philosophen in engem Kontakt: Bertrand Russell, Ludwig Wittgenstein und Hans Reichenbach. Ihre Theorie büßte jedoch unter den Mitgliedern des Kreises sehr bald ihre Einheitlichkeit ein, was in verschiedenen Abänderungen des Namens wie *Logischer Empirismus* und *Logischer Positivismus* seinen Ausdruck fand.

Auch im Neopositivismus bleibt das Vorliegen eines sinnlich erkennbaren Erkenntnisgegenstandes gewahrt. Damit wird die Fundierung der Erkenntnisgewinnung im Empirismus beibehalten. Denn nur solche Aussagen können als nicht sinnentleert gelten, die über sinnlich wahrnehmbare Gegenstände getroffen werden. Doch wandelt sich das Verhältnis in der Kritik und der Verneinung der Metaphysik. Lehnte Comte die Metaphysik nämlich ab, weil sie aus geschichtsphilosophischer Sicht ein vorwissenschaftliches, von Mythen durchdrungenes Stadium in der erkenntnismäßigen Aneignung der Welt darstelle, so wendet sich der Neopositivismus mit dem Argument gegen sie, ihre Aussagen müßten sinnlos bleiben, da diese Aussagen, obgleich sie als Sätze über die uns einschließende Welt auftreten, auf keine sinnlich wahrnehmbaren Sachverhalte und Beziehungen zwischen Gegenständen oder Sachverhalten zurückgeführt werden könnten. Alle metaphysischen Voraussetzungen, seien sie eingestanden oder nicht, müßten folglich aus den Wissenschaften ausgeschieden werden, um durch diesen Verzicht den Wissenschaften ihre empirische Grundlegung und ihre empirisch-logische Überprüfbarkeit wiedergeben zu können.

Zum Verfahren, solche sinnlosen, weil als ›metaphysisch‹ weder empirisch noch logisch beweisbaren Sätze in der Ordnung der Erkenntnisse der einzelnen Wissenschaften aufzuzeigen, wird die logische Analyse der Begriffe und komplexen Sätze, die die wissenschaftlichen Aussagen bilden. Damit aber wird Philosophie auf ein neues Tätigkeitsfeld verpflichtet. Fortan reiht sie sich nicht mehr als eine den anderen Wissenschaften gleichgeordnete Wissenschaft unter jene Wissenschaften ein, die jeweils bestimmte Sachverhalte, welche einem konkreten Erfahrungsbereich zugehören, erforschen. Statt dessen unternimmt sie als eine den Einzelwissenschaften *übergeordnete* Wissenschaft die *Analyse wissenschaftlicher Aussagen mit Hilfe der Logik.* Die Philosophie hat nach Ansicht des Neopositivismus nur noch die Sätze und Satzzusammenhänge logisch zu klären, mit deren Hilfe innerhalb einer Einzelwissenschaft empirisch als wahr erwiesene Sachverhalte (Tatsachen) ausgedrückt werden, und sie mittels der wissenschaftlichen Theoriesprache in ein zusammenhängendes System von Sätzen einzugliedern. Jede Aussage über die Wirklichkeit muß hingegen dem jeweiligen Forschungsbereich der jeweiligen Einzelwissenschaften eingefügt werden; in ihm führen dann die Fragen nach den Eigentümlichkeiten und den Bestimmungen des Forschungsobjekts zur Errichtung einer einzelwissenschaftlichen Theorie.

Damit ist im Neopositivismus die grundsätzliche Trennung zwischen der empirischen Klärung von einzelwissenschaftlichen Erkenntnisgegenständen und der logischen Klärung der Sätze vollzogen, die diese erfahrungsmäßige Erkenntnis (Klärung) sprachlich ausdrücken. Zum anderen tritt unter der logischen Untersuchung der wissenschaftlichen Aussagen und ihres Zusammenhangs im Rahmen eines wissenschaftlichen Systems ein *Wandel von Erkenntnistheorie zu Wissenschaftsmethodologie* ein. Da sich wissenschaftliche Aussagen über gegebene Objekte nämlich erst fällen lassen, wenn eine Methode begründet ist, welche bestimmte Fragestellungen, Begriffe und Analyseverfahren geordnet umfaßt, muß Erkenntnistheorie in die Theorie der Methoden einzelwissenschaftlicher Theoriebildung umschlagen. Damit offenbart sich die Trennung der Erkenntnistheorie (d. h. Wissenschaftstheorie, Wissenschaftsmethodologie) von den empirisch zu erkennenden Gegenständen.

Unter wissenschaftlicher Erkenntnis (als Ergebnis des Erkenntnisprozesses) versteht der Neopositivismus dementsprechend

ein System geordneter Sätze. Der Wissenschaftler geht von fundamentalen, in der Beobachtungssprache formulierten Sätzen aus, die Neurath *Protokollsätze*, Russell *atomare Sätze* nennt. Diese elementaren Sätze lassen sich nicht mehr in weitere Sätze zerlegen, sondern gründen direkt in der sinnlichen Erfahrung des Erkenntnisgegenstandes. Folglich sind Protokollsätze schon allein dadurch wahr, daß die durch sie ausgedrückten Sachverhalte vorliegen und von dem beobachtenden Wissenschaftler durch eben jene Sätze ausgedrückt werden.
Diese letztlich empiriokritische Zuordnung von Satz und Tatsache, d. h. von Satz und wahrem Sachverhalt, führte jedoch den Neopositivismus zu einer sprachlogischen Erkenntnistheorie, welche die Prinzipien der Logik *direkt* mit den allgemeinen Gesetzen der Natur zu verbinden sucht:
Nach Russell setzt sich die Welt aus absolut voneinander unabhängigen Tatsachen zusammen. Alle unsere Erkenntnis ist nicht mehr und nicht weniger als eine Abbildung dieser Tatsachen in den logischen Strukturen jener Sätze, durch die jene Tatsachen sprachlich ausgedrückt werden. Während komplexe Sätze sich mittels ihrer logischen Auflösung in Existenzaussagen auf ihre Wahrheit hin überprüfen lassen, indem die Wahrheit eines zusammengesetzten Satzes sich als Funktion der Wahrheit seiner atomaren Teilsätze ergibt, sind die aus dieser logischen Aufgliederung gewonnenen atomaren Sätze ausschließlich kraft ihres sinnlichen Erfahrungsmoments wahr oder falsch.
Im ›Tractatus logico-philosophicus‹ (1921) führt Wittgenstein Russells *logischen Atomismus* weiter. Zwar übernimmt er die Behauptung der Zerlegbarkeit aller Aussagen in atomare Sätze, problematisiert hingegen das Verhältnis von Satz und Sachverhalt – bzw. wahrem Satz und Tatsache – in Richtung der logischen Sinnkonstitution, d. h. des Wahrheitsproblems hin: Unsere Erkenntnis ist die Abbildung der Tatsachen in die logische Struktur der Sätze, die diese Tatsachen aussagen. Die sinnkonstituierenden logischen Momente am Satz,

folglich das, was einen Satz erst zu einem Satz macht, lassen sich aber nicht wieder in Sätzen aussagen, denn aufgrund derselben Strukturen können auch diese wieder nur Sätze sein. Weil der Sinn eines Satzes mit seiner logischen Struktur identisch ist, also seiner Möglichkeit wahr oder falsch zu sein, läßt er sich auch nicht vom Satz ablösen und gleichsam außerhalb desselben aufweisen. Deshalb verhindert er, selbst zum Gegenstand theoretisch-philosophischer Aussagen zu werden. So kann das, was den Sinn eines Satzes ausmacht, nicht neuerlich durch Sätze *ausgesagt* werden, sondern sich nur am Satz, das heißt an der logischen Struktur des Satzes selbst *zeigen*. Als globaler Satz über den Satz ist der ›Tractatus‹ gezwungen, sich selbst aufzuheben, da Wittgenstein Sätze über Sätze als »Scheinsätze« betrachtet, getreu seiner positivistischen Überzeugung, sinnvolle Sätze seien nur die empirisch überprüfbaren Aussagen der Naturwissenschaften.

Dennoch beweist der ebenso wie Wittgenstein dem Empirismus verhaftete Rudolf Carnap, daß sich *die logische Syntax der Sprache* gleichfalls in sprachlichen Ausdrücken formulieren lasse. Dies sei sogar in Sätzen möglich, die jener Sprache selbst angehören, deren Logik Gegenstand der sprachlichen Aussagen ist. Dazu aber werde es erforderlich, die Sätze in zwei große Gruppen zu unterteilen:

a. in eine *Objektsprache,* in der über wirklich Bestehendes gesprochen wird und Objektsätze zur Darstellung von Sachverhalten geäußert werden.

b. in eine *Metasprache,* in der über eine Sprache gesprochen wird, und *logische Sätze* oder *syntaktische Sätze* zur logischen Sinnklärung jener Objektsätze formuliert werden; gleichgültig bleibt, ob jene Sprache, über die gesprochen wird, eine Objektsprache oder nur eine weniger hohe Metasprache ist.

Dieses *Verhältnis von Empirie und Logik* deutet erneut auf einen Wandel zwischen dem älteren Positivismus und dem Neopositivismus hin, der hinsichtlich dieser Veränderung auch als *Logischer Epirismus* bezeichnet wird.

Der Logische Empirismus unterteilt die *sinnvollen Aussagen* in zwei Klassen, die grundsätzlich streng voneinander zu scheiden sind:

a. in *Aussagen über erfahrungsabhängige Sachverhalte* oder *synthetische Aussagen.* Ihre Wahrheit wird daran ermessen, ob sich der von ihnen ausgedrückte Sachverhalt bei empirischer Prüfung als wahr ausweisen läßt. Sie sind deshalb in der sinnlichen Erfahrung des Aussagenden verankert (sind *a posteriori)* und müssen eine sinnliche Überprüfung gestatten.

b. in Aussagen, die nichts anderes als *logische Beziehungen* ausdrücken oder *analytische (tautologische) Aussagen.* Logische und mathematische Wahrheiten sind von den Tatsachen der uns umgebenden Welt völlig unabhängig und gelten infolge dieser Unabhängigkeit von aller Erfahrung auch für alle anderen denkbaren Welten (sind *a priori).*

Damit muß der Logische Empirismus sowohl in schroffen Gegensatz zum Positivismus des 19. Jahrhunderts wie auch zur idealistischen Philosophie Kants geraten. Kant hatte behauptet, es gebe Bedingungen der Möglichkeit der Erfahrung, die zugleich a priori und synthetisch seien, d. h. vor aller Erfahrung liegen und doch nicht tautologisch seien. Demgegenüber vertreten die Logischen Empiristen die Ansicht, es könne keine Sätze geben, die zugleich wahre Sachverhalte der Wirklichkeit ausdrückten (mithin nicht tautologisch seien) und doch von dieser Wirklichkeit so abgelöst werden könnten, daß die von der Wirklichkeit bestimmte menschliche Erfahrung auf die Wahrheit oder Falschheit dieser Sätze keinen Einfluß habe. Jener kantischen Annahme hatten sich auch die älteren Positivisten bereits entgegengestellt. Sie erklärten nämlich, die Logik sei das System der Gesetze sinnlicher Erfahrung, da ihre Aufgabe einzig in der Verallgemeinerung beobachteter Einzeltatsachen bestehe. Somit müsse die Logik a posteriori sein. Dies aber verneinen wiederum die Logischen Empiristen, indem sie argumentieren, die Logik sei nichts als die *Wissenschaft der wahren Aussageformen.* Sie sei die Theorie jener

Aussagen, die aufgrund ihrer syntaktischen Form allein wahr seien. Mithin weder aus sinnlich gewonnener Erfahrung ableitbar noch auf die Wirklichkeit beziehbar, stellten die Gesetze der Logik nichts als eine Menge syntaktischer Regeln dar, die zugleich a priori seien und tautologische bzw. analytische Ausdrücke ergäben.

Während also analytische Sätze grundsätzlich sinnvoll sind und sich ihre Wahrheit und Falschheit nur daran ermessen läßt, ob sie den in der Logik niedergelegten Regeln entsprechen, ist der Entscheidung über die Wahrheit oder Falschheit eines Satzes, der nicht dem mathematisch-logischen Bereich zugehört, die Entscheidung über seine Sinnhaftigkeit vorausgeschaltet. Ein Satz, der eine Aussage über die uns umgebende Welt zu beinhalten behauptet, kann dann und nur dann sinnvoll sein, wenn es in dieser Wirklichkeit irgendeinen Sachverhalt *gibt,* an dem sich die Wahrheit oder Falschheit des Satzes überhaupt ermessen läßt. Folglich sind ausschließlich solche Aussagen als sinnvoll zugelassen, die jederzeit eine eindeutige Entscheidung über ihre Wahrheit oder Falschheit erlauben, so daß alle metaphysischen Aussagen aus dem System wissenschaftlicher Urteile auszuscheiden sind.

Sinnvolle Aussagen haben sich damit notwendig auf die Wirklichkeit zu beziehen. Wenn aber die einzige Erkenntnisquelle der erfahrbaren Wirklichkeit die *sinnliche* Erkenntnis ist, die nur einzelne und materielle Ereignisse zu erfassen vermag, so muß die Methode der Erkenntnis als die Methode, zu wahren Aussagen über die Wirklichkeit zu gelangen, im Empirismus begründet liegen. Während sich nämlich wahre komplexe Sätze funktional aus wahren Elementarsätzen ergeben, sie also durch logische Relationen zwischen den Einzelaussagen entstanden sind, erschließt sich der Sinn des elementaren Satzes, d. h. seine Wahrheit oder Falschheit nur aus dem Wissen über seine Wahrheit und Falschheit in bezug auf das Aussagenobjekt. Wahre Sätze über die Wirklichkeit sind jedoch einzig jene, die von jedem persönlichen Werturteil eines einzelnen Wissenschaftlers völlig frei sind. Ein individuelles Werturteil würde unweigerlich Einsichten in die Formulierung der Aussage hineintragen, die von dem die Aussage treffenden Wissenschaftler nicht abgetrennt werden können. Aus diesem Grunde müssen wissenschaftliche Aussagen prinzipiell der Bestätigung durch andere beobachtende Wissenschaftler offenstehen und können erst dann als wahr gelten, wenn jene anderen Wissenschaftler die Aussage in erfahrungsmäßiger Überprüfung gleichfalls als wahr anerkennen. Aussagen müssen demnach grundsätzlich *intersubjektiv nachprüfbar* und in ihrer Wahrheit durch mindestens einen anderen Wissenschaftler bestätigt sein.

6 Vom späten Logischen Empirismus zum Kritischen Rationalismus

In diesem *Prinzip der intersubjektiven Verifikation* erblicken einige Logische Empiristen die zweite Schranke gegen das Einschleichen der Metaphysik in wissenschaftliche Aussagen. Außer Sätzen über die sinnlich erfahrbare Wirklichkeit nämlich lassen sich keine Aussagen grundsätzlich durch mehrere Wissenschaftler in ihrer Wahrheit bestätigen. Solche Sätze müßten, weil nicht nachweisbar, sinnleer bleiben. Nach und nach aber erkennt man die mangelnde Evidenz selbst jener Aussagen, die auf die sinnlich wahrnehmbare Außenwelt bezogen sind. Ihre endgültige Verifizierbarkeit muß fragwürdig erscheinen, da sie sich nicht aus sicheren Urteilen logisch ableiten lassen. Diese Einschränkung, die letztlich in die Aussagen der sinnlich beobachtenden Wissenschaftler ein Moment der Konvention hineinzieht, öffnet damit zugleich die empirische Erkenntnis auch möglichen uneingestandenen metaphysischen Voraussetzungen. Aus diesen und anderen Gründen wird das empiristische Sinnkriterium bereits Mitte der dreißiger Jahre von Carnap und Reichenbach wieder abgeschwächt. Man hebt die Forderung nach einer direkten und vollständigen Verifizierung in Richtung einer nur mehr *graduellen* auf. Carnap und Reichenbach können deshalb erklären, ein Satz sei schon dann sinnvoll und wahr, wenn der Grad jener *Wahrscheinlichkeit* angegeben werden könne, mit welcher der Satz auf den von ihm ausgedrückten Sachverhalt zutreffe. Um dieses nur mehr *graduell festgelegte Sinn- bzw. Wahrheitskriterium* methodologisch abzusichern, führt Carnap einen *komparativen* und einen *quantitativen Begriff der Bestätigung* ein. Wir treffen auf einen komparativen, d. h. vergleichenden Begriff der Bestätigung in Aussagen von der Form: Die Hypothese A wird durch die Erfahrungsdaten mehr/genauer bestätigt, als die Hypothese B. Der quantitative Begriff der Bestätigung legt hingegen einen Bestätigungsgrad fest: Mit einer Maßfunktion wird der Hypothese A und dem Erfahrungsdatum D_e ein quantitativer Wert zugewiesen, von dem der Grad abgelesen werden kann, in dem die Hypothese A durch das Erfahrungsdatum D_e bestätigt wird.

Diese beiden wie auch noch andere Formen der Zurücknahme des Verifikationsprinzips führen schließlich unter der Kritik des Wissenschaftstheoretikers Karl Popper und seinem Schüler Hans Albert zu einer rigorosen und zunächst paradox anmutenden *Umkehrung* neopositivistischer Wissenschaftstheorie unter Beibehalten des empirischen Moments, die heute als *Kritischer Rationalismus* bezeichnet wird.

Nach Poppers Ansicht kann man das ›positiv‹ Gegebene infolge der Begrenztheit seiner menschlichen Erfahrbarkeit nicht mehr als alleinige Grundlage wissenschaftlicher Erkenntnis verwenden: Ist zwar ein einzelnes Faktum oder eine begrenzte Menge von Fakten im empirischen Sinne wahr, so kann es trotzdem noch längst nicht als erwiesen gelten, daß auch die Gesamtheit aller möglichen und sinnlich wahrnehmbaren Fakten der Wahrheit jener aus einer begrenzten Menge von Fakten induktiv erschlossenen Theorie unterliegt. Demnach kann – auf die Beziehung zwischen elementarem Satz und Tatsache übertragen – die Wahrheit elementarer, in der Beobachtungssprache formulierter Sätze nicht als Rechtfertigung der Wahrheit allgemeiner theoriesprachlich formulierter Aussagen betrachtet werden. Wenn sich aber theoriesprachliche allgemeine Aussagen bzw. Theorien niemals endgültig verifizieren lassen, dann muß das Verfahren empirisch-positivistischer Erkenntnisgewinnung, nämlich von der empirischen Einzelbeobachtung, dem empirisch vollzogenen einzelnen Versuch oder auch einer Versuchsreihe auszugehen und auf diesem Weg induktiv schlußfolgernd allgemeine Theorien aufzustellen, aufgekündigt werden.

Können folglich direkte, also induktiv gewonnene theoretische Aussagen über die Wirklichkeit, die sich in Form sinnlicher Daten präsentiert, nicht mehr mit Zuverlässigkeit gegeben werden, so daß alle unsere Erkenntnis letztlich immer nur *hypothetischen Charakter* hat, dann läßt sich Erkenntnis nur auf dem entgegengesetzten Weg erzielen: Für den Kritischen Rationalismus müssen an den Anfang eines Erkenntnisprozesses *Hypothesen* treten. Sie werden aufgrund eines begrenzten empirischen Vorwissens als *Allgemeine Sätze* bzw. *Gesetzeshypothesen* über die Wirklichkeit so formuliert, daß sie erstens *logische Widerspruchsfreiheit* besitzen müssen und es zweitens gestatten, *empirischer Prüfung* offenzustehen. Nachdem eine Gesetzeshypothese nämlich gefaßt ist, wird sie an der Wirklichkeit gemessen. Mithin vollzieht sich die Prüfung *deduktiv* in der empirischen Anwendung der Folgerungen, die durch die Übersetzung der theoriesprachlichen Aussage in beobachtungssprachliche Elementaraussagen abgeleitet werden.

Von der hypothetisch entworfenen Theorie schließt man also auf die einzelnen Sätze bzw. die Einzelbeobachtungen. Die in den Hypothesen niedergelegte Theorie gilt hierbei als *wahr*, solange sie nicht durch verschiedene Wissenschaftler in empirisch experimenteller Erhebung der vor ihr ausgesagten Tatsachen als *falsch* erwiesen worden ist. Wenn nun die hypothetisch aufgestellten Gesetzmäßigkeiten so lange als wahr gelten, als sie nicht durch die Wirklichkeit widerlegt worden sind, vollzieht sich der Erkenntnisfortschritt nicht mehr über die empirische Verifikation einer in der Beobachtungssprache formulierten elementaren Aussage, sondern über die empirische *Falsifikation* einer in der Theoriesprache formulierten Hypothese. Erkenntnis und Erkenntnisfortschritt werden nur mehr in der experimentellen Falsifikation von hypothetisch konstruierten Sätzen als möglich erachtet. Im Verhältnis zur klassisch positivistischen und neopositivistischen Weise des methodischen Vorgehens kehrt sich deshalb der Übergang von beobachtungssprachlichen zu theoriesprachlichen Ausdrücken um. Fußten jene Methoden auf dem Übergang zum *theoretischen Konstrukt*, indem von erfahrungsmäßig begründeten, protokollarischen Sätzen ausgehend allgemeine Sätze und Theorien induktiv aufgestellt werden, so wählt Popper den gegenläufigen Weg zur *operationalen Definition*. Bei der operationalen Definition wird von theoriesprachlich formulierten Hypothesen deduktiv auf jene elementaren Aussagen geschlossen, die als Vermittlung zwischen der Hypothese und den möglicherweise die Hypothese falsifizierenden Tatsachen dienen.

Eine derartige Umkehrung des methodischen Vorgehens stellt zwar eine grundlegende Kritik am Positivismus des 19. Jahrhunderts wie auch am Neopositivismus dar, das Erbe des Empirismus bleibt aber dennoch gewahrt. Um nämlich überhaupt als falsch erwiesen werden zu können, muß eine Hypothese intersubjektiv falsifizierbar sein; genauer: muß der in der Hypothese behauptete Sachverhalt empirischen Charakter haben, da ausschließlich der wahrnehmbaren Wirklichkeit zugehörige Sachverhalte durch einen anderen überprüfbaren empirischen Sachverhalt falsifiziert werden können. Die Falsifizierbarkeit der Hypothese ist vom erfahrungsmäßigen Bezugspunkt der Hypothese abhängig. Zum anderen vermag der Kritische Rationalismus die erfahrungsmäßige Kenntnis auch in der Einleitung eines Erkenntnisprozesses nicht abzuschütteln. Wir können nur dann allgemeine theoretische Sätze aufstellen, wenn wir bereits über ein empirisch begründetes Vorwissen um jene Sachverhalte verfügen, deren wissenschaftliche Wahrheit wir behaupten. Von diesem Bezugspunkt aus ist die wissenschaftsmethodologische Erkenntnistheorie des Kritischen Rationalismus in den ersten Schritten der Erkenntnis teilweise auch ein empiristisches Verfahren. Nur verzichtet sie auf den Schein einer vollständigen Verifizierbarkeit eines Satzes, durch welche die Wahrheit eines elementaren beobachtungssprachlichen Satzes in die Wahrheit eines allgemeinen theoriesprachlichen Satzes übergeht, und wendet die vorwissenschaftlich empirisch aufgefundenen Einsichten in wissenschaftliche Hypothesen um, die empirischer Falsifizierung offenstehen und so lange als richtig gelten, als diese Falsifizierung nicht eingetreten ist.

Erhebt der Kritische Rationalismus jedoch den Anspruch, auch den Kulturwissenschaften die methodologische Legitimationsbasis ihrer Erkenntnisgewinnung zu bieten, so läßt sich dieser Geltungsanspruch pauschal weder verneinen noch bejahen. Vielmehr fordert er eine gewisse Differenzierung anhand der erkenntnismäßigen Vielschichtigkeit eines kulturellen Erkenntnisobjekts. Ein Roman Faulkners, eine, mehrere oder alle Klaviersonaten Chopins, alle französischen Komödien des 19. Jahrhunderts oder das graphische Werk Piranesis, sie alle können ein Erkenntnisgegenstand sein, über den sich Gesetzeshypothesen aufstellen lassen. Hierbei aber unterscheiden sie sich grundlegend von jenen Erkenntnisobjekten, mit denen es die *nomothetisch* (gesetzesaufstellend) verfahrenden Naturwissenschaften zu tun haben. Während diese nämlich Gesetzeshypothesen über sinnlich wahrnehmbare und objektiv von mehreren Wissenschaftlern überprüfbare Sachverhalte und Gegenstände fällen, wobei sie sich in den hypothetischen Aussagen des Zeichensystems ›menschlicher Sprache‹ bedienen, ist jedes Erkenntnisobjekt der Kulturwissenschaften selbst bereits eine *Ordnung zeichenhafter Ausdrücke.* Gleichgültig bleibt dabei, ob das Zeichensystem des Erkenntnisobjekts sprachlich oder nichtsprachlich ist, mit dem Zeichensystem der wissenschaftlichen Ausdrücke also zusammenfällt oder nicht.

Entscheidend hingegen ist die aus dem kulturellen Zeichencharakter des Erkenntnisobjekts entspringende veränderte Haltung zur Falsifizierbarkeit der Gesetzeshypothesen. Nach allen vorangegangenen Erörterungen kann eine Hypothese ja nur dann falsifiziert werden, wenn sie über ihre innere logische Widerspruchsfreiheit hinaus einer sinnlich-empirischen und damit eindeutigen Überprüfung offensteht. Diese implikativ verknüpfende Forderung muß bei kulturellen Erkenntnisobjekten zunächst geteilt werden: Sinnlich wahrnehmbar ist der kulturelle Erkenntnisgegenstand infolge seiner Zeichenhaftigkeit nie, sondern ausschließlich der jeweilige *Zeichenträger* (die Notenschwärzungen der Partitur, die Schallwellen, die Farbe vom Druckstock und die weißen Flächen des Papiers). Objektiv nachprüfbar ist das kulturelle Erkenntnisobjekt hingegen nur in *einer einzigen* und der wohl meistbegrenzten seiner 3 *Zeichendimensionen,* nämlich jener seiner formalen *Zeichenorganisation (Dimension der Syntaktik).* Hypothesen, die sich auf die Dimension der Gliederung der Zeichenformen beschränken, z. B. auf die Regelmäßigkeit einer bestimmten rhythmischen oder tonalen Folge, auf bestimmte dramaturgische Gesetze in der Aktgliederung jener Komödien usw., lassen sich falsifizieren, sobald alle Variablen einer bestimmten Struktur auf die invariante Zeichenstruktur der betrachteten Teilebene oder auch des gesamten Erkenntnisgegenstandes zurückgeführt sind.

In dem Moment jedoch, da die Dimension der rein formalen Zeichengliederung überschritten wird und sich die Frage nach der *Bedeutung* des Erkenntnisobjekts stellt (*Dimension der Semantik*), wird die Falsifizierbarkeit von Hypothesen, die diese Bedeutung betreffen, durch die unterschiedliche Sinnerzeugung bei den verschiedenen Zuschauern, Zuhörern oder

Lesern weitgehend verhindert. Der *individuelle Erfahrungs- und Kenntnishintergrund* eines jeden Menschen bedingt, einem zeichenhaften Erkenntnisobjekt jeweils eigene Bedeutungen zu geben. Diese treten zu einer *persönlichen Bedeutungsstruktur (individuelle semantische Struktur)* des Erkenntnisgegenstandes zusammen. Wären die individuellen semantischen Strukturen voneinander völlig verschieden, so könnte man sich über die Bedeutung eines kulturellen Erkenntnisobjekts kaum verständigen. Deshalb muß bei aller Unterschiedlichkeit der Sinngebung ein gewisser *Bestand an gemeinsamen Bedeutungsmöglichkeiten*, die gruppen-, schicht- und kulturspezifischen Charakter haben, vorausgesetzt werden. Dieser Bestand ist jedoch vollständig *geschichtsabhängig* und macht von daher jede ihn betreffende Gesetzeshypothese, die auf eine von jeglichen historischen Begrenzungen freie Gültigkeit und Falsifizierbarkeit abzielt, unmöglich.

Weil also ein *relatives Genaumachen* nicht nur in der Bedeutung, sondern auch in dem mit der Bedeutung verbundenen gesellschaftlichen Gebrauchszusammenhang *(Dimension der Pragmatik)* des Erkenntnisgegenstandes allein aus einer geschichtlich-gesellschaftskritischen Sicht möglich ist, treten der nomothetischen bzw. nomologischen Methode wissenschaftlicher Erkenntnisgewinnung die *historisch-hermeneutische Wissenschafts- und Erkenntnistheorie* entgegen. Sie spricht den Naturwissenschaften die Erkenntnisform des *Beschreibens und Erklärens* bei *rational-empirischer* Durchdringung des *empirisch* faßbaren Erkenntnisobjekts zu. Für sich selbst aber nimmt sie die Erkenntnisform des *Verstehens* bei *historisch-analytischer* Durchdringung des zugleich *geschichtlich-sozial* und *individuell* bedingten Sinnzusammenhangs einer kulturellen Botschaft in Anspruch, der den jeweiligen Untersuchungsweg selbst vorschreibe.

Unser Augenmerk soll dabei jener Variante der historischen Hermeneutik gelten, die ihre Kritik auf *materialistische* Grundlagen stellt. Diese erklärt, daß die Erkenntnisobjekte die Methode, mit der man zur Erkenntnis gelangt, als eine allein ihnen eigene Methode in sich tragen. Das Erkenntnissubjekt vermag folglich die Methode aus den Erkenntnisgegenständen selbst zu ziehen, wie andererseits in dialektischer Bewegung die Erkenntnisobjekte zum Gegenstand der Methode werden; denn Erkenntnis bedarf eines Verfahrens, das seine Legitimation nicht einzig und allein aus der inneren Schlüssigkeit holt, sondern zu gleichen Teilen auch aus der Weise, wie es die Erkenntnisgewinnung durch sein auf die Gesellschaft ausgerichtetes *Interesse* rechtfertigt. Dieses Erkenntnisinteresse verschränkt sich nicht auf irgendwelchen undurchschaubaren Wegen mit der Weise der Erkenntnisgewinnung. Vielmehr richtet es die Methode selbsttätig ein, indem es mit allen Erfordernissen der wissenschaftlichen Klarheit die Mittel der Theoriebildung selbst aus dem gesellschaftlichen Handeln entwirft, da (wissenschaftliche) Erkenntnis eine Funktion der *menschlichen Praxis* ist. Im Dienste der Emanzipation des Menschen aber fordert wissenschaftliche Erkenntnis unabdingbar die Kategorie der *Totalität* bei der Erkenntnisgewinnung. Es darf von keinerlei Randbedingungen abgesehen werden, die aus dem *Gebrauchszusammenhang des Erkenntnisobjekts* in der Gesamtheit des gesellschaftlichen Lebens herrühren, da sonst die Erkenntnis des Objekts eingeschränkt und damit verfälscht wird.

Hätte der Kritische Rationalismus jedoch nicht nur die Empirismus-Kritik der antipositivistischen Philosophie vorweggenommen, sondern auch die Kritik an der fehlenden Bestimmung des Verhältnisses von Erkenntnis und Interesse und an dem daraus ableitbaren fehlenden Totalitätsprinzip antizipiert, dann wäre ein gegenseitiges Verstehen in jener Diskussion um positivistisches Philosophieren dennoch schwer, wenn nicht gar unmöglich gewesen: weil eine gemeinsame Ortsbestimmung einer *Denkweise* nur dort gelingen kann, wo die *Sprechweise* der einen Seite nicht zur Mauer wird, die den Verständigungsprozeß der anderen weitgehend verhindert. In der Art ihrer sprachlichen Argumentation nämlich hat die Debatte die eigene Aufhebung betrieben, ohne daß jemals solch sprachtheoretischer Skeptizismus am Diskussionsgegenstand selbst und nicht nur vermittelt am Gegner erkannt worden wäre.

Literaturhinweise

1. Kap.: Annäherung an das positivistische Denken

DELIUS, HARALD, »Positivismus und Neopositivismus«. In: DIEMER, ALWIN/FRENZEL, IVO (Eds.), Fischer-Lexikon: Philosophie. Frankfurt/Main 1967 (Neuausgabe), ([1]1958), S. 269—286.

2. Kap.: Die Entwicklung positivistischer Philosophie von Epikur bis Hume

HUME, DAVID, A Treatise of Human Nature. Harmandsworth 1969 (Neudruck), ([1]1739/40).

— Eine Untersuchung über den menschlichen Verstand. Stuttgart 1967. (Engl. Original: An Enquiry Concerning Human Understanding. 1748).

STEGMÜLLER, WOLFGANG, »Das Problem der Induktion: Humes Herausforderung und moderne Antworten«. In: LENK, HANS (Ed.), Neue Aspekte der Wissenschaftstheorie. Braunschweig 1971, S. 13—74.

ZABEEH, F., Hume. Precursor of Modern Empirism. Den Haag 1960.

3. Kap.: Comte, Mach und der naturwissenschaftlich-philosophische Positivismus des 19. Jahrhunderts

COMTE, AUGUSTE, Rede über den Geist des Positivismus. (FETSCHER, I., [Ed.]), Hamburg 1956.

— Die Soziologie. Die positive Philosophie im Auszug. (BLASCHKE, FRIEDRICH, [Ed.]), Stuttgart [2]1974. (Auswahl aus: Système de politique ou traité de sociologie instituant la religion de l'humanité, 1851—1854, 4 Bde. Deutsche Übers. 1907—1911).

HABERMAS, JÜRGEN, Erkenntnis und Interesse. Frankfurt/Main 1968, S. 88—178.

MACH, ERNST, Die Analyse der Empfindungen und das Verhältnis des Physischen zum Psychischen. Jena [6]1911 ([1]1886).

MILL, JOHN ST., System der deductiven und inductiven Logik. Eine Darstellung der Principien der wissenschaftlichen Forschung, insbesondere der Naturforschung. Braunschweig 1877 (erw. Aufl.).

4. Kap.: Der geisteswissenschaftliche Positivismus des 19. Jahrhunderts

HERMAND, JOST, Synthetisches Interpretieren. München 1968, S. 17—34.

MAREN-GRISEBACH, MANON, Methoden der Literaturwissenschaft. Bern 1970, S. 10—22.

SCHERER, WILHELM, Vorträge und Aufsätze zur Geschichte des geistigen Lebens in Deutschland und Österreich. Berlin 1874.

— Kleine Schriften zur neueren Literatur, Kunst und Zeitgeschichte. (BURDACH, K. / SCHMIDT, E. [Eds.]), Berlin 1893.

5. Kap.: Der Neopositivismus
APEL, KARL-OTTO, »Die Entfaltung der ›sprachanalytischen‹ Philosophie und das Problem der ›Geisteswissenschaften‹«. In: Philosophisches Jahrbuch, Bd. 72 (1965), Teil II.
CARNAP, RUDOLF, Der logische Aufbau der Welt. Hamburg ²1961 (¹1928).
— Logische Syntax der Sprache. Wien ²1968 (¹1934).
— Introductions to semantics. Cambridge/Mass. 1942.
— Meaning and necessity. Chicago ³1960 (¹1947).
NEURATH, OTTO, »Protokollsätze«. In: Erkenntnis, Bd. 3 (1932).
— »Pseudorationalismus der Falsifikation«. In: Erkenntnis, Bd. 5 (1935), S. 353—365.
SCHLICK, MORITZ, »Über das Fundament der Erkenntnis«. In: Erkenntnis, Bd. 4 (1934). S. 79—99.
WITTGENSTEIN, LUDWIG, Tractatus logico-philosophicus. In: WITTGENSTEIN, LUDWIG, Schriften I. Frankfurt/Main 1960 (Neudruck), (¹1921).

6. Kap.: Vom späten Logischen Empirismus zum Kritischen Rationalismus
ALBERT, HANS, Traktat über kritische Vernunft. Tübingen 1968.
— Plädoyer für kritischen Rationalismus. München 1970.
HEMPEL, CARL G., Aspects of Scientific Explanation. London 1965.
HÜPPAUF, BERND / HELLER, ALBERT, »Einführung«. In: HAUFF, JÜRGEN, e. a., Methodendiskussion, 2. Bde, Bd. 1. Frankfurt/Main ²1972, S. 1—27.
PAP, ARTHUR, Analytische Erkenntnistheorie. Wien 1955.
POPPER, KARL R., Logik der Forschung. Tübingen ³1969 (erw. Aufl.) (¹1935).
— Conjectures and Refutations. The Growth of Scientific Knowledge. London ²1965 (erw. Aufl.) (¹1963).
STEGMÜLLER, WOLFGANG, Hauptströmungen der Gegenwartsphilosophie. Stuttgart ⁴1969, S. 346—696.

Marlis Gerhardt

Die gegenwärtige Lage der Philosophie

Dargestellt am Beispiel der Schriften Karl-Otto Apels

In den letzten Jahren ist es für Nicht-Spezialisten zunehmend schwieriger geworden, die aktuelle Situation der Philosophie auch nur einigermaßen zu überblicken. Während sich in den fünfziger und sechziger Jahren die öffentliche Diskussion noch an den Fixpunkten Heidegger, Jaspers, Sartre, Wittgenstein, Adorno orientieren konnte, scheint inzwischen in der Philosophie die Zeit der großen Namen zu Ende zu sein. Die Orientierung wird weiter dadurch erschwert, daß gegenwärtig eine dominierende und zugleich populäre Strömung fehlt, die, wie etwa die Existenzphilosophie der Nachkriegszeit, den philosophischen Zeitgeist repräsentiert. Zudem sind durch neue interdisziplinäre Ansätze, an denen neben Philosophen auch Soziologen, Psychoanalytiker, Philologen und Linguisten beteiligt sind, die traditionellen Grenzen zwischen Philosophie und Nicht-Philosophie fragwürdig geworden. So ist z. B. in den neueren Arbeiten von Jürgen Habermas nur schwer festzustellen, ob seine Argumentation mehr der Philosophie, der Soziologie, der Linguistik oder der Psychoanalyse verpflichtet ist. Ähnliches gilt auch für die neomarxistischen Strömungen im engeren Sinn. Hier gehört die ständige Grenzüberschreitung zwischen theoretischer Philosophie, als materialistischer Aufhebung idealistischen Denkens verstanden, und dem, was man als Politologie und Ideologiekritik bezeichnen kann, zu den Grundbedingungen der Argumentation überhaupt.

Dieser Verschiebung der Grenze zwischen Philosophie und Nicht-Philosophie auf der einen Seite steht auf der anderen die zunehmende Differenzierung zwischen den verschiedenen philosophischen Disziplinen gegenüber. Die Verselbständigung einzelner Bereiche gehört zu den wesentlichen Merkmalen neuerer Philosophie überhaupt. Denn je mehr sich die Philosophie dieses Jahrhunderts mit der Entwicklung und den Grundlagen der Einzelwissenschaften auseinanderzusetzen begann, desto mehr war sie gezwungen, ihren eigenen Universalitätsanspruch aufzugeben und sich auf bestimmte Funktionen zu beschränken. Der Wissenschaftstheoretiker Wolfgang Stegmüller stellt in seinem Buch »Hauptströmungen der Gegenwartsphilosophie« zu diesem Prozeß der Spezialisierung und Funktionalisierung fest:

»Parallel mit dieser Differenzierung verläuft als zweites Charakteristikum ein Prozeß der gegenseitigen Entfernung und zunehmenden Kommunikationslosigkeit zwischen den Philosophen verschiedener Richtungen.

Es ist unbedingt erforderlich, sich diesen Sachverhalt klar vor Augen zu führen. Darin kommt nämlich nichts Geringeres als dies zum Ausdruck, daß das Wort ›Philosophie‹ ein vieldeutiger Terminus geworden ist. Der Grundlagenforscher versteht unter einer philosophischen Arbeit etwas vollkommen anderes als der Weltanschauungsphilosoph, der Seinsmetaphysiker etwas gänzlich anderes als der mit der Phänomenologie beginnende Denker.«[1]

Bestätigt wird die Feststellung Stegmüllers durch den

15. Weltkongreß für Philosophie in Varna im Jahr 1973. Dieser bisher aufwendigste Philosophenkongreß stand, glaubt man den Zeitungsberichten und den Eindrücken der Teilnehmer, im Zeichen einer babylonischen Sprachverwirrung. Wissenschaftstheoretiker, Pragmatiker, Strukturalisten und Marxisten äußerten sich jeder in seiner eigenen Sprache zum Kongreßthema: »Wissenschaft, Mensch, Technik«. Von Übereinstimmung war nicht die Rede. Sieht man jedoch vom inhaltlichen Nebeneinander und von der Verschiedenheit der Fachsprachen einmal ab, so stellen sich für fast alle Richtungen neuerer Philosophie doch immer wieder sehr ähnliche Fragen: Welchen wissenschaftlichen Status hat die Philosophie heute? Gehört sie noch in den Umkreis der Geisteswissenschaften oder ist sie in ihren wesentlichen Teilen nicht längst schon zur Methodologie und Wissenschaftstheorie geworden? Ist sie inzwischen eine Einzelwissenschaft neben anderen Einzelwissenschaften oder übersteigt ihre Fragestellung noch immer die Fragestellung der Einzelwissenschaften? Eng damit verbunden ist die zweite zentrale Frage nach der Sprache, in der philosophische Aussagen, die beanspruchen, wissenschaftlich zu sein, formuliert werden müssen. Genügt dazu die Umgangssprache oder ist eine eigene künstlich konstruierte Idealsprache notwendig, die der Präzision logisch-mathematischer Sprache nahekommt? Und weiter: Wie können philosophische Aussagen auf ihren Wahrheitsgehalt überprüft werden?
Welche Methoden gibt es, um festzustellen, ob eine bestimmte Aussage wahr oder falsch, sinnvoll oder sinnlos ist?
Das heißt: Bei allen inhaltlichen und funktionalen Differenzen kreisen die Überlegungen der neueren Philosophie immer wieder um die zentrale Thematik der Sprache.
Keiner philosophischen Strömung dieses Jahrhunderts blieb es daher erspart, sich mit dem Problem der sprachlichen Formulierung ihrer Aussagen auseinanderzusetzen. In den letzten Jahren hat sich sogar, angeregt durch die Ergebnisse der Linguistik, diese Fragestellung eher noch verschärft.

Diese hier nur sehr vorläufig umrissene Thematik läßt sich am Beispiel der Arbeiten des in Frankfurt lehrenden Philosophen Karl-Otto Apel sehr genau verfolgen. Apel gehört, ebenso wie Jürgen Habermas, mit dem er in vielem übereinstimmt, zu den Vertretern einer philosophischen Richtung, die sich scharf gegen die vom Neopositivismus, einer der einflußreichsten Strömungen dieses Jahrhunderts, geforderte Reduktion der philosophischen Fragestellung auf methodische Probleme wendet. Andererseits lehnen Apel und Habermas jedoch die Fixierung der Philosophie auf traditionelle Methoden und Inhalte mit gleicher Schärfe ab. Der Ausweg aus der Sackgasse Methodologie oder Traditionalismus wird von beiden in einer Transformation der Philosophie in Richtung auf die relativ neuen Gebiete der Linguistik, Kommunikationstheorie und Psychoanalyse gesehen.

Von dieser veränderten Position aus wird versucht, die aktuelle Funktion und Fragestellung der Philosophie neu zu definieren. Wenn Apel die zweibändige Sammlung seiner philosophischen Aufsätze mit dem programmatischen Titel »Transformation der Philosophie« überschreibt, so ist damit eigentlich eine zweifache Veränderung gemeint: Einmal nämlich handelt es sich um die Forderung nach einer »wissenschaftsbezogenen Transformation« der Philosophie in Richtung auf eine Theorie kommunikativen Handelns. Daneben wird in diesen Arbeiten, die im Lauf der letzten 15 Jahre entstanden, aber auch eine Veränderung der persönlichen Position des Autors deutlich. Die Aufsätze des ersten Bandes stehen zum großen Teil noch im Zeichen der geisteswissenschaftlichen Hermeneutik und vor allem im Zeichen Martin Heideggers und seiner Methode der sprachlichen Welterschließung. Allerdings wird Heideggers Position nicht absolut gesetzt, sondern von Anfang an mit den konträren Auffassungen der analytischen Sprachphilosophie konfrontiert. In den später geschriebenen Aufsätzen des zweiten Bandes überwiegen dagegen sehr andere Einflüsse. Entscheidend wird jetzt die Sprachspieltheorie Ludwig Wittgensteins und die Philosophie der normalen Sprache seiner Nachfolger; ferner die Zeichentheorie des amerikanischen Philosophen Charles Sanders Peirce und die Grammatiktheorie des Linguisten Noam Chomsky.

Neben die Rezeption von Sprachphilosophie und Linguistik tritt gleichberechtigt die Auseinandersetzung mit der Kritischen Theorie, dem Neomarxismus, der Psychoanalyse und allgemein der Idee gesellschaftlicher Emanzipation. Es geht Apel dabei nicht nur darum, diese teilweise sehr verschiedenartigen Ansätze der Kritik zu unterziehen. Im Mittelpunkt steht vielmehr der Versuch, die wesentlichen philosophischen und wissenschaftlichen Ergebnisse dieses Jahrhunderts aufzuarbeiten, um daraus eine diese Ergebnisse zugleich voraussetzende und übersteigende Theorie des sprachlich-gesellschaftlichen Handelns abzuleiten. Diese Konzeption entspricht in ihren wesentlichen Momenten dem, was Jürgen Habermas in seinen eigenen Arbeiten zur Theorie kommunikativen Handelns als Entwurf einer Universalpragmatik bezeichnet. Gemeint ist damit eine Auffassung, die Sprache nicht nur als Vehikel der Mitteilung oder der Beschreibung von Sachverhalten versteht.

Die Sprachpragmatik, um die es Habermas und Apel geht, zielt vielmehr auf eine umfassende Theorie des komplexen Zusammenhangs von Sprache, Sprachbenutzer und Gesellschaft. Das Verhältnis dieser Sprachpragmatik zu den Ergebnissen der Einzelwissenschaften, wie zum Beispiel der Linguistik, wird von Apel in folgender Weise bestimmt:

»Aber sollte man nicht endlich einsehen, daß die Philosophie heute nicht mehr sein kann als Wissenschaftstheorie; und das heißt, daß sie die fruchtbare Bestimmung des Begriffs der *Sprache* – ebenso wie die Bestimmung des Begriffs der *Natur* – der einzelwissenschaftlichen *Theoriebildung* überlassen muß?

Dieser durchaus zeitgemäße Rat ist indessen im Falle der Sprache noch weniger befriedigend als im Falle der Natur. Zeigt es sich schon in der Naturwissenschaft, daß die *sprach-*

liche Klärung beziehungsweise Interpretation der Grundbegriffe in die Philosophie zurückführt, so kann offenbar die Philosophie gerade als Wissenschaftstheorie die Thematisierung der *Sprache* nicht den Einzelwissenschaften überlassen: Wie eingangs schon angedeutet, stößt die Philosophie heute auf die Problematik der Sprache als *Grundlagen*problematik der wissenschaftlichen Begriffs- und Theoriebildung und ihrer eigenen Aussagen, und das heißt der sinnvollen und intersubjektiv gültigen Formulierung von Erkenntnis überhaupt. In zugespitzter Form könnte man sagen: die ›erste Philosophie‹ ist nicht mehr die Untersuchung der ›Natur‹ oder des ›Wesens‹ der ›Dinge‹ oder des ›Seienden‹, auch nicht mehr die Reflexion auf die ›Vorstellungen‹ oder ›Begriffe‹ des ›Bewußtseins‹ oder der ›Vernunft‹, sondern die Reflexion auf die ›Bedeutung‹ oder den ›Sinn‹ von sprachlichen Ausdrücken. Hinzu kommt, daß nicht nur die ›erste Philosophie‹ im Sinne der ›theoretischen Philosophie‹, sondern auch die ›praktische Philosophie‹ – zum Beispiel die Ethik – durch eine philosophische Analyse des Sprachgebrauchs und insofern durch Philosophie der Sprache sich methodisch vermitteln muß. Dies bedeutet nun keineswegs, daß die Philosophie bei ihrer Bestimmung des Begriffs der Sprache die Resultate der Einzelwissenschaften unberücksichtigt lassen müsse oder könne; wohl aber bedeutet es offenbar, daß die Philosophie unabhängig von den methodischen Abstraktionen der verschiedenartigen einzelwissenschaftlichen Thematisierungen – ja im Gegenzug zu ihnen – einen Begriff der Sprache ausbilden muß, der alle bislang vorliegenden, methodisch-abstraktiven Sprachthematisierungen kritisch verständlich macht, die Tragweite der durch sie möglichen Ergebnisse einzuschätzen erlaubt und darüber hinaus der Reflexion auf die eigenen sprachlichen Voraussetzungen der Philosophie Genüge tut.«[2]

Für die Philosophie, wie Apel sie bestimmt, hat diese Thematisierung der Sprache die Konsequenz, daß die Sprachkritik – als Reflexion auf die sprachlichen Voraussetzungen der Erkenntnis verstanden – die Stelle der klassischen Bewußtseinstheorie eingenommen hat. Voraussetzung der Erkenntnis ist nicht mehr das »stumme«, denkende Ich, wie es durch Descartes und Kant definiert wurde. Voraussetzung ist vielmehr die kommunikative Kompetenz dieses Ich, das sich nicht in einem einsamen, monologischen Denkakt über seine Erfahrungen Gewißheit verschafft, sondern diese Erfahrungen in einem Kommunikationsakt anderen Subjekten vermittelt.

Anthropologisch gesehen, wird das Subjekt dann nicht mehr, wie in der klassischen Philosophie, als denkendes Wesen definiert, sondern, wie Apel formuliert, »als Sprachwesen«, das dazu verdammt ist, sich über Sinn- und Geltungskriterien seines Handelns und Erkennens zu verständigen.[3]

Um diese These der Kommunikationsfähigkeit als erster Voraussetzung der Erkenntnis genauer zu begründen, geht Apel in einer historischen Retrospektive auf zwei sehr verschiedenartige philosophische Positionen dieses Jahrhunderts zurück, nämlich auf die Philosophien Ludwig Wittgensteins und Martin Heideggers. Heidegger und Wittgenstein stellen für ihn »Schlüsselfiguren in der philosophischen Konstellation dieses Jahrhunderts dar«, Schlüsselfiguren allerdings für sehr konträre, voneinander hermetisch abgeschlossene Strömungen moderner Philosophie. Während Heidegger in den Zusammenhang der Phänomenologie und Existenzphilosophie gehört, steht Wittgenstein im Umkreis der analytischen Sprachphilosophie und des logischen Positivismus. Apel umreißt, ehe er sich auf die genaue Untersuchung dieser beiden Positionen einläßt, die unterschiedlichen Voraussetzungen Heideggers und Wittgensteins in folgender Weise:

»Wie kam es dazu, daß Wittgenstein und Heidegger, zwei deutschsprachige Denker, zu Exponenten so verschiedener Denkwelten werden konnten?

Eine äußerliche Charakteristik dieser Konstellation aus der Perspektive der ›Vorurteile‹ müßte wohl etwa folgendes Aussehen haben:

Heidegger philosophiert als typisch deutscher Denker mit höchstem spekulativem Anspruch, der sich auch in seiner Sprache ausdrückt: er will die gesamte Tradition der abendländischen Metaphysik verstehend wiederholen und zugleich überholen. Dabei dient die moderne Wissenschaft und ihr technisch-methodisches Denkniveau, etwa ihre logisch-mathematische Präzisionssprache, keineswegs als Maßstab der geistigen Überholung, sondern vielmehr als Symptom dessen, was als Sackgasse der Seinsgeschichte aus den Anfängen her distanziert und überholt werden muß: der Entfaltung der Metaphysik in der Technik. Diese innere Konstellation des Heideggerschen Denkens, zusammen mit der oft schwer erträglichen Prätention seines Stils, scheint die im Grunde fortschrittsgläubigen Angelsachsen und Skandinavier ebenso abzustoßen, wie sie andererseits einem gewissen humanistischen Ressentiment der lateinischen Kulturen gegen die Vorherrschaft der technischen Zivilisation offenbar entgegenkommt. Wittgenstein auf der anderen Seite repräsentiert als Schüler B. Russells gewissermaßen angelsächsische Geistigkeit.
Das gilt zwar bei näherer stilkritischer Betrachtung nur mit Einschränkung – läßt sich doch auch seine geistige Verwandtschaft mit R. Musil, Karl Kraus, Kafka, und vor allem mit Lichtenberg belegen –, es trifft aber doch so weit zu, daß der *Tractatus* und die *Philosophischen Untersuchungen* heute als klassische Dokumente jenes fragmentarisch-analytischen Philosophierens im Bannkreis der experimentellen Wissenschaft gelten, das zuerst in Amerika durch Ch. S. Peirce und dann in England durch B. Russell und G. E. Moore auf die Bahn gebracht wurde. Dem deutschen Leser erscheint dieses Denken leicht als substantiell dürftig, was zumindest dadurch mitbedingt ist, daß er, in Erwartung positiver, weltanschaulicher Ausblicke, die subtilen Pointen der sprach-kritischen Analyse zunächst kaum zu bemerken vermag. Jener unspekulative oder besser ›antispekulative‹ Geist, der die englische Philosophie von Ockham, Hobbes, Berkeley und Hume her be-

herrscht und sie für Denker wie Hegel, Schelling oder Heidegger so wenig anziehend macht, jene skeptische Verdächtigung der Metaphysik durch Sprachkritik, die den englischen Nominalismus kennzeichnet – dies alles scheint gerade in Wittgensteins *Tractatus* in seiner Negativität explizit an den Tag zu kommen: als universaler Sinnlosigkeitsverdacht gegen alle ontologisch-spekulativen Sätze.«[4]

Im weiteren Verlauf der Argumentation geht es Apel jedoch weniger um die in diesem Zitat skizzierten Gegensätze zwischen Wittgenstein und Heidegger als vielmehr um ein tieferliegendes, jedoch verdecktes, gemeinsames Erkenntnisinteresse.

Dieses Interesse richtet sich auf das Problem der philosophischen Sprache, genauer auf den Sprachgebrauch innerhalb der klassischen Ontologie und Metaphysik, also der Lehre von den Dingen in der Welt und ihren Eigenschaften. Wittgenstein und Heidegger äußern beide gegenüber diesem Sprachgebrauch den Verdacht der Sinnlosigkeit.

Kurz zusammengefaßt heißt das: Für Heidegger täuscht sich in den Aussagen der Metaphysik die Sprache über sich selbst. Denn sie spricht vom Dasein der Dinge in gleicher Weise, wie sie über das Sein des Menschen spricht. Dieses Mißverständnis beruht, wie Heidegger in »Sein und Zeit« ausführt, vor allem auf den falschen Gebrauch des Zeitworts »sein«. Dieses »sein« wird in der traditionellen philosophischen Sprache so verwendet, als gäbe es keine Differenz zwischen der Aussage »der Mensch ist« und der Aussage »ein Ding ist«.

Wittgenstein dagegen sieht in den klassischen Sätzen über die Welt und die Dinge dieser Welt ganz allgemein unsinnige Sätze.

Ihr Unsinn liegt darin, daß sie nicht das bezeichnen, was sie zu bezeichnen vorgeben. Sie haben in Wirklichkeit nur metaphorischen, keinen bezeichnenden Charakter, und daher besteht die Hauptaufgabe einer gereinigten Philosophie darin, diesem »metaphorischen Schein« ihrer Sätze zu entgehen.

Apel spricht in diesem Zusammenhang von einer durch Wittgenstein und Heidegger aufgedeckten »Selbstentfremdung« der philosophischen Sprache:
»Ich habe soeben bei der sprachlichen Parallelisierung des Wittgensteinschen und des Heideggerschen Ansatzes absichtlich den Terminus ›Selbstentfremdung‹ gebraucht. Hierdurch mag an eine dritte, in der Gegenwart aktuelle Kritik der traditionellen Metaphysik erinnert werden, die ebenfalls von einem grundlegenden Verdacht ausgeht: Dem Wittgensteinschen ›Sinnlosigkeitsverdacht‹ und dem Heideggerschen Verdacht der ›Seinsvergessenheit‹ ging der von K. Marx gegen die Metaphysik gerichtete ›Ideologieverdacht‹ voraus. Dieser Seitenblick kann dazu dienen, den geistesgeschichtlichen Horizont vollends aufzureißen, innerhalb dessen scheinbar noch so heterogene und gegeneinander isolierte Sphären der Gegenwartsphilosophie einen gemeinsamen Bezugspunkt aufweisen. Der gemeinsame Bezugspunkt ist in unserem Problemzusammenhang die Infragestellung der abendländischen Metaphysik als theoretischer Wissenschaft.«[5]
Ergebnis dieser »Infragestellung« ist die »parallele Destruktion« der europäischen Philosophie und ihres Sprachgebrauchs durch Heidegger und Wittgenstein. Ausgehend von dieser Destruktion kommen beide jedoch zu sehr verschiedenen Folgerungen für eine künftige Philosophie.
Heidegger entwickelt aus seiner Sprachkritik die Existenzphilosophie als eine Theorie über das menschliche Dasein und über die Nichtidentität von Subjekt und Objekt. In der Sprache dieser Philosophie wird, im Gegensatz zur traditionellen philosophischen Sprache, die Differenz zwischen der »Existenz« des Menschen und dem »Vorhandensein« der Dinge ständig hervorgehoben. Über das »Sein« der menschlichen Existenz wird in anderen Begriffen gesprochen als über das »Sein« der Dinge. Die oft kritisierte, schwerverständliche Sprache der Heideggerschen Existenzphilosophie erklärt sich zum großen Teil aus diesem Versuch einer neuartigen sprach-

lichen Differenzierung zwischen den verschiedenen Weisen des In-der-Welt-Seins. Methodisch gesehen geht diese Philosophie hermeneutisch vor.

Das heißt, sie versucht die menschliche Existenz interpretierend auszulegen und zu verstehen. Historisch gesehen handelt es sich bei Heideggers Verfahren um eine Radikalisierung der geisteswissenschaftlichen Hermeneutik, wie sie von Schleiermacher und Wilhelm Dilthey im 19. Jahrhundert als Kunst der Auslegung und des Verstehens begründet wurde.

Dieses »Verstehen« wird von Heidegger als eine Grundform der menschlichen Existenz verstanden: Sie ist eine »Vorstruktur« des In-der-Welt-Seins, die jedem einzelnen, konkreten Akt des Verstehens eines Textes oder einer Äußerung vorangeht. Mit anderen Worten: Ich kann nur dann einen Text verstehen, wenn ich bereits ein Vorverständnis dessen habe, was es überhaupt bedeutet, etwas zu verstehen. Die Sprache selbst ist für Heidegger die nicht hintergehbare Voraussetzung dieses Verstehens.

Wittgenstein dagegen leitet aus seiner Kritik der philosophischen Sprache eine völlig andere Konsequenz ab. Ersetzt Heidegger die klassische Metaphysik durch eine neue Metaphysik der menschlichen Existenz, so fordert Wittgenstein eine radikale Reduktion der Funktionen der philosophischen Sprache. Diese Reduktion zielt auf folgendes: Sinnvoll sind lediglich die inhaltsleeren Sätze der Logik und Mathematik und die beschreibenden Sätze der empirischen Wissenschaften, die die Gegenstände in der Welt zwar abbilden, sie aber nicht interpretieren. Das heißt: Gegenstand sinnvoller Sätze sind allein die in der Welt vorhandenen Dinge und Tatsachen. Diese Dinge und Tatsachen können sprachlich abgebildet werden.

Das Subjekt der Wahrnehmung dagegen wird ausgeklammert. Es schrumpft, wie Wittgenstein in seinem Traktat einmal formuliert, »zum ausdehnungslosen Punkt zusammen, und es bleibt die ihm koordinierte Realität«. In einem anderen Satz wird diese Überlegung weitergeführt:

»Wo in der Welt ist ein metaphysisches Subjekt zu merken? Du sagst, es verhält sich hier wie mit Auge und Gesichtsfeld. Aber das Auge siehst du wirklich nicht. Und nichts am Gesichtsfeld läßt darauf schließen, daß es von einem Auge gesehen wird.«[6]

Das Subjekt fällt, wie diese Bemerkung belegt, für den frühen Wittgenstein mit dem wahrgenommenen Weltausschnitt zusammen. Es verhält sich ähnlich wie ein Kameraauge, das einen bestimmten Ausschnitt der Wirklichkeit kommentarlos widerspiegelt. Jede Rückbezüglichkeit auf den wahrgenommenen Weltausschnitt, oder jede Reflexivität des Subjekts auf sich selbst fällt damit weg. Die abbildende Sprache verhält sich so, als ob es dieses Subjekt überhaupt nicht gäbe. Für die Philosophie des 20. Jahrhunderts folgt aus dieser Reduktion der Sprache auf ihre Abbildungsfunktion eine schwerwiegende Konsequenz: Die Subjektivität wird aus ihrer Themenstellung ausgeklammert; philosophische Aussagen beziehen sich, entsprechen sie der Forderung Wittgensteins, nur noch auf die Objekte, aber nicht mehr auf die Subjekte der Wahrnehmung.

Historisch gesehen bedeutet das: In eben dem Moment, in dem die Erkenntnistheorie zu Anfang dieses Jahrhunderts in Sprachkritik umschlägt, hört das Subjekt auf, mögliches Thema philosophischer Aussagen zu sein. Während seit Descartes bis zu Kant und Husserl die Reflexion des Subjekts auf sich selbst zentrales Thema der Erkenntnistheorie war, kommt in der sprachanalytischen Philosophie des frühen Wittgenstein der Begriff »Bewußtsein« oder »Subjekt« gar nicht mehr vor. Alle derartigen Begriffe werden in den Bereich der Psychologie verwiesen.

Die Philosophie des Neopositivismus hat dieses Konzept aufgenommen und systematisiert.

Rudolf Carnap, ein Hauptvertreter dieser Richtung, vergleicht in einem bekannt gewordenen Beispiel die Tätigkeit des Philosophen mit der Tätigkeit eines Ingenieurs, der neue

Flugzeugmodelle entwirft. In analoger Weise entwirft nach Carnap ein Philosoph neue Wissenschaftssprachen, die er ständig auf ihre Tauglichkeit hin überprüft und verbessert. Hinzu kommt im Neopositivismus die Forderung nach einer »Einheitswissenschaft«, deren Methoden für alle Einzelwissenschaften in gleicher Weise Gültigkeit haben sollen. Gefordert wird, daß alle in den Wissenschaften verwendeten Begriffe, soweit sie nicht formale Begriffe der Logik und Mathematik sind, solche Begriffe sind, über deren Anwendbarkeit man allein mit Hilfe von Beobachtungen entscheiden kann. Begriffe und Aussagen, die diesen Bedingungen nicht entsprechen, sind diesem Konzept nach Scheinbegriffe, die nicht in den Bereich der Wissenschaft gehören. Fast alle philosophischen Aussagen und Begriffe fallen damit unter das Verdikt der Unwissenschaftlichkeit. Damit wird die philosophische Forschung zum erstenmal in ihrer Geschichte den Kriterien der exakten Wissenschaften und der Kontinuität wissenschaftlichen Fortschritts unterworfen. Spekulative, nicht überprüfbare Aussagen sind dem Bereich unverbindlicher, privater Weltanschauungen zugeordnet, die mehr mit Kunst und Religion als mit Wissenschaft zu tun haben.

Auf der anderen Seite wird dieser Gewinn an Wissenschaftlichkeit mit einer radikalen Reduzierung der Erkenntnisinteressen bezahlt. Ein Philosoph der neopositivistischen Richtung kann sich, wenn er methodisch korrekt vorgeht, nur über die syntaktische Struktur oder die Beobachtungsdaten einer Theorie äußern.

Ausgeklammert ist aber bereits die Frage nach dem gesellschaftlichen Verwendungszusammenhang dieser Theorie. Ausgeklammert sind weiter fast alle historischen Aussagen und die meisten Aussagen der verstehenden und interpretierenden Geisteswissenschaften. Das »Verstehen« wird als eine vorwissenschaftliche, psychologisierende Methode eingestuft, die innerhalb der exakten Wissenschaften keine Funktion hat. Eine exakte Wissenschaft im Sinn des neopositivistischen Programms geht nicht »verstehend«, sondern »erklärend« vor. Das heißt, sie erklärt, warum zwei Ereignisse zeitlich aufeinander folgen, sie versucht aber nicht diesen Vorgang zu »verstehen« oder zu »interpretieren«.

Karl-Otto Apel unterwirft diese Position, die er mit Habermas und mit der kritischen Gesellschaftstheorie allgemein als »Szientismus« bezeichnet, einer radikalen Kritik. Den grundlegenden Irrtum dieser szientistischen Position sieht er darin, »daß sie glaubt, das menschliche Subjekt der Wissenschaft auf ein Objekt der Wissenschaft reduzieren zu können«.[7]

Diese Reduktion wertet Apel als eine Verdrängung der subjektiven Momente der Erfahrung, die unfreiwillig hinter die Fragestellung Kants zurückfällt, da sie seine Frage nach den »Bedingungen der Möglichkeit der Erfahrung« nicht mehr stellen kann. Vereinfacht gesagt heißt das: Die neopositivistische Philosophie kann nicht danach fragen, wie das Subjekt überhaupt zu seinen Erfahrungen kommt. Sie muß sich vielmehr darauf beschränken, Methoden zur Beschreibung von Sachverhalten zu erfinden. In dieser Ausschaltung des subjektiven Moments, wobei unter dem Subjektiven hier nicht das Private verstanden wird, sondern das, was nicht Objekt der Erfahrung ist, trifft sich für Apel der Neopositivismus mit dem Konzept des orthodoxen Marxismus:

»In der Unterschlagung des subjektiven Moments der Praxis besteht meines Erachtens der philosophisch interessante, der in seinen praktischen Folgen sich selbst entlarvende Irrtum des ›Materialismus‹ im orthodoxen Marxismus.«[8]

»Am deutlichsten zeigt sich dies darin, daß das berühmte Axiom der Parteilichkeit beziehungsweise der Vermittlung der Theorie durch Praxis als Prinzip der marxistischen Geschichtsdeutung seine erkenntnistheoretische Funktion verliert. Diese scheint mir doch darin zu bestehen, daß der Zirkel zwischen der Ermöglichung der Geschichtsdeutung durch Parteiergreifung und der Herleitung der Parteiergreifung aus der Geschichtsdeutung als legitimer Ausdruck der dialektischen Grundsituation des Menschen anerkannt wird, das heißt aber: daß der Zirkel offen bleibt und jederzeit erneuert werden muß. Indem nun im Marxismus der Standpunkt des Proletariats als Träger der notwendigen Weltrevolution zum obligatorischen Inhalt der Parteiergreifung wird, verliert das Prinzip der Parteilichkeit seinen philosophisch revolutionären Sinn. Darin eben bekundet sich, daß die objektive Dogmatik der Zukunft im Marxismus den subjektiven Faktor der Praxis, durch den einmal die Theorie selbst, nach dem genialen Ansatz des jungen Marx, sich vermitteln sollte, verschlungen hat.«[9]

Ausgehend von der Forderung nach einer neuen, an Kants Frage nach dem Subjekt der Erkenntnis anknüpfenden Philosophie, stellt sich für Apel die entscheidende Frage: Wie kann heute über das Subjekt und über die subjektiven Momente sinnvoll gesprochen werden, ohne daß die Philosophie in ein vorwissenschaftliches Stadium zurückfällt? Denn wenn die Philosophie das Thema der Subjektivität wieder aufnimmt, so muß sie eine gegenüber dem neopositivistischen Programm erweiterte Sprache verwenden. Die quantifizierenden, abbildenden Sätze der Beschreibungssprache reichen nicht aus, hinzukommen müssen reflektierende und interpretierende Aussagen, wie sie schon immer in den Geisteswissenschaften verwendet wurden und wie sie heute zum Beispiel die Psychoanalyse benutzt. Will die Philosophie jedoch wissenschaftlich vorgehen, so muß sie Kriterien angeben können, wann diese verstehenden Aussagen intersubjektive Gültigkeit haben und wann nicht. Das heißt, sie muß dem alten Dilemma der Geisteswissenschaft entgehen, der von seiten der exakten Wissenschaften zu Recht vorgeworfen wurde, daß ihre Aussagen sich nicht intersubjektiv nachprüfen ließen, sondern von den subjektiven Meinungen und Empfindungen des interpretierenden Philologen oder Historikers abhingen.

Wie aber soll zum Beispiel ein Goethe-Philologe oder ein Historiker, der sich mit dem 19. Jahrhundert befaßt, exakte

Kriterien dafür angeben, daß seine Goethe-Interpretation oder sein Verständnis des 19. Jahrhunderts auf einem »richtigen« Verstehen beruht?

Apel umreißt die Problematik verstehender Aussagen innerhalb der Geisteswissenschaft des 19. Jahrhunderts in folgender Weise:

»Das eigentliche Problem der philosophischen Begründung der Hermeneutik, das heißt der Lehre von der wissenschaftlichen Auslegung von (gemeintem oder zumindest ausgedrücktem) Sinn, läßt sich m. E. in der folgenden Frage formulieren: Gibt es eine methodische Abstraktion, durch die in der Ebene der intersubjektiven Verständigung zwischen Menschen eine wissenschaftliche Thematisierung des gemeinten oder ausgedrückten Sinns möglich wird?

Die philosophischen Begründer der Hermeneutik im 19. Jahrhundert (Schleiermacher und Dilthey) haben diese Frage bejaht und sie dahingehend beantwortet: Durch die Abstraktion von der Frage nach der Wahrheit beziehungsweise nach dem normativen Anspruch der zu verstehenden Sinnäußerungen, zum Beispiel der überlieferten Texte, wird eine progressive, allgemeingültige Objektivation des Sinnes möglich. Hierin soll die Parallele der verstehenden Geisteswissenschaften zu den ebenfalls objektiven und progressiven Naturwissenschaften liegen. An die Stelle des normativ verbindlichen Verstehens der vorwissenschaftlichen Traditionsvermittlung tritt so – der wissenschaftstheoretischen Intention zufolge – das normativ unverbindliche, aber wissenschaftlich allgemeingültige Verstehen der hermeneutischen ›Geistes-Wissenschaften‹.

Nimmt man die praktischen (existentiellen) Konsequenzen dieser Konzeption ernst, so führt dies zu dem Problem des nihilistischen ›Historismus‹, das Dilthey selbst deutlich gesehen hat und das später der Dichter R. Musil, in Anknüpfung an Gedanken Nietzsches, auf die Formel ›Der Mann ohne Eigenschaften‹ gebracht hat. In der Tat würde der Mensch, der alle verbindlichen Wahrheiten und Normen wissenschaft-

lich objektiviert und in die Gleichzeitigkeit eines ›imaginären Museums‹ nur noch verstehbaren Sinnes versammelt hätte, einem Wesen gleichen, das keine Eigenschaften zu gewinnen vermag, einem reinen ›Möglichkeitsmenschen‹, wie Musil auch sagt, der sein Leben nicht zu aktualisieren vermag. Er hätte alle Bindungen zur Tradition verloren, und zu eben diesem praktisch geschichtslosen Zustand hätten ihn die historisch-hermeneutischen Wissenschaften reduziert: Sie hätten sich selbst, das heißt ihre neutralisierende Objektivation der verbindlichen Normen und Wahrheiten, an die Stelle der wirksamen Tradition und damit der Geschichte gesetzt.«[10]
Will die Philosophie dem hermeneutischen Dilemma der Unverbindlichkeit entgehen, so muß sie, wie Apel weiter ausführt, Kriterien für richtiges und falsches Verstehen entwikkeln.

Um dies zu leisten, knüpft Apel an die Sprachspieltheorie an, wie sie Ludwig Wittgenstein in seinen »Philosophischen Untersuchungen« entwickelte, die 1953 posthum veröffentlicht wurden. Der Ansatz der »Philosophischen Untersuchungen« wurde in den letzten Jahren von den Engländern Austin und Searle in ihrer Sprechakttheorie weitergeführt. Es handelt sich dabei um die pragmatische Wende der sprachanalytischen Philosophie, ausgehend von der Beziehung zwischen Sprache, Sprachbenutzer und Lebenspraxis. Sprechakte sind Äußerungen, die bestimmte Folgen für das Verhalten des Sprechenden haben.

Dafür ein einfaches Beispiel: Wenn ein Sprecher 1 zu einem Sprecher 2 sagt: »Mach das Fenster zu!« so kann Sprecher 2 diesem Befehl entweder Folge leisten oder nicht. Das heißt, er geht entweder zum Fenster, um es zu schließen oder er erläutert in einem weiteren, kommentierenden Sprechakt, warum er mit dem Schließen des Fensters nicht einverstanden ist. Beide möglichen Reaktionen zeigen, daß er die Aufforderung oder den Befehl des anderen richtig verstanden hat. Sagt er dagegen zum Beispiel »Danke schön«, so hat er den anderen höchstwahrscheinlich nicht richtig verstanden. Das Verstehen hängt in diesem Fall nicht von subjektiver Einfühlung ab, sondern von der Kenntnis und vom Verstehen der sprachlichen Formulierung »Mach das Fenster zu!«

Aus diesen hier nur sehr verkürzt und vereinfacht umrissenen Überlegungen leitet Apel, Wittgenstein folgend, die These ab, daß das »Verstehen« fremder Äußerungen nicht auf einem Prozeß subjektiver Einfühlung in das Innenleben eines anderen beruht, sondern vielmehr auf der Kenntnis festgelegter Sprachkonventionen, die »für alle« gelten. Das heißt, unsere privaten Empfindungen, wie z. B. Zahnschmerzen oder Unlustgefühle, sind dadurch, daß wir sie im intersubjektiven Medium der Sprache veröffentlichen, kommunikative Handlungen. In dieser Bestimmung des Sprachhandelns als eines regelgeleiteten Verhaltens, das praktische Konsequenzen nach sich zieht, sieht Apel den »Angelpunkt« für seine Transformation der Philosophie in Richtung auf eine Theorie kommunikativen Handelns:

»Der Umstand, daß nicht ›einer allein und nur einmal‹ einer Regel folgen kann, daß vielmehr Handlungen, Weltinterpretationen und Sprachgebrauch im Sprachspiel als Bestandteile einer sozialen Lebensform ›verwoben‹ sein müssen, bezeichnet meines Erachtens den neuen Angelpunkt der Philosophie, den der späte Wittgenstein nolens volens bereitgestellt hat.«[11]

Denn damit ist, wie Apel weiter ausführt, die klassisch-erkenntnistheoretische Annahme des einsamen Denkers als Fiktion entlarvt und das einsame Denken selbst als »defizienter Modus der Kommunikation« begriffen. An die Stelle der alten philosophischen Illusion, daß einer nur für sich alleine denkt, tritt die Zugehörigkeit zu einer realen Kommunikationsgemeinschaft, die auf der apriorischen Voraussetzung kommunikativer Kompetenz beruht.

Die Aufgabe einer künftigen Philosophie liegt dann darin, aus diesem von der kommunikativen Kompetenz des Subjekts ausgehenden Ansatz eine allgemeine Theorie richtigen Argumentierens und Verstehens abzuleiten. Von hier aus stellt sich dann die weitere Aufgabe zu klären, auf welchen kommunikativen Voraussetzungen der historische Fortschritt bzw. die Emanzipation der Gesellschaft beruht. Denn die Aufklärung über richtige und falsche Formen der Argumentation und des kommunikativen Verhaltens ist für Apel erste Voraussetzung konkreter politischer Emanzipation. Nur dann, wenn eine Gesellschaft über allgemein akzeptierte Regeln interpersonaler Verständigung über ihre Bedürfnisse und Ziele verfügt, kann sie einen Konsensus herbeiführen, der ihr erlaubt, ihre Vorstellungen praktisch zu verwirklichen. Leitidee Apels ist dabei die Utopie einer »idealen Kommunikationsgemeinschaft«, die sich von allen ideologischen Verzerrungen und sozialen Zwängen realer, gesellschaftlicher Kommunikation befreit hat.

Um zu verdeutlichen, was er unter Kommunikation in Richtung gesellschaftlicher Emanzipation versteht, verweist Apel auf das Modell des Dialogs in der Psychoanalyse. Die Psychoanalyse steht dabei für eine kritische Wissenschaft vom Subjekt, die als eine besondere, erweiterte Form der Interpretation auftritt. Freud selbst hatte die psychoanalytische Deutung stets am hermeneutischen Vorbild der philologischen Arbeit orientiert. Im Gegensatz zur Deutungsarbeit des Philologen hat es der psychoanalytische Dialog jedoch nicht nur mit vorhandenen Texten zu tun. Aufgabe des Analytikers ist es vielmehr, aus den Lücken in den Einfällen des Patienten die vergessenen und verdrängten Momente seiner Biographie zu erschließen und sprachlich zu rekonstruieren. Verdrängte Inhalte sind also jene Inhalte, die aus dem Kommunikationssystem ausgeklammert sind, aber in Form neurotischer Symptome an anderer Stelle wieder auftauchen. Das Ziel der Analyse ist dann erreicht, wenn diese vergessenen und verdrängten Inhalte wieder in den Zusammenhang der Lebensgeschichte und in das Kommunikationssystem des Patienten einbezogen sind. Zuletzt weiß der Patient aufgrund der Sprachrekonstruktion des Analytikers mehr über sich selbst und über die Störungen in seinem kommunikativen Verhalten, als vor Beginn der Analyse. Die neurotische Störung ist dann, wie Habermas formuliert, »hermeneutisch auf dem Weg der Sprachanalyse rückgängig gemacht«.

Apel wertet den psychoanalytischen Dialog, wie ihn vor allem Jürgen Habermas und Alfred Lorenzer beschreiben, als Modell für eine hermeneutische Aufhebung verzerrter, gestörter Kommunikation. Die psychoanalytische Methode stellt seiner These nach zugleich eine besondere Form der Ideologiekritik dar, da sie mit den Mitteln des hermeneutischen Dialogs die Selbsttäuschungen des Patienten über seine eigenen Bedürfnisse rückgängig macht und ihm eine rationalere Selbsteinschätzung gestattet.

In Analogie zum Beispiel des psychoanalytischen Dialogs entwickelt Apel sein Konzept hermeneutisch vermittelter gesellschaftlicher Aufklärung.

Allerdings verfällt er nicht in den idealistischen Irrtum, anzunehmen, daß gesellschaftliche Emanzipation als Aufhebung verzerrter Kommunikation allein mit den Mitteln der Hermeneutik zu erreichen ist. Er ist sich vielmehr darüber im klaren, daß das Modell der Psychoanalyse nur bedingt auf größere gesellschaftliche Gruppen und auf politisches Handeln übertragen werden kann:

»Denn es ist klar, daß die Aufgabe der Realisierung der idealen Kommunikationsgemeinschaft auch die Aufhebung der Klassengesellschaft, kommunikationstheoretisch formuliert: die Beseitigung aller sozialbedingten Asymmetrien des interpersonalen Dialogs, impliziert.«[12]

»Freilich werden die traditionellen humanistischen Geisteswissenschaften als wissenschaftliches Instrumentarium der Emanzipationsstrategie nicht ausreichen. Ihre Grenze liegt da, wo die eigentlichen Hindernisse des Verstehens und damit der Verständigung in der *realen* Kommunikationsgemeinschaft angetroffen werden: Hindernisse im Sinne

der Nichttransparenz oder der ideologischen Verschleierung materieller Interessen, die der Realisierung der idealen Kommunikationsgemeinschaft im Wege stehen.
Hier muß sich die ethisch begründete Emanzipationsstrategie ihr spezifisches wissenschaftliches Instrumentarium erst schaffen, um auf dem Umweg über ein quasi-naturalistisches ›Erklären‹ der verdinglichten Strukturen das reflexive Selbstverständnis der Menschen zur emanzipatorischen Durchbrechung seiner Schranken zu provozieren. Diese Aufgabe fällt meines Erachtens den kritisch-emanzipatorischen Sozialwissenschaften zu: der Psychoanalyse und der Ideologiekritik, die alle empirisch-analytischen und normativ-analytischen Sozialwissenschaften, einschließlich der Ökonomie, in ihren Dienst zu stellen haben. Im Zusammenhang der soeben skizzierten Strategie der Emanzipation ergibt sich freilich selbst noch ein äußerst delikates moralisches Problem, die Frage nämlich: In welchen Situationen und aufgrund welcher Kriterien darf ein Kommunikationspartner das emanzipiertere Bewußtsein für sich beanspruchen und sich dergestalt als Sozialtherapeut für autorisiert halten? – Doch diese Frage ist letztlich identisch mit dem allgemeineren Problem der verantwortlichen *Situationseinschätzung* und *Situationsentscheidung*, die – auch unter der Voraussetzung unserer regulativen Prinzipien – niemandem abgenommen werden kann. Die ›Parteiergreifung‹ in der konkreten geschichtlichen Situation wird immer ein riskantes Engagement einschließen, das weder durch philosophisches noch durch wissenschaftliches Wissen gedeckt werden kann. An dieser Stelle – und nicht schon bei der Parteiergreifung für die Emanzipation überhaupt, die, wie wir zu zeigen versuchten, philosophisch gerechtfertigt werden kann – muß jeder eine nicht – oder nicht völlig – begründbare ›moralische‹ Glaubensentscheidung auf sich nehmen.«[13]
Mit dieser Bemerkung, die am Ende der philosophischen Aufsätze Apels steht, wird der Universalitätsanspruch der Her-

meneutik zurückgewiesen. Die transformierte Philosophie hat zwar einen latenten Handlungs- und Praxisbezug, jedoch läßt sich die Leitidee idealer, herrschaftsfreier Kommunikation nicht unmittelbar in Praxis umsetzen. Der in einer bestimmten, historischen Situation politisch Handelnde geht immer ein Risiko ein, das durch die theoretische Leitidee der Emanzipation nicht voll gedeckt werden kann.

Jürgen Habermas faßt in der Einleitung zu seinem Aufsatzband »Theorie und Praxis« die Problematik der Vermittlung von philosophischer Aufklärung und politischem Handeln in folgender Weise zusammen:

»Daß das strategische Handeln derer, die sich zu kämpfen und das heißt: Risiken auf sich zu nehmen entschlossen haben, in einem durch Antizipation erst ermöglichten Rückblick hypothetisch gedeutet, daß es aber auf dieser Ebene nicht zugleich mit Hilfe einer reflexiven Theorie auch *zwingend gerechtfertigt* werden kann, hat einen guten Grund: Die Überlegenheit der Aufklärer über die noch Aufzuklärenden ist theoretisch unvermeidlich, aber zugleich fiktiv und der Selbstkorrektur bedürftig: In einem Aufklärungsprozeß gibt es nur Beteiligte.«[14]

Anmerkungen:

1 Wolfgang Stegmüller, Hauptströmungen der Gegenwartsphilosophie, (3. Auflage) Stuttgart 1965. Einleitung, S. XLI.
2 Karl-Otto Apel, Transformation der Philosophie, Band 2: Das Apriori der Kommunikationsgemeinschaft, Frankfurt/M. 1973, S. 332 f.
3 a. a. O., S. 247.
4 Karl-Otto Apel, Transformation der Philosophie, Band 1: Sprachanalytik, Semiotik, Hermeneutik, S. 225/226.
5 a. a. O., S. 227/228.
6 Ludwig Wittgenstein, Tractatus logico-philosophicus, Satz 5.633. Frankfurt/M. 1960.
7 Karl-Otto Apel, Transformation der Philosophie, Band 2, S. 183.
8 a. a. O., S. 21.
9 a. a. O., S. 22/23.
10 a. a. O., S. 115/16.
11 a. a. O., S. 247.
12 a. a. O., S. 432.
13 a. a. O., S. 434/35.
14 Jürgen Habermas, Theorie und Praxis, (4. Auflage) Frankfurt/M. 1971, S. 45.

Hans Jörg Sandkühler

Die Geschichte besser verstehen – die Wirklichkeit besser gestalten

Über die Hermeneutik als Erklärungswissenschaft

Der Beobachter der Wissenschaftsszene kommt als Berichterstatter über die Entwicklung der technischen und Naturwissenschaften außer Atem, will er Schritt halten. Ins Schneckentempo verfällt, wer dem Gang der sogenannten historischen Geisteswissenschaften folgt. Gerade die Wissenschaften, in deren Bezeichnung irrigerweise dem »Geist« zugeschrieben wird, was tatsächlich Menschen in geistiger und körperlicher Arbeit tun, gerade die Wissenschaften, in denen sich die Menschen der ideellen Widerspiegelungen ihrer materiell-praktischen Leistungen verstehend und erklärend vergewissern, sind traditionell traditionalistisch oder konservativ. Sie scheinen von einer Geschichte zu zehren, die als Vergangenheit zu überwinden ihre Aufgabe ist. Noch heute sind im Bereich der bürgerlichen Wissenschaften Positionen selten, die sich bewußt der Geschichte stellen, um sie als die Herkunftswelt der gegenwärtigen Wirklichkeit durchsichtig zu machen, verstehen zu helfen, kurz: zu erklären. Noch heute beherrscht etwa in den Literaturwissenschaften oder in der Philosophie die

Pflege wirklicher oder vermeintlicher Klassiker das Feld. Erst die inzwischen auch zu uns vorgedrungene Debatte der marxistischen Wissenschaften um das Erbe hat Bewegung gebracht. Mit welcher Notwendigkeit und unter welchen gesellschaftlichen und ideologischen Voraussetzungen das Erbe der klassischen bürgerlichen deutschen Literatur und Philosophie anzutreten sei bzw. angetreten werden könne, ist die Frage, um die es ihnen geht. Wesentliche theoretische Grundsätze dieser Diskussion beginnen sich auch hierzulande herumzusprechen: der Grundsatz, daß die Geschichte gemacht wird und zwar von den Menschen selbst; daß Kopf und Hand, geistige und materielle Arbeit gemeinsam verausgabt werden müssen, um die Geschichte bewußt und planvoll zu gestalten; daß die Produktion der Geschichte widerspruchsvoll vor sich geht, weil nicht abstrakt der Mensch oder die Menschen agieren, sondern besondere Gruppen von Menschen bei der Verwirklichung ihrer Bedürfnisse und Ziele miteinander kooperieren oder gegeneinander streiten; daß in der Geschichte dieser Auseinandersetzungen von Individuen, sozialen Gruppen und letztlich von Klassen die Art und Weise, wie das gesellschaftlich erarbeitete Produkt hergestellt, verteilt und konsumiert wird, insgesamt den Komplex der ökonomischen, sozialen, politischen und ideologischen Lebensbedingungen bestimmt; man besinnt sich auf den Grundsatz, daß die Vergangenheit nur selten tatsächlich tot und vergangen ist, sondern als Genesis, als Herkunft, weiterwirkt; daß es folglich notwendig ist, Geschichte zu erklären und zu verstehen, um ihrem Weiterwirken nicht blind ausgeliefert zu sein; und daß schließlich dieses Verstehen nicht von selbst gelingt, sondern daß ohne ein wissenschaftliches objektives Instrumentarium Geschichts- und damit Wirklichkeitsanalysen scheitern. Die gegenwärtigen Auseinandersetzungen in den sogenannten Geisteswissenschaften werden deshalb in erster Linie um dieses Instrumentarium geführt, welches Objektivität der Erkenntnis gewährleisten soll. Auseinandersetzungen mit zunehmender Schärfe auch im Bereich der universitären Wissenschaften; zunehmend, nachdem der Zusammenstoß zwischen traditioneller bürgerlicher idealistischer bzw. positivistischer Theorie und historischem und dialektischem Materialismus zum Alltag bundesrepublikanischer Wissenschaft gehört. Die Provokation ist da; Antworten auf die Frage »Wie die Geschichte besser verstehen – wie die Wirklichkeit besser gestalten« sind unumgänglich.

Eine unter vielen möglichen Antworten zu formulieren ist das Geschäft einer Wissenschaft, deren Gegner sagen, sie sei gar keine. Die Rede ist von der Hermeneutik. In keinem Land spielt heute die Hermeneutik eine so unbestritten maßgebliche Rolle wie in der Bundesrepublik. Um so erstaunlicher, daß trotz ihrer Funktion für nahezu alle Sektionen des öffentlichen Bildungswesens die Frage eines Reporters an Straßenpassanten, was denn eigentlich Hermeneutik sei, kaum mehr als verlegenes Kopfschütteln erregen würde. Was also ist Hermeneutik? Nimmt man sie in ihrer herrschenden Erscheinungsform, so kann man zumindest eins sagen: Sie ist eine der letzten Fluchtburgen des geistesgeschichtlichen Idealismus. Sie stammt aus der idealistischen Trennung von Geistes- oder Kulturwissenschaften und Naturwissenschaften, deren exakter Erklärungsmethodik sie noch heute den Begriff »Verstehen« entgegensetzt. Umstritten war in der Entfaltung der neueren Hermeneutik seit dem 19. Jh. – Namen wie Schleiermacher, Dilthey und Heidegger sind anzuführen –, wie was zu verstehen sei; und kontrovers ist dieses Problem auch gegenwärtig in einer Debatte, die sich mit den Theorien des Heidelberger Philosophen Hans-Georg Gadamer, mit seinem Kontrahenten Jürgen Habermas, mit der Vermittlungsposition Karl-Otto Apels verbindet.

Was ist Hermeneutik? Eine bündige Definition ist nicht möglich. Hermeneutik wurde wahlweise verstanden und wird angewandt als Technik und Methode der Auslegung von Quellen und Texten; als philosophische oder philologische Theorie des Textverstehens; als theologische Interpretation normativer Quellen göttlicher Offenbarung, vor allem als Bibelauslegung; als systematischer Rahmen einer Methodologie der Geisteswissenschaften überhaupt; als Geschichtsphilosophie des Verstehens menschlicher Existenz und schließlich: als universalphilosophische Lehre vom Verständnis menschlicher Geschichtlichkeit. Für alle diese unterschiedlichen Ansätze gibt es einen kleinsten gemeinsamen Nenner: Zu verstehen ist der Sinn von Dokumenten des menschlichen Geistes; dieser Sinn ist verborgen, weil der göttliche oder menschliche Autor mehr an Sinn intendierte, als in den sprachlichen Text eingehen konnte; seit ihrem griechischen Anfang setzt sich die Hermeneutik die Aufgabe, einen Sinn zu vermitteln, der Handeln normiert; anders ausgedrückt: Historischen Normen kann nicht gehorcht werden ohne Sinnverstehen. Hermeneutik ist der Versuch, das Bewußtsein für Geschichte zu sensibilisieren. Der herrschende Konservatismus zeitgenössischer Hermeneutiken ergibt sich aus einer Akzentverschiebung: Die in der bürgerlichen Revolution seit dem 17. Jh. ausformulierte Idee, man müsse die Geschichte verstehen, um bewußt Lehren aus ihr zu ziehen, um bewußt die Gegenwart und die Zukunft beherrschen zu können, wurde mehr und mehr verdrängt; die Hermeneutik hat sich als philologisch-technische oder philosophische Disziplin verselbständigt und gehorcht kaum noch mehr als der Frage: Wie verstehen wir die Vergangenheit um ihrer selbst willen? Die beherrschende Vergangenheitsperspektive will Anerkennung der geschichtlichen Tradition selbst um den Preis, den die Hermeneutik Gadamers zahlt; mit einer kritischen Einschätzung von Habermas: Traditionalismus um den Preis der Verteidigung selbst der Vorurteile, die historisch überliefert sind. Die kritische Idee des Fortschritts, den zu erringen die Erkenntnis der geschichtlichen Gesetzmäßigkeit notwendig ist, ist weitgehend abgeschrieben.

Dieser Bericht über die Hermeneutik als Erklärungswissenschaft könnte als Klage über beklagenswerte Zustände enden,

gäbe es keine Alternativen. Es gibt sie. Es hat sie gegeben. Ein vollständiges Panorama der Alternativen hätte nicht zuletzt zu berücksichtigen die angelsächsischen Theorien, die unter dem Sammelbegriff der analytischen Philosophie gefaßt werden. Logik, Erkenntnistheorie, Sprachanalyse und rationalistische Geschichtstheorien verbinden sich hier, um Erklären und Verstehen vor idealistischen, irrationalistischen oder rein intuitionistischen Mißverständnissen zu schützen. Wie sehr die westdeutsche geisteswissenschaftliche Hermeneutik auf verlorenem Posten ficht, wurde zuletzt anläßlich einer Tagung der Finnischen Akademie der Wissenschaften im Februar 1974 in Helsinki überdeutlich. Wer unter dem Kongreßthema »Erklären und Verstehen« Hermeneutikdiskussionen erwartet hatte, sah sich enttäuscht. Gegenüber der Phalanx analytischer Philosophen aus vielen Ländern blieb es – wo überhaupt von Hermeneutik gesprochen wurde – bei einem Streit zwischen Philosophen aus der BRD.
Hier soll eine andere Alternative zur idealistischen Hermeneutik zur Sprache kommen. Es geht um den Versuch, den historischen und dialektischen Materialismus im Rahmen einer hermeneutischen Wissenschaft anzuwenden, die selbst materialistisch verfährt und so ein Höchstmaß an Objektivität an ihren Gegenstand heranträgt. Notizen aus einem wissenschaftlichen Arbeitsfeld, das unüblich ist. Ist in den traditionellen Geisteswissenschaften der Typus des Einzelforschers und nur selten kooperierenden Gelehrten repräsentativ, so ist das Bemühen um eine materialistische Wissenschaft namens Hermeneutik Symptom einer qualitativ anderen Wissenschaftspraxis. Denn an der Ausarbeitung der theoretischen Grundlagen und der Instrumente und Methoden der materialistischen Hermeneutik beteiligen sich Wissenschaftler aus den verschiedensten Fachgebieten: Philosophen, Juristen, Psychologen, Literatur- und Sprachwissenschaftler, Historiker, Ökonomen und Soziologen. Symptomatisch für den Zustand der kaum mehr wirklichen Einheit von Forschung und Lehre

ist, daß die Projektgruppe »Materialistische Hermeneutik« nicht etwa interdisziplinär an einer Universität entstand; sie ist angewiesen auf eine der Institutionen verselbständigter Forschung: Gemeint ist das mit der Bielefelder Universität verbundene »Zentrum für Interdisziplinäre Forschung«, mit dessen organisatorischer und finanzieller Hilfe das Projekt seit 1972 in mehrtägigen jährlichen Konferenzen arbeitet. Um ungläubigem Erstaunen vorzubeugen: Entgegen verbreiteter Skepsis zeigt dieses Projekt, daß zweierlei möglich ist: erstens eine wirklich fächerübergreifende Zusammenarbeit, in die nicht allein additiv Fachwissen von Fachspezialisten eingeht, sondern in der Fachleute ihr Wissen unter gemeinsamen Fragestellungen integrativ beisteuern; die Ressorttrennung etwa zwischen Juristen und Psychologen ist weitgehend überwunden, weil ein gemeinsames Grundkonzept materialistischer Theorie anerkannt wird; unbegründet wäre zweitens der Argwohn, integrativ zu denken setze hier einen ideologisch geschlossenen Kreis von Marxisten voraus; denn als tatsächlich möglich hat sich ein Wissenschaftspluralismus erwiesen, der von allen ernst genommen wird; der nicht Alibi antimarxistischer Sicherung der bürgerlichen Wissenschaft ist, sondern es zuläßt, daß eine Minderheit von Marxisten und eine Mehrheit von Wissenschaftlern durchaus konkurrierender Einstellungen fruchtbar auf der Basis einer Minimalübereinkunft zusammenarbeiten; dieser Minimalkonsens lautet: weil die Hermeneutik als Wissenschaft des Erklärens und Verstehens eine hohe Verantwortung in allen Bildungsbereichen trägt, in denen – angefangen von der Grundschule – durch Texte individuelles und gesellschaftliches Leben und Handeln lernend vermittelt und alltägliche Praxis normiert wird, darf dieser Sozialisationsbereich nicht dem Irrationalismus überlassen werden; wenn der Sinn von Texten und anderen Dokumenten – wie etwa historischer Rechtsquellen – ermittelt werden soll, dann soll von der Aktualität bestehender Bedürfnisse und Probleme ausgegangen werden; die Vergangenheit soll nicht über die Wirklichkeit herrschen; nicht das subjektive Einfühlungsvermögen des Interpreten – also zum Beispiel des Goethes »Faust« interpretierenden Deutschlehrers – soll den Sinn bestimmen; es geht vielmehr darum, das Interesse unserer Zeit an der Geschichte ständig zu reflektieren, um ein kritisches Geschichtsbewußtsein zu schärfen; die gemeinsame Arbeitsgrundlage läßt sich deshalb auf folgenden Nenner bringen: Nur eine materialistische Wissenschaft, die vom wirklichen Leben und der wirklichen Produktionspraxis und nicht allein vom ideologischen Widerschein ausgeht, garantiert die Objektivität und Wahrheit des Sinnverständnisses. Konkreter: Der historische und dialektische Materialismus und die auf ihm gründenden Wissenschaften sind eine wichtige und anwendbare Erkenntnisgrundlage.

Erfolge der Projektarbeit sind nicht ausgeblieben. Hier sollen freilich keine voreiligen Erfolgsmeldungen interessieren. Hier wird nicht mehr geboten als das Kurzprotokoll eines Lernprozesses, ein Werkstattbericht über eine Forschungsgruppe.

Protokollnotiz Nr. 1: Die Schwierigkeiten.

Das Feld abzustecken, innerhalb dessen die materialistische Hermeneutik ihre Fragen stellen und ihre Antworten finden würde, war wenig schwierig. Denn diese Hermeneutik verstand sich von Anfang an keineswegs als eine der modischen Anreicherungen des wissenschaftlichen Sozialismus. Ihr Anspruch ist bescheiden. Nicht mehr als eine Einzelwissenschaft im System der materialistischen Dialektik galt es zu erarbeiten. Diese Wissenschaft soll anwendbar sein auf die geistigen Reproduktionsformen der materiell-praktischen Wirklichkeitsaneignung. Weil diese Wissenschaft ihren Gegenstand abhängig weiß von der Struktur der materiellen Produktion, bezieht sie eine untergeordnete Position. Sie ist untergeordnet und abhängig von den Kategorien, Theorien und Methoden einiger Grund- und einiger Einzelwissenschaften. Welche sind diese? Zunächst einmal die historisch- und dialektisch-materialistische Philosophie, welche ihrerseits die systematische wissenschaftliche Verallgemeinerung einzelwissenschaftlicher Wirklichkeitsanalysen darstellt und Gesetzesaussagen formuliert. Da ist zweitens zu nennen die wichtigste Wissenschaft der materialistischen Geschichtsauffassung, die politische Ökonomie. Nun wäre es gewiß ein Nonsens zu glauben, mit dem Hinweis auf die politische Ökonomie einer bestimmten Geschichtsepoche sei bereits alles über die Entstehungsbedingungen eines Textes der Literatur oder des Rechts gesagt. Die materialistische Hermeneutik verfolgt die Spuren der Herkunft bis hin in die Biographie eines Autors. Mit dem wissenschaftlichen Sozialismus ist gerade im Bereich der Literatur- oder Rechtswissenschaft so viel Schindluder getrieben worden, daß eine präzise Wissenschaft erforderlich ist. Wem es genügt, ein Gedicht Schillers oder Heines mit einer Sozialgeschichte Deutschlands zu »vergleichen«, um festzustellen, was Schiller oder Heine zu denken erlaubt war, der wird auf eine materialistische Hermeneutik naserümpfend verzichten. Wer aber umfassend und allseitig nach den Erkenntnisbedingungen eines Textes fragt, wird das Angebot der komplexen materialistischen Wissenschaften nicht ausschlagen. Die materialistische Hermeneutik nimmt es an und bedient sich ihrer Erkenntnisse. Sie bedient sich der Wissenschaft von den materiell-praktischen, die Wirklichkeit gesetzmäßig strukturierenden gesellschaftlichen Produktionsweisen, d. h. der politischen Ökonomie. Sie anerkennt als ihre Grundlage die Wissenschaft von den materiellen und sozialen und psychischen Voraussetzungen der Erkenntnis und der besonderen Widerspiegelungsformen, d. h. die dialektische Erkenntnistheorie und Logik. Sie hat ihr Fundament in der Wissenschaft vom geschichtlichen Fortschritt durch Klassenkämpfe, also im materialistischen Historismus. Und sie gewinnt die Kriterien ihrer Kritik aus der Wissenschaft von den erkenntnismäßigen und normativen Funktionen der Ideologien, die sie als systematische Abbildungen parteilicher Klassenbeziehungen und Klassenwidersprüche versteht.

Dieses anspruchsvolle Programm kann ein Einzelwissenschaftler nicht bewältigen. Aber nicht hierin liegen die Schwierigkeiten der materialistischen Hermeneutik. Schwierig ist vielmehr, bei soviel Abhängigkeit noch einen spezifischen Gegenstandsbereich auszugrenzen. Muß die Hermeneutik nicht in eine künstliche Konkurrenz treten zu bestehenden materialistischen Disziplinen wie Rechts- oder Literaturtheorie? Sollte sie als Wissenschaft vom Text an die Seite der Semantik treten? Oder sollte sie sich damit bescheiden, ein System von Regeln der Auslegung – man nennt sie canones – zu entwikkeln? Fragen über Fragen, ohne schon den zweiten Schwierigkeitsgrad erwähnt zu haben: die Frage, was eigentlich das besondere Materialistische dieser Wissenschaft sei?
Ein Problem aber tritt nicht mehr auf, mit dem sich die traditionelle Hermeneutik herumschlägt. Weil die materialistische Alternative die Grundfrage nach dem Verhältnis von Sein und Bewußtsein, von Praxis und Erkenntnis, gelöst vorfindet, braucht sie das Dilemma des »Wie?« des Verstehens und Erklärens nicht mehr selbst zu bewältigen. Der sogenannte hermeneutische Zirkel hat sich als Scheinproblem entlarvt. Hermeneutischer Zirkel? Er soll darin bestehen, daß der Interpret seinen eigenen Gegenwartsbezug überwindet und sich unbefangen einer Vergangenheit nähert, die eben nicht mehr seine Lebenswelt ist. Gestützt auf die Erkenntnis des gesetzmäßigen Gangs der Geschichte und gesichert durch die Erkenntnis der Gesetze des menschlichen Bewußtseins findet die materialistische Hermeneutik trotz ihrer Betonung der Aktualität ihres Erkenntnisinteresses den Zugang zur Rekonstruktion geschichtlicher Erscheinungen, seien es individualgeschichtliche oder klassengeschichtliche. Die materialistische Hermeneutik steht nicht mehr vor der bisher unlösbaren Aufgabe, die Objektivität ihres Vorgehens allein in den Grenzen der Hermeneutik zu begründen. Dies ist ihre große Stärke.
Protokollnotiz Nr. 2: Die Lösung der Schwierigkeiten.
In der Arbeit der Projektgruppe hat es keine Phase einer dog-

matischen, ungeprüften Übernahme materialistischer Voraussetzungen gegeben. Gegeben hat es ein Vorverständnis, das die einen »kritisch-emanzipativ« nennen, die anderen vielleicht revolutionär. Da gab es die Erfahrung des Juristen mit den parteiischen bürgerlichen nichtdemokratischen Auslegungen des Grundgesetzes. Da ging voraus die Erfahrung des Literaturwissenschaftlers mit der bürgerlichen Tendenz, etwa die Literatur der deutschen Arbeiterbewegung aus dem Unterricht zu verdrängen, oder die Erfahrung des Philosophen, Theoretiker der bürgerlichen Revolution wie Kant und Fichte und Hegel und Theoretiker der sozialistischen Revolution wie Marx und Engels und Lenin entweder zu verharmlosen oder zu verfälschen oder totzuschweigen. Kurz: Es hat ein Vorverständnis über die kritische Rolle historischer Wissenschaften gegeben, wie es Walter Benjamin, einer der großen Köpfe der zu seiner Zeit noch kritischen Frankfurter Schule, in seinen »Geschichtsphilosophischen Thesen« ausgesprochen hat. Er schreibt:

Der historische Materialist »betrachtet es als seine Aufgabe, die Geschichte gegen den Strich zu bürsten«.

Aus guten Gründen und nicht aus Oppositionswut. Benjamin begründet:

»Vergangenes historisch artikulieren heißt nicht, es erkennen, ›wie es denn eigentlich gewesen ist‹. Es heißt sich einer Erinnerung bemächtigen, wie sie im Augenblick der Gefahr aufblitzt. Dem historischen Materialismus geht es darum, ein Bild der Vergangenheit festzuhalten, wie es sich im Augenblick der Gefahr dem historischen Subjekt unversehens einstellt. Die Gefahr droht sowohl dem Bestand der Tradition wie ihren Empfängern. Für beide ist sie ein und dieselbe: sich zum Werkzeug der herrschenden Klasse herzugeben. In jeder Epoche muß versucht werden, die Überlieferung von neuem dem Konformismus abzugewinnen, der im Begriff steht, sie zu überwältigen . . . Nur *dem* Geschichtsschreiber wohnt die Gabe bei, im Vergangenen den Funken der Hoffnung anzufachen, der davon durchdrungen ist: auch die Toten werden vor dem Feind, wenn er siegt, nicht sicher sein. Und dieser Feind hat zu siegen nicht aufgehört.«[1]

Ist also kritische Wissenschaft, ist also die materialistische Hermeneutik das Aufbäumen der Verlierer und sonst nichts? Keineswegs! Die Stärke ihrer Kritik ist nicht der Traum des Intellektuellen vom Sieg, der utopisch bleibt. Jede materialistische Wissenschaft ist ein Stück revolutionärer Ideologie und damit eine Form des Bewußtwerdens und des Ausfechtens realer Widersprüche. Der Widerspruch, der sich löst, weil er ausgefochten wird, ist letzten Endes der zwischen ausgebeuteter lohnabhängiger Arbeit und Kapital, zwischen der Klasse der Werktätigen und der Bourgeoisie. Die Entwicklung einer materialistischen Alternative zum bürgerlichen Irrationalismus vollzieht sich nicht frei in den Wolken der Spekulation und nicht nach dem Motto »Denken wir links!«. Ihr Boden ist die gesellschaftliche Entwicklung, in der sich auch in der BRD das Kräftefeld verschiebt. Mit der Organisation der Bedürfnisse werktätiger Massen organisiert sich auch eine Theorie, die diesen Bedürfnissen angemessen ist. So wird es zu einem praktisch bedeutsamen Indiz, daß die materialistische Hermeneutik nicht mehr abstrakt allgemein menschlich nach *der* Geschichte oder *der* Erkenntnis fragt, sondern nach dem Bedürfnis und nach den Interessen bestimmter Personen und bestimmter Klassen an einer bestimmten Geschichte und an bestimmten Erkenntnisbedingungen.

In der Chronologie der Problemstellungen steht die Frage nach der Rolle der Geschichte nicht willkürlich am Anfang. Und nicht willkürlich daran anschließend die Überprüfung der Psychoanalyse in ihrer von Alfred Lorenzer ansatzweise vollzogenen materialistischen, sozialisationstheoretischen Umkehrung. An diese Fragestellungen schlossen sich im ersten, noch weitgehend an den Einzelwissenschaften orientierten Arbeitsgang literatur- und rechtswissenschaftliche Überlegungen an.

Jede materialistische Wissenschaft anerkennt – mit einer Formulierung Lenins – in der »wirklichen Geschichte . . . die Basis, die Grundlage, das Sein, dem das Bewußtsein nachfolgt«.[2] Mit Lenin geht sie von der Voraussetzung aus, daß die logischen Formen auch der wissenschaftlichen Erkenntnis immer Aktualisierungen von Schlußfolgerungen aus der Geschichte der Erkenntnis der Welt darstellen. Aber was ist die wirkliche Geschichte? Eine der grundlegenden Erfahrungen materialistischer Hermeneutik ist, daß die wirkliche Geschichte und die Geschichte, wie sie in Literatur, Kunst, Philosophie und Recht etwa geschrieben und beschrieben wird, niemals völlig deckungsgleich sind. Unser wissenschaftlicher Begriff »Geschichte« ist eine theoretische Kategorie, ein ideelles Fazit der Widerspiegelungen des widersprüchlichen Prozesses der Realgeschichte. Die wirkliche Geschichte zu ergründen und im Begriff »Geschichte« angemessen zu präsentieren bedeutet für den historischen Materialisten – laut Marx –: »die wirkliche, profane Geschichte der Menschen eines jeden Jahrhunderts erforschen, diese Menschen darstellen, wie sie in einem Verfasser und Schausteller ihres eigenen Dramas waren.«[3]

Die materialistische Hermeneutik trägt durch die Erklärung des Sinnes von Dokumenten der Geschichte dazu bei, daß die wirkliche Geschichte auch gegenwärtig verfügbar bleibt. Wie aber ist Empirie, wie ist gesicherte Erfahrung möglich gegenüber der Vergangenheit, die nur noch in den Dokumenten der Reflexion wirksam ist? Diese Frage ist falsch gestellt.

Denn die Quellen des Geschichtsbewußtseins haben keine eigene, aparte Geschichte, die nicht immer zugleich auch die Geschichte der praktisch ins Werk gesetzten Realität ist. Ein Beispiel: Die bürgerliche Revolution von 1789 erscheint nur dann als Stunde Null der Bourgeoisie, wenn man die Schriften der Revolutionszeit künstlich von der Realität trennt. Und diese Realität heißt: langsamer widersprüchlicher Prozeß der ökonomischen und sozialen Ausbildung der bürgerlichen Gesellschaft vor, während und nach der Stunde 1789. Vergehende soziale und ökonomische Strukturen und etwa das Recht als Grammatik gesellschaftlicher Herrschaft und schließlich die Sprache selbst setzen sich auch in revolutionären Umwälzungen der Geschichte noch beharrlich durch, wenn auch nicht mehr als herrschende Strukturen. Jede reine Geisteswissenschaft muß dies verkennen; mißverstehen, weil sie den Zusammenhang von Praxis und Bewußtsein, konkreter: von »Machen« der Geschichte und »Schreiben« der Geschichte, niemals begreift. Die materialistische Hermeneutik scheitert nicht an der Distanz, die sich zwischen gegenwärtigem Bewußtsein, vergangener Praxis und vergangenen Widerspiegelungsformen der Praxis auftut. Der Zusammenhang von Historischem und Logischem zerreißt niemals, weil die Gesetzmäßigkeit geschichtlicher Dialektik den Rahmen der Kontinuität auch des Verhältnisses von Geschichte und Geschichtsbewußtsein bildet. Die Determinanten, die einer bestimmten historischen Praxis eine bestimmte historische Erkenntnis zugeordnet haben, einer bestimmten Phase der bürgerlichen Gesellschaft eben die Romane Balzacs, sind und bleiben auch die Determinanten der hermeneutischen Rekonstruktion des Sinns Balzacscher Texte. Was sich ändert, sind die konkreten Interessen bei der Balzac-Lektüre. Lenin hat Hegel anders gelesen als Marx und Engels. Die Kriterien der Objektivität dieser Lektüren aber ergeben sich immer wieder aus dem gesetzmäßigen Verhältnis von Praxis und Erkenntnis.

Zu diesem Punkt der Abklärung theoretischer Grundsätze der materialistischen Hermeneutik hat keineswegs ein gerader Weg ohne Sackgassen und Umleitungen geführt. So mußte die Debatte über Geschichte und Geschichtsbewußtsein vorläufig bleiben, solange nicht geklärt war, was denn eigentlich Gesetzmäßigkeit zwischen Realität und Erkenntnis, zwischen Gegenstand und Abbild bedeute. Ein Zwischenergebnis konnte aber auf der Haben-Seite verbucht werden: daß Text nicht der alleinige Gegenstand und nicht das einzige Erkenntnisziel der materialistischen Hermeneutik sein könne. Text ist der Anlaß ihrer Beschäftigung. Aber als von der Realität abgeleitete Größe provoziert er die Entschlüsselung einer tieferen Dimension, Dimension seiner Entstehung. Und weil der subjektive Wille eines Textautors, einen bestimmten Sinn zu begründen, diese Dimension der Genese nicht ausfüllt, steht mehr zur Debatte: Fragen nämlich nach Interessenkonstellationen, Klassenverhältnissen, politischen und institutionellen Bedingungen, ideologischen, etwa religiösen oder künstlerischen Vorannahmen und schließlich und endlich der Autor als Person und die Biographie des Autors inmitten der Biographie seiner Klasse, Schicht etc. etc. Schon hier wird klar, daß es mit der pseudomarxistischen, vermeintlich ultralinken Aufforderung an den Literaturwissenschaftler oder Rechtsgeschichtler, er möge »materialistisch« auslegen, sein Bewenden nicht haben kann. Weil z. B. ein Verfassungstext wie das Grundgesetz mit dem Terminus »sozial« oder »gerecht« oder »Rechtsstaat« mehr meinen *muß*, als er ausdrückt, will er seine ideologische normative Wirkung nicht verfehlen, muß der erste hermeneutische Kanon lauten: »Es soll objektiv und allseitig ausgelegt werden.« Wie ist diese Regelanweisung zu verstehen? Ginge man beispielsweise davon aus, daß der Begriff »sozial« nichts anderes als eine Verschleierung des Ausbeutungswillens der Bourgeoisie in der BRD wäre, ein sozialpartnerschaftlicher Betrug, wollte man annehmen, das Grundgesetz sei nichts als die Willenserklärung der herrschenden Klasse, so säße man einer gefährlichen Illusion auf. Nein – jeder juristische Text ist ein Stück gesellschaftlicher Ideologie; jeder Rechtstext widerspiegelt soziale Widersprüche und Interessenkonkurrenzen; die hermeneutische Erklärung des Sinns des Bonner Grundgesetzes muß deshalb umfassen den — wenn auch nicht dominanten – Willen der Arbeiterklasse, deren Vertreter in den Beratungen des Parlamentarischen Rats mitgewirkt haben. Eine objektive und allseitige materialistische Auslegung verschließt sich niemals der Mannigfaltigkeit und Widersprüchlichkeit, d. h. der dialektischen Totalität aller Determinanten, die bei der Entstehung einer ideologischen Quelle wirksam waren. Parteilichkeit einer kritischen Wissenschaft bedeutet so verstanden nichts anderes als Tendenz zur ganzen Wahrheit. Die marxistische Philosophie nennt Kriterien, unter denen Wahrheit existiert, Wahrheit erkannt und Wahrheit ausgesagt werden kann. Ein Kriterium der Wahrheit sei die Praxis, heißt es da; *ein* Kriterium, nicht aber der ausschließliche Prüfstein, liest man Lenin genau. Praxis schließt ein Geschichte und fordert Allseitigkeit der Rekonstruktion aller, auch der vergangenen Praxisdeterminanten.

Fortsetzung der Protokollnotiz Nr. 2: Die Lösung der Schwierigkeiten.

Schön und gut, hört man, materialistische Interpretation von Rechtsdokumenten, das mag ja angehen, sind doch Recht und Ökonomie durch subjektive Brechungen kaum voneinander getrennt. Aber, hört man selbst von Marxisten, bei der Lyrik wird es schwieriger, wenn nicht gar ausweglos. Der Sinn lyrischer Texte sei doch so individuell und einmalig, daß der Schlüssel zum Verstehen seiner sozial-ökonomischen Determinanten kaum einmal passen könne.

Resignation? Im Gegenteil! Die materialistische Hermeneutik trägt dazu bei, das Instrumentarium der Erklärung zu verfeinern. Ihre Hauptaufgabe liegt darin, die *Vermittlung* zwischen Basis und künstlerischem Überbau zu kartographieren und Protest einzulegen gegen jeden Schematismus. Der Westberliner Philosoph Friedrich Tomberg, die Literaturwissenschaftler Erich Köhler (Freiburg) und Thomas Metscher (Bremen) haben in theoretischen Thesen und praktischen Analysen etwa zu Aristoteles und Beckett Stufen der Vermittlung gekennzeichnet. Der Gießener Romanist de la Vega konnte am Beispiel der Lyrik Pablo Nerudas zeigen, daß sich nicht allein sozialistische Agitationslyrik materialistischer Erklärung öffnet. Die frühen Naturgesänge des noch bürgerlichen Dichters Neruda sind nur scheinbar bar jeder sozialökonomischen Dimension. Man weiß mehr über die Genesis Nerudascher Dichtung, wenn man vor Augen hat: den Süden Chiles, eine Natur, in die sich die ersten Eisenbahnen erst einfressen, ein Land im Stadium der vorindustriellen ursprünglichen Akkumulation, in Europa seit Jahrhunderten überwunden. Naturlyrik *ohne* ausgesprochenen sozialökonomischen Bezug und dennoch die konkrete Widerspiegelung der Natur in ihrer Geschichtlichkeit bis in die letzte Metapher.

Auch hier eine Zwischenbilanz: Die materialistische Hermeneutik überzieht nicht alle Überbauerscheinungen mit einem Netz abstrakter Erklärungen. Ihr Materialismus ist ein Gebot: sie als gegenstandsspezifische Methode immer wieder aus dem Prozeß ihrer verschiedenen Gegenstände zu gewinnen und flexibel anzuwenden.

Becketts Theater bürgerlicher Absurdität und Nerudas antifaschistische Dichtungen gehören über verschiedene Leisten geschlagen. Was durchaus kein Kniefall vor der sogenannten Einmaligkeit des Kunstwerks ist. Denn was die materialistische Hermeneutik interessiert, ist die Erklärung der *Geltung* ideologischer Dokumente aus der ganzen Breite ihrer *Genesis*, ihrer Herkunft.

Und damit zur letzten, zur Protokollnotiz Nr. 3: Vorläufiges Ergebnis.

In der Arbeit der Projektgruppe hat sich gezeigt, daß Voraussetzung einer genetischen Erklärungswissenschaft ›Hermeneutik‹ eine andere Disziplin ist: die Erkenntnistheorie. Nicht die sondern eine bestimmte. Denn weder die idealistische Fiktion der Geisteswerkstatt ohne schmutzige Hände noch die vulgärmaterialistische von der Handwerkstatt ohne schwitzendes Bewußtsein können erklären, was Erklärung ist. Erklärung ist eine Erkenntnisform und gehorcht Erkenntnisgesetzen. Erklärung ist als Erkenntnis Widerspiegelung. Die komplex determinierte hermeneutische Erkenntnis wendet sich an Bewußtseinsdokumente mit nicht minder komplexer Genesis. Ihr Gegenstand ist determiniert durch die Objektwelt, die materiell vorliegt, und die Physiologie des natürlichen Denkapparats; determiniert durch den Stand des gesellschaftlichen Wissens und der Speicherung historischen Wissens; durch Klassenbeziehung und Klassensprache; durch Macht oder Ohnmacht gegenüber dem Potential der ganzen geschichtlichen Erfahrung; determiniert durch ... und durch ... und durch ... Was soll damit gesagt werden? Zumindest eins: Die materialistische Hermeneutik ist ihrem idealistischen Konkurrenten weit überlegen durch die Perspektivenfülle ihrer Vorkenntnisse. Politische Ökonomie, Erkenntnistheorie, Psychologie ... Verbündete, die sie mit Informationen über die objektiven Determinanten des hermeneutischen Gegenstands versorgen.

Die Definition der materialistischen Hermeneutik kann sich erst als Resultante aus diesen Verbindungen ergeben. Vorläufig kann sie lauten:

Die materialistische Hermeneutik fungiert als systematische Theorie und als wissenschaftliche gegenstandsspezifische Methode der Rekonstruktion und Kritik der Genesis und Geltung ideologischer, vornehmlich sprachlich-textuell verfaßter Materiale, die als sozial-historisch determinierte und historisch-logisch vermittelte, objektivierte Widerspiegelungen der Wirklichkeit erkannt werden können. Die materialistische Hermeneutik hat zum Gegenstandsbereich einen speziellen sozialen Produktionsbereich: eine sprachlich und logisch strukturierte, in Aussagen-Kontexten systematische Menge von Widerspiegelungen der Praxis, die sich auf einen durch die Aussagen intendierten Teil oder die Totalität einer jeweiligen ökonomischen Gesellschaftsformation beziehen. Die materialistische Hermeneutik ist eine analytische Wissenschaft vom Text. Sie gibt mittels eines eigenen gegenstandsspezifischen Methodensystems Auskunft über die materiellen, sozialen Bedingungen der historischen Strukturierung sprachlicher Texte, soweit diese Bedingungen notwendig und zureichend waren, gerade diese und nicht eine beliebige andere Textgestalt zu begründen. Als Organon der Ideologiewissenschaft interpretiert sie den Text als Produkt und die Textformen als Formen gesellschaftlich notwendigen Bewußtseins; nicht abstrakt nach einem bloßen Schematismus von ›Basis und Überbau‹, sondern in seiner Formspezifik: Sie fragt nach dem konkreten Subjekt der im Text herrschenden Kategorien und unterstellt nicht – wie die bürgerliche Literatursoziologie – ›die‹ Gesellschaft als abstraktes Subjekt; sie analysiert den Autor des Textes als Produzenten, dessen Produktion determiniert ist durch die Bedingungen, unter denen sich das Materielle, die Objektivität, ideologisch in ein geistiges Produkt umsetzt und übersetzt; diese Bedingungen sind – ideell – die im Rahmen der gesellschaftlichen Psychologie mögliche Verfügung über das akkumulierte Wissen der Gesellschaft, der Grad der bewußten Kenntnis aller der Theorie- bzw. Textproduktion vorgängigen, historisch-logisch gegebenen Abstraktionen, damit die Qualität der ›inneren Brechung äußerer Ursachen‹, die Integration in die ideologischen Systeme ›Alltagsbewußtsein‹ und ›Klassenbewußtsein‹, die Verfügung über die Produktivkraft ›Wissenschaft‹ und – nicht zuletzt – die Struktur der Persönlichkeit des Autors als ›abstrakte‹ oder ›konkrete Persönlichkeit‹.

Die materialistische Hermeneutik verfährt also mit einem komplexen Perspektivensystem und reduziert niemals mechanistisch das Produkt auf die allgemeinen ökonomischen Produktionsverhältnisse der Gesellschaft, in der der Autor lebt. Sie mißversteht nicht die Sozialgeschichte als unmittelbaren ›Kontext‹ oder ›Beleg‹ der Textproduktion. Entsprechend den Differenzierungen der Widerspiegelungstheorie – die keine Identitätsphilosophie ist – setzt sie bei den materiellen sozialökonomischen Bedingungen an und stößt vor bis in die Biographie des Autors; die Erforschung der Persönlichkeitspsychologie und der persönlichen Bewußtseinsstrukturen als ›Juxtastrukturen‹ zum gesellschaftlichen Überbau, dem je besondere persönliche ›Suprastrukturen‹ auf der Basis der individuellen (abstrakten oder konkreten) Arbeit entsprechen, bietet ihr eine wichtige Erklärungshilfe.

Diese Hermeneutik – hier ihr Charakteristikum – abstrahiert nicht die Geistesgeschichte vom materiellen Produktionsprozeß. Weil sie ihr Material als Produkt analysiert, ortet sie es in der Topographie der Arbeitsteilung. Als Produkt ist der Text integriert in das System der gesellschaftlichen Teilung von geistiger und körperlicher Arbeit. Die Aussagen des Textes über die intendierte Wirklichkeit widerspiegeln nicht nur den Grad der Integration in die geistige Produktion, sondern sie widerspiegeln das Produktionsverhältnis und die Dialektik der Arbeitsteilung. Diese Hermeneutik abstrahiert bei der Textanalyse nicht davon, daß der Text als Produkt systematisch in Beziehung steht zum gesellschaftlichen und individuellen Konsumenten. Der Text setzt als Konsumobjekt nicht nur konsumierende Subjekte voraus, sondern er schafft sich selbst einen Markt, er trägt bei zur Produktion von Bedürfnissen nach Texten.

Die materialistische Hermeneutik geht aus von einem Erkenntnisprozeß, in dem allseitig die Logik der Praxis, die Logik der Erkenntnis, die Logik der Sprache und die Logik der Zerstörung der Identität von Praxis, Erkenntnis und Sprache erforscht sind; diese Erkenntnis leistet sie selbst nicht. Hierin liegt die Begründung für ihre Definition als klassifikatorisch der Ideologiewissenschaft untergeordnete wissenschaftliche Disziplin.

Die materialistische Hermeneutik ist eine empirisch verfahrende, das Theoriensystem der materialistischen Dialektik anwendende Wissenschaft. Sie ist materialistisch, weil sie ihren Gegenstand als Prozeßelement des materiellen Entwicklungsgangs der Dialektik der Arbeit in ideeller Form und mit materiell-praktischer Wirkung auffaßt und erklärt; sie ist eine realistische Wissenschaft, weil sie die Objektivationen des menschlichen Bewußtseins im Text als parteiliche Erkenntnis- und Wissensformen begreift. Die materialistische Hermeneutik ist eine Wissenschaft. Dies bedeutet für ihren sozialen und kategorialen Status: Sie ist ›allgemeine Arbeit‹ und reproduziert als ›abstrakte Quintessenz‹ ihrer Gegenstände Schlußfolgerungen aus der Geschichte der Erkenntnis der Welt, die im Text bereits aktualisiert worden waren. So wird sie in noch vermittelterer Form als schon ihr Material zum Modell der ›zweiten Geschichte‹; sie verhält sich bewußt parteilich – klassenbewußt und geschichtsbewußt – zur ›ersten Geschichte‹, welche die Menschen erkennen können, weil sie ihre Geschichte selbst machen. Die materialistische Hermeneutik ist ein Paradigma der ›Geschichte als Kritik‹. Als Wissenschaft ist sie eine gesellschaftliche Produktivkraft und wirkt praktisch durch die Parteinahme für eine bestimmte ›Geschichte‹. Als Wissenschaft ist sie gewiß eine Ideologie, die selbst den Gesetzen der Ideologiebildung unterliegt. Ihre Chance ist: Sie kennt diese Gesetze und wendet sie methodisch gesichert an. Sie ist verwirklichtes aktives Geschichtsbewußtsein und dient der Praxis der Befreiung von blinder ›naturwüchsiger‹ Geschichtsnotwendigkeit.

Die materialistische Hermeneutik setzt bei der wirklichen Geschichte an, ist Partei der besseren Zukunft und will es deshalb genau und ganz wissen.

Es genau und ganz wissen zu wollen, ist für die Wissenschaften in der bürgerlichen Gesellschaft keineswegs selbstverständlich. Sie ist, worüber hier berichtet wurde, keine Selbstverständlichkeit. Die Projektarbeit verbindet grundlagentheoretische Absicherungen und jeweilige praktische Erprobung am Gegenstand. Weil die Untersuchung der sozialhistorischen Bedingungen von Texten und anderen Bewußtseinsdokumenten nicht möglich ist ohne die der konkreten Menschen, welche in ihrem persönlichen Verhalten erst erzeugen, was wir gesellschaftliche Verhältnisse nennen, bleibt eine Fülle offener Fragen. Deshalb mußte die Projektkonferenz 1975 auf der Grundlage der bisherigen allgemeinen erkenntnistheoretischen und ökonomischen Ergebnisse konkreter fragen: Wie stehen miteinander in Verbindung das Verhalten der Persönlichkeit (etwa eines Autors) und gesellschaftliche Verhältnisse? Anders gewendet: Was leistet die Persönlichkeitstheorie, was leistet die Psychologie für sozialwissenschaftliches Erklären; was bieten sie der Wissenschaft, um die es hier ging, der materialistischen Hermeneutik? Der Katalog der Antworten auf die Anforderung ›Die Geschichte besser verstehen – die Wirklichkeit besser machen!‹ ist noch nicht vollständig.*

* *Materialistische* ›Hermeneutik‹? Wissenschaftspolitisch bestreitet sie der idealistischen das Feld, welches bescheidener ›Textanalytik‹ genannt zu werden verdient. Die Verwendung des Terminus ›Hermeneutik‹ stiftet zunächst Verwirrung. Sobald sie sich legt, wird klar: das materialistische Verfahren der Auslegung — um nichts anderes geht es, gewiß nicht um eine neue Universalisierung der ›Hermeneutik‹ durch den und im Materialismus — ist ein notwendiger Schlüssel zur Geschichte.

Anmerkungen

1 W. Benjamin, Zur Kritik der Gewalt und andere Aufsätze, Frankfurt a. M., 1965, 81/82.
2 Lenin, Werke, Bd. 38, S. 252.
3 MEW 4,135.

Literaturhinweise

H. J. Sandkühler, Praxis und Geschichtsbewußtsein. Studie zur materialistischen Dialektik, Erkenntnistheorie und Hermeneutik. Frankfurt/M. 1973.

H. J. Sandkühler, Zur Begründung einer materialistischen Hermeneutik durch die materialistische Dialektik. In: DAS ARGUMENT 14 (1972), H. 77, S. 977—1005.

Niklas Luhmann
Interaktion, Organisation, Gesellschaft

Anwendungen der Systemtheorie

Zu den Aufgaben wissenschaftlicher Theoriebildung gehört es, das Verhältnis von Anwendungsbreite und Tiefenschärfe ihrer Begriffe und theoretischen Hypothesen zu regulieren. Je mehr Sachverhalte ein Begriff übergreifen soll, desto unbestimmter wird er. Wissenschaftspolitisch ist dieses Gesetz von außerordentlicher Bedeutung. Je stärker ein Fach entwickelt wird und je mehr verschiedenartiges Wissen sich ansammelt, desto schwieriger wird es, noch eine Gesamtkonzeption zu bilden, die man wissenschaftlich vertreten könnte. Der Fortschritt scheint in eine Fülle unzusammenhängender Einzelheiten zu führen. Die Integration des Faches bleibt dagegen spekulativ veranlagten Unternehmern überlassen, die sich von den fachüblichen Standards dispensieren und sich mit Geschick der Kontrolle entziehen. Ihnen kann die Kreation von kurzlebigen Begriffsmoden gelingen, die die Forschung allenfalls anregen, nicht aber wirklich anleiten können. Die Zusammenschau ist mit dem Makel des Unseriösen behaftet, die Wissensvermehrung selbst mit dem Makel der Zusammenhangslosigkeit – beides Formen der Beliebigkeit.

In den Bannkreis dieses Problems geraten zwangsläufig alle Versuche, für die Wissenschaft der Soziologie eine allgemeine Theorie zu entwickeln. Ansprüche dieser Art erheben heute vor allem eine allgemeine Theorie *sozio-kultureller Evolution* und eine allgemeine Theorie *sozialer Systeme*.

Beiden Ansätzen hat man nicht ohne Grund vorgeworfen, daß sie in dem Maße ihrer Verallgemeinerung inhaltsleer und damit wissenschaftlich unbrauchbar werden. Würde ein Soziologe die gegenwärtige Lage der Soziologie untersuchen, müßte ihm dieser Gegensatz von spekulativ vorgehenden Denk-Unternehmern einerseits und den nur noch an Spezialfragen interessierten Forschern andererseits auffallen. Für eine sinnvolle Arbeitsteilung liegen diese Positionen zu weit auseinander. Daraus ergeben sich Systemkrisen innerhalb des Faches Soziologie. Und es scheint nicht zuletzt dieses Dilemma zu sein, das dem Soziologen heute den dritten Weg, die Flucht ins normative Bekenntnis und ins gesellschaftspolitische Engagement, nahelegt. Bei dieser Lage des Faches hat die Frage vordringliches Interesse, ob und wie es gelingen kann, allgemeine Konzepte ohne Verlust ihrer integrativen Funktion in brauchbare Forschungstheorien zu übersetzen. Die Absicht dieses Vortrags ist es, dieses Problem am Beispiel der Theorie sozialer Systeme zu erläutern.

I.

Von sozialen Systemen kann man immer dann sprechen, wenn Handlungen mehrerer Personen sinnhaft aufeinander bezogen werden und dadurch in ihrem Zusammenhang abgrenzbar sind von einer nichtdazugehörigen Umwelt. Sobald überhaupt Kommunikation unter Menschen stattfindet, entstehen soziale Systeme; denn mit jeder Kommunikation beginnt eine Geschichte, die durch aufeinander bezogene Selektionen sich ausdifferenziert, indem sie nur *einige* von vielen Möglichkeiten verwirklicht.

Die Umwelt bietet immer mehr Möglichkeiten, als das System sich aneignen und verarbeiten kann. Sie ist insofern notwendig komplexer als das System selbst. Sozialsysteme begründen sich durch Prozesse der Selbstselektion – so wie Lebewesen durch Prozesse der Autokatalyse. Sowohl ihre Bildung als auch ihre Erhaltung schließt daher eine Reduktion der Komplexität des überhaupt Möglichen ein.

Geht man von dieser These aus, dann liegt darin zugleich eine Regel für die Bildung besonderer Systemtypen. Soziale Systeme können sich auf verschiedene Weise bilden, je nachdem, unter welchen Voraussetzungen der Prozeß der Selbstauswahl und der Grenzziehung abläuft. Unter diesem Gesichtspunkt lassen sich *Interaktionssysteme*, *Organisationssysteme* und *Gesellschaftssysteme* unterscheiden. Diesem Unterschied entsprechen die derzeit wichtigsten Schwerpunkte soziologischer Forschung: die Theorie des Interaktionsverhaltens oder der symbolisch vermittelten Interaktion, die Organisationstheorie und die allerdings noch schwach entwickelten Ansätze zu einer Theorie der Gesellschaft. Die Systemtheorie relativiert und integriert diese verschiedenen Forschungszweige der Soziologie mit der Folge, daß es nicht mehr möglich ist, eine dieser Systemperspektiven absolut zu setzen. Selbst die Gesellschaftstheorie als Theorie des umfassenden Sozialsystems wird von hier aus in ihre Schranken verwiesen. Sie betrifft zwar das umfassende Ganze, muß aber erkennen, daß es niemals möglich ist, das Ganze ganz zu erforschen.

Zunächst müssen jetzt die drei Anwendungsfälle der Systemtheorie je für sich erläutert werden. Danach können wir etwas über die zwischen ihnen bestehenden Beziehungen ausmachen.

1) Interaktionssysteme kommen dadurch zustande, daß *Anwesende sich wechselseitig wahrnehmen.* Das schließt die Wahrnehmung des Sich-Wahrnehmens ein. Ihr Selektionsprinzip und zugleich ihr Grenzbildungsprinzip ist die Anwesenheit. Wer nicht anwesend ist, gehört nicht zum System –

wie eng immer im übrigen seine Beziehungen zu den Teilnehmern sein mögen.
Beispiele für Interaktionssysteme sind: das gemeinsame Mittagessen in der Familie (nicht die Familie selbst), die einzelne Kabinettssitzung (nicht die Regierung als solche), das Schlangestehen an der Theaterkasse, eine Skatrunde, eine Massenversammlung, eine Schlägerei, eine Taxifahrt. In all diesen Fällen genießen die Anwesenden eine bevorzugte Beachtlichkeit – allein schon deshalb, weil sie stören könnten oder weil sie jederzeit Initiativen entfalten könnten. Die Rücksicht auf Nichtanwesende tritt vergleichsweise zurück, mögen sie auch noch so mächtig oder noch so sehr geliebt sein. Diese Systemgrenze zeigt sich darin, daß man nur *mit* Anwesenden, aber nicht *über* Anwesende sprechen kann; und umgekehrt nur *über* Abwesende, aber nicht *mit* ihnen. Wie jedermann weiß, macht es für die Auswahl der Themen einen erheblichen Unterschied aus, mit wem man über wen spricht.
Sprache macht es möglich, Nichtanwesendes im Interaktionssystem zu behandeln, also Aspekte der Umwelt im System zu thematisieren, indem für Anwesende Zeichen angeführt werden, die Abwesendes repräsentieren können. Die Umwelt wird sozusagen symbolisch verkürzt in das System einbezogen. Auf diese Weise können die Umweltbeziehungen des Systems beträchtlich verdichtet und intensiviert werden; sie können vor allem zeitlich in die Vergangenheit und in die Zukunft erstreckt werden, setzen also keinen Punkt-für-Punkt-Bezug zwischen System und Umwelt mehr voraus. Das ist der entscheidende Vorteil menschlicher im Vergleich zu tierischer Interaktion.
Allerdings ist dieser Vorteil in Interaktionssystemen nur unter einschneidenden Beschränkungen zu gewinnen. Es kann immer nur einer der Anwesenden auf einmal reden. Zumindest leiden die Verständlichkeit und die Koordinierbarkeit der Beiträge und tendieren sehr rasch gegen Null, wenn mehrere zugleich das Wort ergreifen und eigensinnig weiterreden.

Das heißt: Interaktionssysteme müssen sich bei höheren Ansprüchen an innere Ordnung auf jeweils ein Thema konzentrieren, das im Zentrum gemeinsamer Aufmerksamkeit steht. Mehrere Themen können nur im Nacheinander behandelt werden. Die Beteiligten müssen ihre Beiträge auf das jeweils aktuelle Thema beschränken, oder sie müssen versuchen, eine Themenänderung durchzusetzen. Das kann zu stillen Machtkämpfen, zu Kämpfen um den Mittelpunkt der Szene und um die Aufmerksamkeit der anderen führen. Es gibt schon auf der ursprünglichen Ebene elementarer Interaktion von Angesicht zu Angesicht *keine Sozialsysteme mit gleichverteilten Chancen.*

Vor allem aber ist das Erfordernis thematischer Konzentration ein sehr *zeitraubendes* Strukturprinzip. Alle Beiträge werden in die Form des Nacheinander gezwungen. Das kostet Zeit. Außerdem ist die lineare Form der Sequenz ungünstig für die Koordination sachlich sehr komplexer Kommunikationen. Alles in allem können Systeme, die unter diesen strukturellen Beschränkungen operieren, keine sehr hohe Komplexität erreichen: weder in ihren eigenen Möglichkeiten noch in ihren Umweltbeziehungen.

2) Diese Beschränkungen lassen sich auf der Ebene einfacher Interaktionssysteme prinzipiell nicht überwinden; mehr Leistung kann nur in Systemen anderen Typs ermöglicht werden, die sich *zwar nicht von Interaktionen, wohl aber von den Beschränkungen der Systembildung auf der Ebene von Interaktionen unabhängig machen können.* Dies erreichen Spezialsysteme vom Typ *Gesellschaft.*

Gesellschaft wird klassisch definiert als das umfassende und dadurch unabhängige, autarke Sozialsystem. Es umfaßt nicht notwendig alle Handlungen, die es objektiv gibt, geschweige denn: alle Menschen. Wir wollen daher präziser sagen: Gesellschaft ist *das umfassende Sozialsystem aller kommunikativ füreinander erreichbaren Handlungen.* In der heutigen Zeit ist die Gesellschaft Weltgesellschaft. Es gibt nur noch ein einziges Gesellschaftssystem. In früheren Zeiten war dies jedoch anders. Wir brauchen deshalb einen Begriff, der sowohl die Einzigkeit als auch eine Mehrheit von Gesellschaftssystemen bezeichnen kann.

Gesellschaft ist danach nicht einfach die Summe aller Interaktionen, sondern ein System höherer Ordnung, ein System anderen Typs. Die Gesellschaft muß in der Lage sein, auch die möglichen Kommunikationen unter jeweils Abwesenden oder mit jeweils Abwesenden mit zu systematisieren. Ihr Regulativ übergreift die Grenzen der Interaktionssysteme und macht sich damit unabhängig von deren Grenzbildungs- und Selbstselektionsprinzip. Ihre eigenen Grenzen sind die Grenzen möglicher und sinnvoller Kommunikation, vor allem Grenzen der Erreichbarkeit und der Verständlichkeit. Sie sind viel abstrakter und, wie die Kulturgeschichte zeigt, sehr viel unschärfer definiert als die Grenzen von Interaktionssystemen.

Im Vergleich zu diesem weiten Gesellschaftsprinzip hatte die alteuropäische Tradition den Begriff der Gesellschaft enger gefaßt als politisch-rechtlich begründetes System, als *societas civilis*. Auch heute halten viele Soziologen, vor allem Talcott Parsons, an einem normativen Gesellschaftsbegriff fest. Danach wird die Einheit der Gesellschaft auf die gemeinsame Anerkennung eines Mindestbestandes an Normen bzw. Werten gegründet. Dabei wird jedoch die strukturell erforderliche ebenso wie die faktisch bestehende Übereinkunft überschätzt. Und auch dem Sklaven, auch dem Verbrecher, auch dem Hippie muß danach unterschoben werden, daß er im Grunde die Normen der Gesellschaft anerkennt.

Gerade der Soziologe müßte jedoch wissen, daß auch der Verbrecher als Verbrecher eine gesellschaftliche Existenz führt; und dies nicht nur dadurch, daß er mit Rücksicht auf die Norm und die Polizei seine Tat versteckt, sondern darin, daß er das Verbotene will. Es gibt eine Eigenlogik des Bösen, die mit zur Gesellschaft gehört und nicht außerhalb ihrer Grenzen liegt. Deshalb kann nicht die Normübereinkunft Grundlage des Gesellschaftssystems sein, sondern nur die Disjunction von konformem und abweichendem Verhalten mit entsprechender Differenzierung von Erwartungen und Reaktionen.

Ein Gesellschaftsbegriff, der auf mögliche Kommunikation abstellt, hat überdies den Vorteil, daß er Platz hat für Geschichte. Damit ist nicht nur gemeint, daß der Begriff allgemein genug ist, um die historische Vielfalt der Gesellschaftsformationen zu übergreifen. Er gibt darüber hinaus das Prinzip der *Geschichtsbildung* an.

Jede Kommunikation führt, da sie einen Prozeß wechselseitiger Selektion in Gang setzt, zwangsläufig zum Aufbau von Strukturen, die dann ihrerseits als Bedingung der Möglichkeit weiterer Kommunikation fungieren. Die Bedingungen, unter denen dieser Prozeß zum Aufbau komplexer Gesellschaftssysteme führt, werden in der Theorie der sozio-kulturellen Evolution zusammengefaßt. Nur *Gesellschaftssysteme sind mögliche Träger evolutionärer Prozesse.*

Dabei ist Evolution immer zugleich Bindung an Geschichte und Befreiung von Geschichte; sie schließt an vorliegende Errungenschaften an, macht das Gesellschaftssystem aber zugleich von deren genetischen Bedingungen unabhängig. So stützt sich z. B. wissenschaftliche Forschung heute nicht mehr auf diejenigen theologischen, ökonomischen und technischen Gegebenheiten, die die Ausdifferenzierung des Wissenschaftssystems in der frühen Neuzeit ermöglicht hatten, sondern sehr viel einfacher und direkter auf inzwischen anerkannte Erfolgserwartungen.

Anders als in Systemen elementarer Interaktion ist ein solches Abstoßen von Geschichte hier kein simpler Prozeß des Vergessens; vielmehr ein Prozeß funktionaler Substitutionsleistungen. Die Gesellschaft ist, da sie ja jede mögliche Kommunikation umfaßt, eine selbstsubstitutive Ordnung. Sie muß alle Änderungen an das vorhandene System anschließen und kann nicht, wie Interaktion, einfach aufhören und neu anfangen.

3) In komplexen Gesellschaftsordnungen gewinnt schließlich ein dritter Typ von Sozialsystemen immer größere Bedeutung, der sich in zahlreichen Bereichen gesellschaftlichen Lebens sozusagen zwischen das Gesellschaftssystem und die einzelnen Interaktionssysteme schiebt, nämlich der Typus *Organisation*. Dabei handelt es sich um eine voll eigenständige Entwicklung, die ein neuartiges Prinzip der Grenzziehung und Selbstselektion verkörpert und sich weder auf den Typus Interaktion noch auf den Typus Gesellschaft zurückführen läßt.
Als organisiert können wir Sozialsysteme bezeichnen, die die Mitgliedschaft an bestimmte Bedingungen knüpfen, also Eintritt und Austritt von Bedingungen abhängig machen. Man geht davon aus, daß die Verhaltensanforderungen des Systems und die Verhaltensmotive der Mitglieder unabhängig voneinander variieren können, sich aber unter Umständen zu relativ dauerhaften Konstellationen verknüpfen lassen. Mit Hilfe solcher Mitgliedschaftsregeln – etwa Autoritätsunterwerfung gegen Gehalt – wird es möglich, trotz frei gewählter, variabler Mitgliedschaft hochgradig künstliche Verhaltensweisen relativ dauerhaft zu reproduzieren. Man muß nur ein allgemeines Gleichgewicht von Attraktivität des Systems und Verhaltensanforderungen sicherstellen und wird unabhängig davon, ob für jede Einzelhandlung natürlich gewachsene Motive oder moralischer Konsens beschafft werden können. Die Motivlage wird über Mitgliedschaft generalisiert: Die Soldaten marschieren, die Schreiber protokollieren, die Minister regieren – ob es ihnen in der Situation nun gefällt oder nicht.
In der Form von Mitgliedschaftsregeln können differenzierte Ämterstrukturen und Kommunikationsschranken, Rechte auf Mittelgebrauch und Verantwortlichkeiten, Weisungsketten und Kontrollmechanismen eingerichtet werden, zu deren

Pauschalanerkennung der Eintretende verpflichtet wird. Und er kann sogar noch verpflichtet werden, sich Regeln der Änderung dieser Mitgliedschaftsbedingungen zu unterwerfen. Der Organisationsmechanismus ermöglicht nicht nur sachliche, sondern auch zeitliche Verallgemeinerung; nicht nur höchst verschiedenartiges Handeln zugleich, sondern auch hohe Flexibilität und Anpassungsfähigkeit an veränderte Umstände – alles freilich unter der Generalbedingung, daß die Mitgliedschaft vorteilhafter bleibt als die Nichtmitgliedschaft.

Selbstverständlich gibt es, wie bei allen Systemtypen, Beschränkungen dessen, was sich auf diese Weise erreichen läßt. Wir wissen zum Beispiel, daß der Organisationsmechanismus auf dem Dienstleistungssektor schlechter funktioniert als auf dem Produktionssektor, auf höheren Ebenen der Verwaltungsbürokratien schlechter als auf unteren, unter den Bedingungen der Hochkonjunktur und der Vollbeschäftigung schlechter als in einer Wirtschaft mit überschüssigen Arbeitskräften.

Entscheidend ist jedoch, daß nur über den Organisationsmechanismus ein so hohes Maß an Motivgeneralisierung und Verhaltensspezifikation erreicht werden kann, wie es die moderne Gesellschaft in vielen ihrer wichtigsten Funktionsbereiche benötigt.

II.

Wir können nunmehr den ersten Teil unserer Überlegungen zusammenfassen und zum zweiten Teil überleiten.

Die allgemeine Theorie sozialer Systeme formuliert nur sehr abstrakte Begriffe und Rahmenbedingungen für die Analyse der sozialen Wirklichkeit. Sie klärt immerhin prinzipiell, wie soziale Systeme sich durch Prozesse der Selbstselektion und der Grenzziehung begründen. Dieser Konstitutionsprozeß läuft aber unter je besonderen Bedingungen ab, so daß Systemtypen entstehen, die sich nicht aufeinander zurückführen lassen.

Nicht alle Sozialsysteme bilden sich nach der Formel Interaktion, nicht alle Sozialsysteme nach der Formel Gesellschaft und erst recht nicht alle nach der Formel Organisation. Daher haben auch die diesen Systemtypen zugeordneten Theorien nur eine begrenzte Tragweite. Keine von ihnen erfaßt die gesamte soziale Wirklichkeit. Selbst das umfassende System der Gesellschaft enthält zwar die anderen Systemtypen in sich, ist aber deswegen noch nicht ihr Prototyp.
Ein solcher Forschungsansatz, der letztlich aus dem Systembegriff selbst folgt, bringt erhebliche Komplikationen mit sich. Er ermöglicht dadurch aber auch einen realistischeren Zugriff auf die soziale Wirklichkeit. Im zweiten Teil unserer Überlegungen soll in drei Hinsichten gezeigt werden, wie diese Vorteile eingebracht werden können. Wir berücksichtigen dabei in erster Linie Themen, von denen man behauptet hatte, die Systemtheorie könne sie nicht angemessen behandeln: sozialer Wandel und Konflikt.

1) Man kann die soziokulturelle Evolution beschreiben als zunehmende Differenzierung der Ebenen, auf denen sich Interaktionssysteme, Organisationssysteme und Gesellschaftssysteme bilden. Betrachten wir zunächst die Anfangs- und Endpunkte dieser Entwicklung: In den einfachsten archaischen Gesellschaftsformationen sind Interaktion, Organisation und Gesellschaft nahezu identisch. Die Stammesgesellschaft besteht aus dem Umkreis absehbarer, für den einzelnen zugänglicher Interaktionen. Sie stößt wie eine Organisation Personen, die sich nicht fügen, aus und nimmt, vor allem durch Heirat, Personen auf. Interaktion, Organisation und Gesellschaft sind strukturell ineinander verschränkt und limitieren sich wechselseitig. Entsprechend unscharf sind, wie Ethnologen häufig beobachtet haben, die Grenzen und die Selbst-Identifikationen dieser Gesellschaften.
Umgekehrt ist es für die heute sich realisierende Weltgesellschaft unmöglich, sich als einheitliches Organisationssystem zu

begründen – allein schon deshalb nicht, weil der Motivationsmechanismus der Organisation Möglichkeiten des Eintritts und Austritts, also Zuteilung der Mitgliedschaft voraussetzt. Die Entwicklung zur einheitlichen Weltgesellschaft führt mithin zwangsläufig zur Trennung der Systemtypen Gesellschaft und Organisation. Erst recht werden Interaktionssysteme und Gesellschaftssystem auseinandergezogen. Die Gesellschaft hat ihre Realität nicht mehr in der bloßen Möglichkeit, Interaktionssysteme zu bilden. Sie läßt sich nicht als Summe der alltäglichen Begegnungen begreifen. Das zeigt sich z.B. an dem Auseinanderklaffen der Interaktionsmoral auf der einen Seite und der gesellschaftlichen Erfordernisse etwa auf wirtschaftlichem, politischem, technischem oder wissenschaftlichem Gebiet. Angesichts dieser Diskrepanzen bleiben die Forderungen nach interaktiver Partizipation am gesellschaftlichen Geschehen hoffnungslos hinter der Wirklichkeit zurück. Sie bilden nur Symptome dafür, daß die Diskrepanz wahrgenommen wird.

Zwischen diesen Grenzpunkten der Primitivgesellschaften auf der einen, der Weltgesellschaft auf der anderen Seite liegt die Ära der regional begrenzten Hochkulturen, der wir unser kulturelles Erbe verdanken.

Für sie ist kennzeichnend, daß das Gesellschaftssystem eine Größe und Komplexität erreicht, die den Umfang der für den einzelnen möglichen Interaktionen definitiv sprengt. In den städtischen Zentren bilden sich bereits Organisationen, vornehmlich für religiöse, politische, militärische, kommerzielle Funktionen oder für einzelne Produktionsaufgaben. Aber noch ist der Zugriff der Organisation auf die Lebensführung im Alltag gering, und umgekehrt wird die Gesellschaft selbst als politische Organisation, als handlungsfähige Korporation begriffen. Man kann eine moralische Integration der Gesellschaft zwar nicht mehr erreichen, kann sie sich in den herrschenden Schichten aufgrund der eigenen Interaktionsmoral aber noch vorstellen. Die Differenzierung der Systemtypen ist angesetzt, aber noch nicht vollständig und irreversibel durchgeführt.

In dieser sehr globalen Perspektive kann man mithin die soziokulturelle Evolution kennzeichnen als zunehmende Differenzierung der Ebenen für Systembildung. Das ist keine *zureichende Theorie* der Evolution, wohl aber ein *Aspekt* der Evolution, der sich mit anderen ergänzt. In dem Maße, als diese Ebenen- und Typendifferenzierung sich durchsetzt, wird die soziale Wirklichkeit komplexer. Zugleich können die unterschiedlichen Systemtypen verschiedenartige Funktionen übernehmen und sich schärfer gegeneinander profilieren.

Interaktion braucht nicht mehr zugleich Organisation oder Gesellschaft zu sein und umgekehrt. So kann im Rahmen von Interaktionssystemen das konkrete Einfühlungsvermögen und das reflexive soziale Bewußtsein etwa in Form von Intimbeziehungen ins Ungewöhnliche gesteigert werden, wenn die Interaktion nicht mehr mit gesellschaftlich durchgehenden Normalitätserwartungen belastet ist. Die organisatorische Besonderheit des Verhaltens kann außerordentlich gesteigert werden, wenn Organisationssysteme so weit ausdifferenziert werden, daß sie nicht mehr auf andere gesellschaftliche Rollen ihrer Mitglieder, etwa auf religiösen Glauben oder politische Aktivität, Familienstand oder nachbarliche Beziehungen Rücksicht nehmen müssen. Schließlich kann nur so die Gesamtgesellschaft zu höchster Komplexität gesteigert werden, wenn sie als System nicht mehr auf Reduktionen angewiesen ist, die durch Organisation oder durch Interaktion vermittelt werden; wenn sie z. B. als gesellschaftliches System nicht mehr zugleich korporativ organisierte kollektive Handlungsfähigkeit garantieren muß, sondern sich darauf beschränken kann, in einem sehr allgemeinen Sinn Kompatibilität der Funktionen und Strukturen aller Teilsysteme zu ermöglichen.

2) Damit sind wir bei unserem nächsten Problem: Eine vollständige Trennung der Ebenen ist natürlich nicht möglich, da

alles soziale Handeln in der Gesellschaft stattfindet und letztlich nur in der Form von Interaktion möglich ist. Je weiter die Systemebenen auseinandergezogen und je schärfer die Systemtypen differenziert werden, desto akuter stellen sich Folgeprobleme ein, die die Vermittlung zwischen den Ebenen betreffen.

Hierzu einige Beispiele:

Je rationaler Organisationssysteme konzipiert und im Hinblick auf ihre spezifische Leistungsfähigkeit ausgebaut werden, desto schwieriger wird es, das organisatorisch Mögliche in der Interaktion auch zu realisieren. Die Interaktion folgt ihren eigenen Systemgesetzen und nimmt das Organisationsprogramm nicht oder nur begrenzt auf. Das organisatorisch Vorgesehene wird auf der Ebene der Interaktion unterlaufen, deformiert oder gar absichtlich zum Entgleisen gebracht. Eine gute Illustration dafür bietet das Verhältnis der offiziellen Kirchendogmatik zur Beichtpraxis, das über Jahrhunderte hinweg im Rahmen der sogenannten Moralkasuistik reflektiert worden ist. Das kirchenamtliche Lehrgebäude, das an die kirchenorganisatorisch für verbindlich erklärten Dogmen anknüpft, sie interpretiert und integriert, wird unter dem Druck der kommunikativen Situation in der Beichte deformiert; man kann in vielen Fällen nicht zugleich dogmatisch belehren und sich kommunikativ auf den Beichtenden einlassen. Es gibt Regeln, ja Handbücher voller Regeln für die Lösung dieses Konflikts, die aber dogmatisch prekär und suspekt geblieben, zum Teil geheimgehalten worden und kirchenpolitisch unter Titeln wie Laxismus und Probabilismus verteufelt worden sind.

In einer Gesellschaft, die in fast alle Funktionsbereiche Organisationssysteme einschalten muß, wird dieses Problem universell relevant. Wohlgemerkt handelt es sich nicht nur um mangelnde Durchsetzungsfähigkeit der Herrschenden, nicht nur um Ungehorsam oder heimlichen Widerstand der Untergebenen. Vielmehr fallen die Herrschenden selbst den Kapazitätsschranken ihrer Interaktionssysteme zum Opfer – nicht selten zur Verzweiflung ihrer Untergebenen. So behandelt ein umfangreicher Bericht zur Reform der Struktur von Bundesregierung und Bundesverwaltung aus dem Jahre 1969 dieses Problem für die höchste Regierungsinstanz, für das Kabinett. Auch die Kabinettssitzung ist eben nur ein Interaktionssystem mit jeweils nur einem Thema, sequentieller Arbeitsweise, hohem Zeitaufwand, geringer sachlicher Komplexität und einem entsprechenden Rückstau im Informationsfluß. Daher finden Untergebene Anlaß, sich den Kopf darüber zu zerbrechen, wie sie verhindern könnten, daß das Interaktionssystem ihrer Vorgesetzten das organisatorisch Mögliche blockiert und sinnvolle Vorhaben entgleisen.

Eine zweite Gruppe von Beispielen entnehmen wir dem Verhältnis von Organisationssystemen und Gesellschaftssystem. Zunächst fällt auf, daß in hochkomplexen Gesellschaften keine der zentralen Funktionen des Gesellschaftssystems voll und ganz auf ein einheitliches Organisationssystem übertragen werden kann – und zwar heute weniger als je zuvor. Im Wirtschaftssystem etwa könnten, selbst wenn es gelänge, Produktionsorganisationen durch eine umfassende weltweite Planung zu integrieren, Produktionsentscheidungen und Konsumentscheidungen gleichwohl nicht zu einer Organisation zusammengeschlossen werden. Ebenso bleiben die Funktionen der Erziehung, mit welcher Schwerpunktverteilung immer, auf Schulsysteme und Familien verteilt. Die politischen Funktionen werden gerade in komplexen Gesellschaften nicht nur in der Regierungs- und Verwaltungsbürokratie wahrgenommen, sondern benötigen außerdem spezifisch politische Organisationen wie Parteien und Interessenverbände außerhalb des im engeren Sinne »staatlichen« Apparates. Selbst die historisch gut etablierte Einheit von Kirchenorganisation und Religionssystem gerät gerade durch diese Identifikation heute in viel diskutierte Anpassungsschwierigkeiten.

All dies deutet darauf hin, daß Gesellschaftsfunktionen nicht pauschal an Einzelorganisationen delegiert werden können, sondern die Funktionen nochmals differenziert und spezifiziert werden müssen, bevor sie organisationsfähig werden. Damit bleibt nicht nur das Verhältnis etwa von Wirtschaft und Politik oder von Politik und Erziehung ein gesellschaftsstrukturelles Problem, sondern auch noch innerhalb der einzelnen Funktionssysteme etwa das Verhältnis von Elternhaus und Schule oder von Politik und bürokratischer Verwaltung. Außerdem können bei der Mehrzahl von verschiedenartigen Organisationen innerhalb der einzelnen Funktionsbereiche interaktionelle Koordinationsformen nicht entbehrt werden. So erfordert politische Planung ganz konkrete interaktionelle Kontakte zwischen Politikern und Spitzenbürokraten. Damit treten die erörterten Engpaßprobleme auch an dieser Stelle auf, ohne eine organisatorische Lösung finden zu können.

Die Kehrseite dieses Problems der Delegation von Gesellschaftsfunktionen auf Organisationen ist, daß innerhalb von Organisationssystemen gesamtgesellschaftliche Funktionen nicht angemessen reflektiert werden können. Der Variationsspielraum gesellschaftlicher Funktionen und die Bedingungen der Austauschbarkeit ihrer Erfüllungsweisen lassen sich auf der Ebene der Organisationsziele und -kriterien nicht angemessen ausdrücken. Die Funktion der Religion ist kein mögliches Dogma, die Funktion des Rechts keine Norm, die Funktion der Politik keine Legitimationsformel; die »Grenzen wirtschaftlichen Wachstums« sind ein mögliches Kongreßthema, aber kein Entscheidungskriterium für Unternehmer und Unternehmungen. Selbst in der Wissenschaft, selbst in der organisierten sozialwissenschaftlichen Forschung tragen die Kriterien, auf denen die Wahl der Methoden und die Annahme und Verwerfung von Hypothesen beruht, zur Reflexion der gesellschaftlichen Funktion von Wissenschaft nichts bei, und man muß damit rechnen, daß diese Diskrepanz mit der Konsolidierung erfolgreicher Forschung nicht abnimmt, sondern zunimmt.

Das Reflexionsdefizit der Organisationen ist besonders augenfällig, weil es mit einem Höchstmaß an differenzierter Sensibilität, mit einem Höchstmaß an Auflösungsvermögen, mit einem Höchstmaß an organisierter Informationsverarbeitungskapazität zusammenfällt. Diesem Dilemma kann man sich sicher nicht durch einen Kopfsprung in Weltanschauungen entziehen, die eine Reflexion nicht nötig oder, wie der Marxismus, schon hinter sich haben. Aber unerprobt sind die Möglichkeiten, gesamtgesellschaftliche Reflexion und organisiertes Entscheiden gegeneinander zu relativieren und im Bewußtsein der Diskrepanz miteinander zu vermitteln. Dazu ist vielleicht am ehesten die Wissenschaft im Stande, weil ihre Selektionskriterien ohnehin nur ein schwaches organisatorisches Fundament haben.

3) Die Bedeutung der zunehmenden Differenzierung von Systemebenen und Systemtypen läßt sich an einem Sonderproblem besonders gut vorführen, nämlich am Problem des *Konflikts.* Von Konflikt wollen wir immer dann sprechen, wenn ein Teilnehmer an Interaktionen es ablehnt, Selektionsvorschläge zu übernehmen, *und wenn er dann diese Ablehnung mitteilt.* Es ist für den Begriff gleichgültig, ob die Annahmezumutung auf Wahrheit, Liebe, auf rechtliche oder moralische Normen oder auf Übermacht gestützt wird; entscheidend ist die Benutzung der Möglichkeit, nein zu sagen, um die zugemutete Selektion abzulehnen. Weder die bloße Existenz von Standes- oder Klassenunterschieden noch die funktionale Differenzierung des Gesellschaftssystems sind als solche schon Konflikte, aber sie können als konfliktträchtige Lagen beschrieben werden, und es interessiert dann, unter welchen zusätzlichen Bedingungen sie zum Ausbruch von Konflikten führen.

Wir analysieren zunächst auf der Ebene der Interaktion unter Anwesenden. Die Rückkommunikation der Weigerung, einer Selektionszumutung nachzukommen, stößt hier auf besondere

Schwierigkeiten. Sie ist deshalb problematisch, weil diese Systeme unter der Bedingung thematischer Konzentration operieren, also jeweils nur ein Leitthema traktieren können. Wird der Konflikt durch Weigerung zum Thema gemacht, strukturiert das Gesamtsystem sich entsprechend um. Man reagiert auf dieses neue Thema und es entsteht eine Kontroverse, wenn nicht ein Streit, der mehr oder weniger limitiert, was dann im System noch möglich ist. Interaktionssysteme können offene Konflikte schlecht nebenherlaufen lassen, dazu sind sie nicht komplex genug. Sie haben nur die Wahl, Konflikte zu vermeiden oder Konflikte zu sein. Interaktionsnah strukturierte archaische Gesellschaftssysteme finden sich den entsprechenden Beschränkungen ausgesetzt. Sie stehen beständig vor der Alternative der Konfliktunterdrückung oder des offenen und gewaltnahen Streites. Darauf sind ihre pressionsreichen Schlichtungsverfahren eingestellt. Sie können deshalb nur primitive Formen gesellschaftlicher Differenzierung entwickeln, die einerseits in der Konfliktunterdrückung effektiv sind und andererseits gegen Gewaltakte und Sezessionen relativ immun. Das leisten Formen segmentärer Differenzierung nach Häusern, Geschlechtern, Wohngemeinschaften, Siedlungen.

Alle weitere Entwicklung setzt eine Steigerung der Konfliktmöglichkeit auf der Ebene der Gesellschaft voraus, und dies in zweifacher Hinsicht: als Möglichkeit, Konflikte durch Rückbeziehung von Verweigerungen zu erzeugen, und als Möglichkeit, Konflikte als laufende Angelegenheit zu ertragen und in kritischen Fällen zu entscheiden. Mit zunehmender Komplexität steigt die Differenzierung der Interessen und Perspektiven, nehmen die Anlässe und die strukturellen Möglichkeiten für Negationen zu. Die Sozialordnung muß jetzt vorsehen, daß Rechtsnormen geändert, daß Tauschofferten ohne Kränkung zurückgewiesen, daß behauptete Wahrheiten bezweifelt werden; daß man dem religiösen Zeremoniell fernbleibt, ohne dadurch die Gefühle anderer zu verletzen, oder gar aus Religionsgemeinschaften austritt. Die Steigerung der Verneinungsmöglichkeiten ermöglicht die zusammenhängende Verfolgung von Spezialinteressen. Außerdem beruht darauf die Dynamik der gesellschaftlichen Entwicklung, die Möglichkeit, Gegebenes zu variieren. Schließlich setzt der gesamte Organisationsmechanismus gesteigerte Mobilität mit Möglichkeiten zum Abbrechen und Neueingehen sozialer Beziehungen voraus. Differenzierung, Innovation und Organisation hängen damit ab von einer *Normalisierung des Konfliktverhaltens.*

Die Lösung dieses Problems liegt in einer stärkeren Differenzierung von Interaktionssystemen und Gesellschaftssystem. Ein solches Auseinanderziehen von Interaktion und Gesellschaft hat die Folge, daß die Gesellschaft vom Konfliktmodus ihrer Interaktionssysteme unabhängig wird. Sie kann, ohne ihre eigene Kontinuität zu gefährden, in weitem Umfange den Abbruch von Interaktion als Modus der Konfliktlösung zulassen. Sie kann, vor allem im Rahmen ihres Rechtssystems, besondere Interaktionssysteme zulassen, die auf die Behandlung von Streitfällen spezialisiert sind. Und sie kann allgemein die Konflikttoleranz erhöhen, indem sie die Expansion der Konflikte einschränkt. Die Konkurrenz auf dem Markt, die große ideologische Kontroverse, die konterkarierenden Schachzüge in der Mikropolitik der Organisationen schließen es nicht aus, daß man gemeinsam zum Essen eingeladen wird oder auf Empfängen nebeneinander steht.

Andererseits heißt dies, daß eine Transposition von Konflikten auf die Ebene des Gesellschaftssystems eine mehr oder weniger künstliche, politische Aggregation von Interessen erfordert. Ihre Klassenlage muß den Betroffenen bewußt gemacht, wenn nicht eingehämmert werden als Voraussetzung einer Politisierung des unterstellten Klassenkonflikts. Hier könnte eine Theorie sozialer Massenbewegungen anschließen. Solche Bewegungen kommen unter den angegebenen Bedingungen als historische Prozesse selektiver Selbststeigerung zustande. Sie bauen ihre eigenen Voraussetzungen phasenweise auf, gewinnen ihre Dynamik und Entwicklungsrichtung also aus ihrer eigenen Geschichte. Die Heftigkeit von Interaktionskonflikten, in die sie ausmünden können, ergibt sich aus der Künstlichkeit der Interessenaggregation und aus der Eliminierung anderer Möglichkeiten im historischen Prozeß. Im Verhältnis zum gesamten Interaktionsvolumen werden gesamtgesellschaftliche Konflikte in komplexen Gesellschaften seltener und gefährlicher.

Dies Bild rundet sich ab, wenn man das Konflikthandeln in Organisationen mit in Betracht zieht. Organisationssysteme unterwerfen alle Mitglieder einem Modus hierarchischer Konfliktbehandlung und -entscheidung, dessen Anerkennung sie zur Mitgliedschaftspflicht machen. Zugleich differenzieren sie interne und externe Konflikte und unterbrechen deren Zusammenhang mit sonstigen Konflikten ihrer Mitglieder. Man darf sich im Dienst nicht an seinen Privatfeinden rächen, darf den Kindern des politischen Gegners keine schlechteren Zensuren erteilen oder umgekehrt dem Lehrer die Auszahlung eines Bankkredits verweigern, weil er schlechte Zensuren erteilt hatte. Entsprechend ist es eine für Organisationen typische Mitgliederpflicht, intern bestehende Konflikte – etwa Meinungsverschiedenheiten des Kollegiums in der Versetzungskonferenz – nach außen zu verbergen. In welchem Umfange diese Gebote faktisch realisiert werden können, ist eine empirische Frage. Keine Frage ist jedoch, daß mit Hilfe dieses neuen Systemtyps Organisation Konflikte in einem Umfange ermöglicht und reguliert werden können, wie es auf der Basis von Interaktion und Gesellschaft allein nicht möglich wäre.

III.

Die analytische Technik, die diesem Vortrag zugrunde liegt, war eingangs als relativ kompliziert charakterisiert worden.

Bisher haben wir jedoch, wie für einen Vortrag nicht anders möglich, einen ziemlich einfachen Weg der Analyse beschritten. Wir hatten das Moment der Selbstselektion und Grenzziehung am Systembegriff hervorgehoben und auf dieser Grundlage verschiedene Formen der Systembildung unterschieden, nämlich Interaktion, Organisation und Gesellschaft.
Deren Differenzierung wurde dabei nicht nur als eine rein begriffliche Unterscheidung angesehen, sondern als ein Produkt der soziokulturellen Evolution dargestellt, also historisch relativiert.
Daher konnten wir fragen und an einigen Beispielen kurz skizzieren, wie unter wechselnden Bedingungen und bei zunehmender Komplexität des Gesellschaftssystems diese Systemtypen auseinandertreten, sich spezifizieren und sich wechselseitig funktional entlasten. Schon diese Analyse geht wesentlich über das hinaus, was sich mit einem typenspezifisch verkürzten, also nur interaktionistischen oder nur gesellschaftstheoretischen Bezugsrahmen erreichen läßt. Gleichwohl ist diese Betrachtungsweise in einer wichtigen Hinsicht noch viel zu einfach: Sie läßt die Verschachtelungsverhältnisse zwischen den Systemen außer acht.
Als selektive Prozesse können Handlungen mehreren Systemen zugleich angehören, können sich also an mehreren System/Umwelt-Bezügen zugleich orientieren.
Soziale Systeme sind daher nicht notwendig wechselseitig exklusiv – so wie Dinge im Raum. So gehört jedes Interaktionssystem und jedes Organisationssystem auch zu einem Gesellschaftssystem, und ein Interaktionssystem kann, braucht aber nicht, einer Organisation angehören. Die Sitzung einer Fakultätskonferenz beispielsweise ist ein Interaktionssystem für sich mit einer eigenen Ablaufgeschichte und selbstbestimmten Möglichkeitshorizonten und Selektionen; sie ist zugleich System in einer Organisation, die wiederum Teilorganisation einer größeren Organisation ist und dem Subsystem Erziehung des Gesellschaftssystems zugehört.

Bei einem solchen Aufbau sind die jeweils umfassenderen Systeme für die eingeordneten Systeme in *doppelter* Weise wichtig: Sie geben ihnen bestimmte strukturelle Prämissen vor, aufgrund deren ein selbstselektiver Prozeß anlaufen kann und in seinen Möglichkeiten begrenzt wird. Und sie ordnen zugleich die nähere Umwelt des Teilsystems. In diesem doppelten Zugriff liegt die *Bedingung der Freiheit* für Systementwicklungen.

Bleiben wir beim Beispiel der Fakultätskonferenz: Das einzelne Interaktionssystem einer solchen Konferenz setzt beispielsweise Teilnahmeverpflichtungen und eine Satzung voraus; es kommt nicht zufällig zustande. Auch weiß man schon vor Beginn der Sitzung, wer Dekan ist. Die Konferenz setzt ferner gesellschaftliche Errungenschaften und Selbstverständlichkeiten voraus – etwa, daß die Teilnehmer Uhren haben, die annähernd gleiche Zeit zeigen. Ressourcen und Restriktionen umfassender Systeme beschränken mithin das, was in dem Interaktionssystem möglich ist. Nur aufgrund solcher Limitationen haben bestimmte Erwartungen in bezug auf Verhalten und auf Ergebnisse eine Chance. Dazu kommt, daß die gleichen Übersysteme, die die Bedingungen der Möglichkeit vorgeben, auch die Umwelt des Interaktionssystems ordnen. Diese Umwelt garantiert, daß Beschlüsse überhaupt einen Adressaten haben, daß Studenten am Studium, daß Habilitanden an einer Habilitation interessiert sind, daß es Zeitungen gibt, in denen man Ausschreibungstexte abdrucken lassen kann, usw.

Nur diese Tatsache einer organisatorisch und gesellschaftlich schon geordneten Umwelt ermöglicht es dem Interaktionssystem, fremdgesetzte Voraussetzungen zu unterlaufen und strukturelle Determinationen entgleisen zu lassen: Gegen Satzungsbestimmungen wird in der Situation ein moralischer Druck mobilisiert, der voraussetzt, daß die Teilnehmer an wechselseitiger Achtung interessiert sind oder zumindest nicht sagen werden, daß sie es nicht sind. Oder: Es kann satzungswidrig beschlossen werden, die Interaktion aus dem Erziehungssystem in das politische System zu verlagern und aus gegebenem Anlaß ein Empörungstelegramm an eine ausländische Botschaft zu richten; aber doch nur unter der Voraussetzung, daß die Post funktioniert und die Botschaft wirklich eine Botschaft ist. Die Gesellschaftsstruktur, die im eigenen Hause abgelehnt wird, muß in der Umwelt bejaht werden oder umgekehrt. Eine Totalkritik bleibt folgenlos. Proteste brauchen Adressaten.

An diesem bewußt extrem gewählten Beispiel läßt sich ablesen, daß die Bewegungsfreiheit der Interaktionssysteme auf unvollständiger Koordination der umfassenderen Systeme beruht. Perfekte Interdependenz von allem mit allem ist in sozialen Systemen und erst recht in komplexen Gesellschaftssystemen unmöglich. An ihre Stelle tritt der Doppelzugriff auf Teilsysteme über Strukturvorgaben und Umweltvorgaben. Dies ermöglicht innerhalb umfassenderer Systeme die Begründung von Sozialsystemen, die *anderen* Selbstselektions- und Grenzziehungsprinzipien folgen, also einen anderen Systemtyp realisieren. Die Gesamtgesellschaft bleibt mit Organisationssystemen und mit Interaktionssystemen kompatibel, weil sie für diese eine geordnete Umwelt ist und zugleich Bedingungen der Möglichkeit von Strukturbildung garantiert.

Natürlich gewinnen diese Ansätze erst im Zuge weiterer Ausarbeitung Theoriefähigkeit im engeren Sinne und erst damit wissenschaftliches Interesse; nämlich dann, wenn man zeigen kann, wie Systemstrukturen unter bestimmten Umweltbedingungen variieren und welche Selektionsmöglichkeiten sie den Systemprozessen dadurch eröffnen bzw. verschließen. Erst dann kann man feinfühligere Fragen stellen wie die, ob ein *organisatorisch* oktroyiertes Prinzip der Mehrheitsentscheidung, für das es auf der Ebene des *Gesellschaftssystems* strukturelle Gründe geben mag, auf der Ebene der *Interaktion* noch moralisches Argumentieren ermöglicht. Fragen dieser Art sind dann aber nicht mehr für jede Interaktion, jede Organisation, jede Gesellschaft, geschweige denn für jedes Sozialsystem formulierbar. Sie setzen einschränkende Bedingungen der Relevanz voraus. Entsprechend kann man Resultate solcher Forschungen nur begrenzt generalisieren.

Spricht man von »der Systemtheorie«, heißt das also nicht, daß nur Aussagen in unbestimmter Allgemeinheit über Systeme schlechthin produziert werden sollen. Entscheidend ist, daß von der generalisierten Theoriebasis aus mit relativ *einfachen* Mitteln *hochkomplexe* Forschungsansätze produziert werden können, die zur Komplexität der sozialen Wirklichkeit in einem angemessenen Verhältnis stehen. Dieses Postulat ist eine ins Zeitliche übertragene Fassung des alten Problems der Einheit in der Mannigfaltigkeit oder, wie Leibniz formuliert, der größtmöglichen Ordnung größtmöglicher Vielfalt.

Klaus Baumgärtner

Logik in der Alltagssprache

Wer ohne besonderes Vorwissen von einer Beziehung zwischen Sprache und Logik hört, wird wohl zunächst an logische Termini wie Subjekt und Prädikat in der Grammatik denken und vielleicht noch an jene seltsamen Schlußfiguren, die uns von Aristoteles her über die mittelalterliche Scholastik vermittelt wurden und tatsächlich bis vor einiger Zeit als der Inbegriff der Logik gegolten haben. Sicherlich fällt das Subjekt *Gold* unter das Prädikat *gelb*, und ebenso ist es korrekt, daß ich aus den beiden Prämissen *Alle Menschen sind sterblich* und *Cajus ist ein Mensch* die Konsequenz *Also ist Cajus sterblich* schlußfolgern kann. Allerdings ist nicht einzusehen, was diese dürren Fakten der Logik über den höheren wissenschaftlichen Disput hinaus mit meinem spontanen praktischen Reden im Alltag zu tun haben sollen.

Daher würde vermutlich jeder, der die Frage nach Sprache und Logik unbefangen zu beantworten hätte, zu der Ansicht gelangen: es gibt keine Logik in der Alltagssprache.

Man kann sich hier durchaus auf einen der ärgsten Verächter der formalen Logik, nämlich auf Hegel berufen, der in seinen Papieren notiert hat:

»Es wird versichert, daß wir urteilen: Das Gold ist gelb. Diese Versicherung ist wahrscheinlich. Aber nicht ebenso wahrscheinlich ist, daß wir schließen: Alle Menschen sind sterblich, Cajus ist ein Mensch, also ist er sterblich. Ich wenigstens habe nie so plattes Zeug gedacht. Es soll im Innern vorgehen, ohne daß wir Bewußtsein darüber haben. Freilich, im Innern geht viel vor, z. B. Harnbereitung und ein noch Schlimmeres, aber wenn es äußerlich wird, halten wir die Nase zu. Ebenso bei solchem Schließen.«[1]

Mag sein, daß dieser Ausfall hauptsächlich Hegels Unverständnis gegenüber der klassischen formalen Logik belegt – doch trifft es sicher zu, daß der normale Benutzer der Alltagssprache »so plattes Zeug« wohl nie denkt, was ja vor allem heißen muß, daß man ihn zeitlebens nicht bei der Äußerung einer solchen kanonischen Schlußfigur ertappen wird, außer vielleicht in einem Logikkurs gerade über Syllogismen. Dazu paßt es, daß die Philologen, Grammatiker oder Linguisten nie auf den Gedanken gekommen waren, diese Syllogismen der Logik etwa als Strukturen der Sprache abzuhandeln. Sie ließen sie als Problem der Philosophie oder als Figuren der Rhetorik links liegen. Vielleicht ist ihnen nur deshalb entgangen, daß das spontane praktische Gespräch in der Alltagssprache von nichtkanonischen Folgerungen bei genauem Hinsehen geradezu strotzt.

Fast entgegengesetzt steht es mit der Analyse von Sätzen der Alltagssprache nach dem logischen Prinzip von Subjekt und Prädikat. Noch die Linguisten an der Schwelle dieses Jahrhunderts – so etwa Hermann Paul – hielten diese Gliederung zumindest für die logisch-psychologische Grundlage der darauf aufgebauten spezielleren grammatischen Verhältnisse der jeweiligen Einzelsprache. Erst im Verlauf der Emanzipation der Sprachwissenschaft von Philosophie und Psychologie wurde dem Gebrauch der Begriffe Subjekt und Prädikat auch hier der Boden entzogen.

Die radikal deskriptiv eingestellten Strukturalisten verließen sich beim Aufbau der Grammatik allein auf die Vorkommensrelationen der Wörter in der Äußerung, auf die Klassifikation von Positionen samt Umgebungen, und durften sich – schon dem Programm nach – Spekulationen nicht leisten.

Wenn Leonard Bloomfield etwa in Sätzen wie *Hans trifft Fritz* den *Hans* als Täter und den *Fritz* als Zielpunkt bezeichnet, tut er dies nur im Sinn einer jederzeit entbehrlichen Deutung bestimmter Positionen in diesem Muster, und im übrigen ohne jeden Bezug zur Logik. Andere lehnen die Logik ausdrücklich als ein falsches universales Konzept der Grammatik ab, insofern jede Sprache in bezug auf die Wirklichkeit ohnehin eine eigenständige Form für sich selber darstelle. Wieder anderen erscheint die Sprache eher wie eine alte Fabrik, an der immer weitergebaut worden ist und noch wird, so daß deren Einheit lediglich aus dem Produktionsprozeß, sprich: aus der jeweiligen Funktion der älteren oder neueren Bestandteile zu erschließen ist. Ziemlich bekannt ist ein ähnlicher Hinweis von Ludwig Wittgenstein, die Sprache als einen Werkzeugkasten anzusehen, in dem die verschiedenen Stücke zu ganz verschiedenen Zwecken dienen. Was soll bei einer solchen Auffassung der Sprache die formale Logik?

Daraufhin ist erstaunlich, daß sich die Satzlehre von Subjekt und Prädikat nochmals ansatzweise durchsetzen wollte. Als aus den Strukturalisten sogenannte Transformationsgrammatiker wurden, indem sie begannen, noch allgemeinere grammatische Fakten hinter der beobachtbaren Oberfläche der sprachlichen Erscheinungen zu entdecken und damit so etwas wie geistige Tiefenstrukturen sprachlicher Äußerungen zu formulieren, gerieten sie in den Zwang, den Kategorien dieser Tiefenstrukturen funktionale Deutungen zu geben.

Bei Noam Chomsky würde neuerdings ein Satz wie *Hans trifft Fritz* wieder ohne weiteres als funktionale Konfiguration von Subjekt, Prädikat und Objekt gedeutet, freilich immer noch ohne Bezug auf die Logik, aber auch ohne sonstige Angabe für das Verständnis dieser Termini. Andere haben danach wieder, ähnlich Bloomfield, eine Deutung nach Täter, Verbal und Zielpunkt hergeleitet. Schließlich kamen einige, die diesen unnützen Zirkel in der begrifflichen Fassung der Grammatik durchbrechen wollten und, vor gut fünf Jahren, das Postulat aufstellten, sprachliche Tiefenstrukturen seien durchweg als Ausdrücke logischer Prädikate mit logischen Argumenten zu konstruieren. Schon früher findet sich bei Manfred Bierwisch der Vorschlag, Tiefenstrukturen auf der Basis der modernen Prädikatenlogik zu notieren, und zwar derart, daß genau die logischen Beziehungen der semantischen Elemente eines Satzes dessen Tiefenstruktur ausmachen, und er gelangt damit zu der Ansicht: »Die Tiefenstruktur natürlicher Sprachen erscheint nun als allgemeinster Logikkalkül, aus dem alle künstlichen Sprachen nach Maßgabe spezieller Zwecke abgeleitet werden« und »Die syntaktische Tiefenstruktur und die linguistische Semantik erweisen sich damit im strengen Sinn als Logik der Alltagssprache«.[2] Damit ist offensichtlich erreicht, was allerdings schon Bloomfield, den Voraussetzungen nach, mit der Logik seiner Tage hätte erreichen können, nämlich: das Verbal *treffen* in einem Satz wie *Hans trifft Fritz* als ein zweistelliges Prädikat zu beschreiben, d. h. als Relation für zwei Argumente wie *Hans* und *Fritz*, unbeschadet der Frage, ob das mit *Hans* besetzte erste Argument so etwas wie einen Täter und das mit *Fritz* besetzte zweite Argument einen Zielpunkt bedeutet. Vermutlich nicht, denn als nächster Schritt hätte sich ergeben, daß das Prädikat *treffen* außerdem als eine symmetrische Relation zu beschreiben wäre, da sich aus *Hans trifft Fritz* sofort auch *Fritz trifft Hans* schlußfolgern läßt. Den Beweis dafür gibt uns der Sprachgebrauch, da nämlich (falls ich *Fritz* wäre) eine Äußerung wie *Hans hat mich eben vor der Oper getroffen* normalerweise nicht getan wird. Folglich sind beide, wenn dies dann noch einen Sinn hat, sowohl Täter als auch Zielpunkt.

Damit haben wir, zumindest am Beispiel und als Problem angerissen, zum einen die Prädikatenlogik in der Konstruktion der Grammatik, und zum anderen die natürliche Schlußfolgerung im Sprachgebrauch. Diese beiden logischen Aspekte der Sprache hat sich die Linguistik seit kurzem als allgemeine Einsicht zu eigen gemacht. Die Problemlage ist damit aber alles andere als abgeklärt. Was soll z. B. die Ansicht von Bierwisch besagen, die formale Syntax und Semantik von heute seien die Logik der Alltagssprache? Soll demnach die Struktur der Alltagsgrammatik als ein oberster Logikkalkül verstanden werden, von dem die kunstsprachlichen modernen Logikkalküle nur Ableitungen, genauer: verarmte Abstraktionen sind, und dies vielleicht sogar unter historischem Aspekt? Oder ist lediglich gemeint, daß die modernen Logikkalküle die Struktur der Alltagssprache am besten beschreiben könnten, so daß sich das inhaltliche Problem einer Übersetzung aus einer reichen Sprache in eine arme Sprache nicht unmittelbar stellt. – Ferner, in bezug auf natürliches Schließen: Wenn dies schon nicht-kanonisches Schließen ist, kann es dann überhaupt auf gültige Regeln bezogen, notfalls an bestimmten grammatischen Fakten festgemacht werden? Und kann man für das Schließen in der alltagssprachlichen Konversation, das die psychischen Zustände der jeweils redenden Partner zur Bedingung hat, überhaupt die Logik in Anspruch nehmen, deren Schlüsse doch unabhängig von solchen Zuständen und irgendeinem zufälligen Gebrauch ihre Geltung haben müssen?

Zusammengezogen laufen diese Fragen alle darauf hinaus, ob es sich hier tatsächlich um logische Aspekte der Sprache handelt, und das heißt praktisch: ob die Probleme, die zur Debatte stehen, wirklich mit den originären Mitteln der gegebenen Logik einer Lösung näherzubringen sind. Sonst hätte das wohl mit Logik nicht viel zu tun.

An diesem Punkt muß offenbar der Grundbegriff der modernen Logik zu Hilfe gerufen werden, nämlich der Begriff der Wahrheit. Schon Hegels zu Anfang zitierter Ausfall gegen die klassischen kanonischen Schlußfiguren wird der formalen

Logik in mehr als einer Hinsicht nicht ganz gerecht, in zweiter Hinsicht vor allem nicht, indem er sie auf das wirkliche Denken als einen kuriosen inneren Vorgang reduziert, also – etwas aktueller gesagt – psychologisiert. Gottlob Frege, der in fast jeder Beziehung als der Begründer der modernen Logik gilt, hat auch und vor allem diese Bindung der Logik an das jeweilige aktuelle Denken beseitigt und damit erst für einen adäquaten Wahrheitsbegriff gesorgt. Seine Einsichten treffen bis heute den Angelpunkt der Sache. »Wahrheiten zu entdecken«, schreibt Frege 1918 in seiner Untersuchung über den Gedanken, »ist Aufgabe aller Wissenschaften: Der Logik kommt es zu, die Gesetze des Wahrseins zu erkennen.« Und weiter: »Aus den Gesetzen des Wahrseins ergeben sich Vorschriften für das Fürwahrhalten, das Denken, Urteilen, Schließen. Und so spricht man wohl auch von Denkgesetzen. Aber hierbei liegt die Gefahr nahe, Verschiedenes zu vermischen. Man versteht vielleicht das Wort ›Denkgesetz‹ ähnlich wie ›Naturgesetz‹ und meint dabei das Allgemeine im seelischen Geschehen des Denkens. Ein Denkgesetz in diesem Sinne wäre ein psychologisches Gesetz. Und so kann man zu der Meinung kommen, es handle sich in der Logik um den seelischen Vorgang des Denkens und um die psychologischen Gesetze, nach denen es geschieht. Aber damit wäre die Aufgabe der Logik verkannt; denn hierbei erhält die Wahrheit nicht die ihr gebührende Stellung. (...) Das Fürwahrhalten des Falschen und das Fürwahrhalten des Wahren kommen beide nach psychologischen Gesetzen zustande. (...) Um jedes Mißverständnis auszuschließen, weise ich der Logik die Aufgabe zu, die Gesetze des Wahrseins zu finden, nicht die des Fürwahrhaltens oder Denkens. In den Gesetzen des Wahrseins wird die Bedeutung des Wortes ›wahr‹ entwickelt.«[3]

Was bei Hegel – und bei allen anderen bis dahin – mit unangenehmen Folgen vermengt worden war, wird damit ein für allemal zu der Verschiedenheit von unabhängigem Wahrsein und bedingtem Fürwahrhalten differenziert. Alfred Tarski hat etwas später diesen Wahrheitsbegriff grundlegend expliziert. Wahrheit wird bei ihm zur entscheidenden semantischen Eigenschaft von Sätzen. Die Definition lautet, formal wiedergegeben: »Der Name eines Satzes p ist wahr dann und nur dann, wenn p zutrifft.« In seiner bekanntesten Anwendung auf einen Fall ist diese Explikation folgendermaßen zu verstehen: »Der Satz ›Schnee ist weiß‹ ist wahr dann und nur dann, wenn Schnee weiß ist.«[4] Andere haben Tarskis sehr präzise, aber höchst reduzierte Explikation der Wahrheit dann wieder durch weniger eindeutige Begriffe aufzufüllen versucht, um vor allem die Korrespondenz zwischen den Sätzen und der Realität stärker zu Wort kommen zu lassen, etwa durch die Fassung: »Ein Satz ist wahr, wenn er einen existierenden Sachverhalt bezeichnet«, oder noch kürzer: »Eine Aussage ist wahr, wenn ihr Sachverhalt eine Tatsache ist.« Aber an der entscheidenden Beziehung zwischen den Sätzen der Sprache und der Wirklichkeit, nämlich: daß ihre Bedeutung in ihrem Wahrsein in der Wirklichkeit besteht, so daß dieses Wahrsein die Semantik von Sätzen ausmacht – daran hat sich prinzipiell nichts mehr geändert. Seit Freges Unterscheidung von Sinn und Bedeutung der Zeichen »Morgenstern« und »Abendstern« hat sich die Funktion der Bedeutung, d. h. die Beziehung auf den wirklichen Gegenstand oder Sachverhalt, als die Grundlage des Wahrheitsbegriffes der Logik bewährt.

Seitdem besteht die Arbeit der Logik ganz wesentlich aus der Untersuchung solcher Bedingungen wie: Wenn ein Satz p den oder jenen Wahrheitswert hat und ein Satz q den oder jenen Wahrheitswert, welchen Wahrheitswert hat dann die Verknüpfung von p und q durch einen logischen Funktor, und vor allem: Welche Verknüpfungen mittels anderer Funktoren kann ich dann daraus schließen? So gilt z. B., umgangssprachlich ausgedrückt: Aus der Verknüpfung »p nur dann, wenn q« oder »q im Fall, daß p« kann ich mit formaler Gesetzmäßigkeit schließen: »nicht p, wenn nicht q« und ebenso »nicht beides: p und nicht q« und ebenso »nicht p oder q«, was sich alles über die Errechnung der Wahrheitswerte dieser Verknüpfungen beweisen läßt. Solche Beispiele gehören heute inzwischen zu primitiven Elementen der Aussagenlogik.

Wenn man daraufhin die Frage nach der Logik in der Alltagssprache vernünftig präzisieren und diese Redeweise überhaupt schließlich als korrektes Reden rechtfertigen möchte, dann muß man wohl offensichtlich zu zeigen versuchen, daß die alltagssprachlichen Erscheinungen, die dabei in den Blick kommen und eine Rolle spielen, im Einklang mit der Logik auf der originär logischen Ebene des Wahrseins beschrieben werden können und nicht auf die Ebene des bloßen psychologischen Fürwahrhaltens verwiesen werden müssen. Dies jedenfalls ist nunmehr für alles weitere meine These. Diese These fragt also nach dem Wahrsein von Sätzen in der Sprache des Alltags und darüber hinaus nach dem Schließen-Können von wahren Sätzen aus Sätzen in der Alltagssprache.

Auf den ersten Blick wird man vermuten, daß die Suche nach solchen Sätzen nichts bringt. Der Satz *Willy Brandt ist Bundeskanzler* ist genau dann wahr, wenn Willy Brandt Bundeskanzler ist. Das trifft gerade zu. Jedoch, wenn der Satz in dieser Form – wie gerade eben – geäußert wird, dann wird er lediglich behauptet und stellt also eine Behauptung dar, deren Wahrheit oder Falschheit erst noch durch Bezug auf die Wirklichkeit erwiesen werden muß. Folglich stellt er nicht schon selber, durch seine Elemente oder Struktur, sozusagen automatisch einen wahren oder falschen Satz dar – oder wenigstens einen Satz, aus dem sich ein wahrer oder falscher sozusagen automatisch schließen ließe. Die Sache würde schon anders stehen, wenn wir die Äußerung hören würden: *Ich kann nur loben, daß Willy Brandt Bundeskanzler ist* oder *Ich muß beklagen, daß Willy Brandt Bundeskanzler ist* oder ganz einfach *Ich weiß, daß Willy Brandt Bundeskanzler ist.* Erstaunlicherweise kann ich aus solchen Sätzen aufgrund bestimmter Eigenschaften, die zu untersuchen sind, auf den Satz *Willy*

Brandt ist Bundeskanzler als definitiv wahren Satz ganz automatisch schließen. Wenn ich diesen Satz bestreiten wollte (was ich aber natürlich nur dürfte, wenn ich ihn für falsch hielte), dann würden normale Floskeln wie »Das stimmt nicht« oder auch bloß »Unsinn« nicht genügen. Denn man kann offenbar schlecht bestreiten, daß jemand eine Tatsache *lobt, beklagt* oder schlicht *weiß.* Man müßte in diesem Fall weit ausholen und etwa entgegnen: »Das kannst du gar nicht loben, denn es trifft überhaupt nicht zu« oder »Du meinst bloß, das zu wissen, aber es ist falsch«.

Was hier weiterführt, sind zwei für die Sprachwissenschaft recht junge, aber sehr folgenreiche Entdeckungen in bezug auf die Wahrheit oder das Wahrsein von Äußerungen oder Teilen von ihnen in der Alltagssprache. Es handelt sich dabei – nur um zunächst die Namen zu nennen – zum einen um die Entdeckung von sogenannten performativen Elementen, die von vornherein weder wahr noch falsch sein können, zum anderen um die Entdeckung von sogenannten faktiven, kontrafaktiven, implikativen und transformativen Elementen, die von vornherein Wahrheit oder Falschheit voraussetzen oder schließen lassen. Beide Entdeckungen kommen aus dem Gebiet, zu dem sie gehören, aus der philosophischen Logik.

Die Fakten der ersten Klasse, der performativen Elemente, lassen sich gut mit einem Schlag erhellen durch Äußerungen wie *Ich taufe dieses Schiff hiermit auf den Namen »Freiheit«* oder *Ich verspreche Ihnen, morgen abend zu kommen.* Man bemerkt sofort, daß solche Sätze niemals einen Wahrheitswert erhalten können, weil sie sich mit den Formen der Verben *taufen* und *versprechen* nicht auf einen Sachverhalt der Wirklichkeit beziehen, sondern auf den Äußerungsakt selber, sich also sozusagen selber bedeuten. Sie können daher auch nicht behauptet werden, eben weil sie im Sinne von wahr oder falsch nicht erfüllbar sind. Statt dessen sind sie sprachliche Handlungen, die, indem sie vollzogen werden, so etwas wie einen Vertrag zwischen Sprecher und Hörer bedeuten. Der

Rechtsphilosoph Adolf Reinach hat dies schon 1913 formuliert: »Wird ein Versprechen vollzogen, so tritt mit ihm etwas Neues ein in die Welt« und »Wird ein Versprechen schlicht vernommen, so entsteht auf seiten des Vernehmenden der Anspruch und auf seiten des Versprechenden die Verbindlichkeit«.[5]
John Austin und John Searle, die diese in Ansätzen offenbar schon lange bewußte Theorie der Sprechakte in aller Breite untersucht und präzisiert haben, sind jedoch dabei nicht stehen geblieben, die Menge der mit wahr oder falsch erfüllbaren Aussagesätze nur um die Untermenge der unerfüllbaren Aussagesätze zu reduzieren, d. h. um die Sätze mit expliziten performativen Formeln wie *Ich verspreche dir p, ich warne dich p, ich erlaube dir p, ich drohe dir p, ich verüble dir p* und so fort. Sie bemerkten vielmehr und konnten zeigen, daß nicht etwa nur solche Äußerungen mit einer expliziten performativen Formel mit der performativen Eigenschaft von Sprechakten funktionieren, sondern auch gleich noch die ganze komplementäre Klasse der verbliebenen sogenannten konstativen Äußerungen selber. Denn auch ein sonst ganz argloser Satz ohne performative Formel wie *Ich habe ein Messer in der Küche* kann – je nach den Umständen – als Versprechen, als Warnung, als Erlaubnis, als Drohung usw. verwendet werden. Offensichtlich kann er gar nicht anders denn als ein bestimmter Sprechakt verwendet werden, im schwächsten Fall immer noch als Behauptung, die selber ein Sprechakt sein muß, insofern sie die Verbindlichkeit schafft, den betreffenden Satz als wahr auszuweisen. – Austin konnte sogar deutlich machen, daß auch noch die Äußerung einzelner Wörter wie *Licht* oder *Stufe* oder *kalt* als ein Vollzug solcher sprachlicher Akte zu nehmen ist. Bei Fragesätzen oder Wunschsätzen und erst recht bei Imperativen hätte ihm schon die traditionelle Logik seit ihren Anfängen zugestimmt. Völlig unerhört ist jedoch, daß nunmehr der Logik auch die gesamte Menge der Aussagesätze streitig gemacht werden sollte, so daß ihr überhaupt nichts an Gegenständen des Wahrseins bliebe.

Das verwirrende Ergebnis der Sprechakttheorie ist somit nicht, daß es in der Alltagssprache aufgrund einiger Wörter und Formeln gewisse Sätze gibt, die weder wahr noch falsch sein können, sondern vielmehr, daß die Konversation in der Alltagssprache prinzipiell nicht mit Aussagesätzen an sich bestritten wird, sondern durchweg mit Sprechakten, die – ob nun explizit oder implizit – sprachliche Handlungen vollziehen. Damit wäre für alles, was wir äußern können, ein für allemal die Möglichkeit verbaut, auf irgendeine sprachlich gegebene automatische Wahrheit oder Falschheit zu stoßen.
Die Verwirrung erhöht sich aber noch, wenn wir – gewissermaßen im Gegenzug zu den Entdeckungen der Sprechakttheorie – mit den sprachlichen Erscheinungen der anderen genannten Entdeckung, nämlich den faktiven, kontrafaktiven, implikativen oder transformativen Elementen feststellen müssen, daß die Konversation in der Alltagssprache von impliziter Wahrheit oder Falschheit mehr als reichlich Gebrauch macht. Einen wichtigen, ständig vorkommenden Grenzfall hatte schon Frege 1892 anhand des Satzes *Kepler starb im Elend* diskutiert. Wenn man diesen Satz behauptet, so Frege, »so ist dabei vorausgesetzt, daß der Name ›Kepler‹ etwas bezeichne«, und zwar nicht anders, als wenn man den entgegengesetzten Satz *Kepler starb nicht im Elend* behaupten würde.[6] Die Voraussetzung, die man damit macht, nämlich daß der Name ›Kepler‹ auf ein Objekt verweist, bleibt sich demnach unter Affirmation wie unter Negation des ganzen Satzes immer gleich. Diese Tatsache, die für die Verwendung aller Eigennamen und Kennzeichnungen in der Alltagssprache gilt, wird – etwas schief – existentielle Präsupposition genannt. Die Sprechakttheoretiker nehmen diesen Ausdruck Präsupposition beim Wort. Wenn ich mich in einer Äußerung auf Kepler, auf meinen Freund Emil oder auf den Mann im Mond beziehe, dann setze ich voraus, daß es diese Objekte irgendwie gibt, aber nur in dem Sinne, daß ich als Sprecher die Verbindlichkeit eingehe, diese Objekte notfalls irgendwie aus-

zuweisen. Das Referieren auf Objekte wird insofern ebenfalls als Sprechakt – natürlich als partieller Sprechakt – gewertet. Andererseits wird nicht bezweifelt, daß der Hörer dieser Namen dann auch die Objekte, auf die sie referieren, als gegeben nimmt; denn daraus besteht sein Anspruch.

Die Referenz auf Objekte ist nur die extremste Klasse der Präsupposition. Aus der Äußerung *Emil weiß, daß Willy Brandt Bundeskanzler ist* kann man, wie vorhin schon bemerkt, sofort den ganzen Teilsatz *Willy Brandt ist Bundeskanzler* folgern, und zwar genau deshalb, weil dieser Teilsatz vom Sprecher der Äußerung stillschweigend präsupponiert wird, übrigens wieder ebenso wie in der entgegengesetzten, negierten Äußerung *Emil weiß nicht, daß Willy Brandt Bundeskanzler ist.* Entsprechend verhält es sich mit vielen Äußerungen, z. B. *Otto bedauert* (oder: *bedauert nicht), daß Anna das Spiel verloren hat.* Die Präsupposition bzw. Schlußfolgerung, daß der Teilsatz sowieso wahr sei, ist nun ganz offensichtlich auf die Semantik der Verbale *wissen, bedauern, merken, komisch, schade*, zurückzuführen. (In Klammern: der Satz *Ich glaube, er war da* präsupponiert nicht, daß er da war.) Sie werden wegen dieser Eigenschaft als faktive Prädikate bezeichnet. Ihre Präsuppositionen, die jeweils den gesamten eingeschlossenen Komplementsatz umfassen, kann man propositionale Präsuppositionen nennen, da sie schon in der Form eines alltagssprachlichen Satzes als Form einer logischen Proposition vorgegeben werden.

Solche propositionalen Präsuppositionen beherrschen eine breite Palette von Anwendungen.[7] Mit kontrafaktiven Prädikaten wie *vorgeben, wähnen, vermeinen, träumen* wird automatisch die Falschheit des eingeschlossenen Teilsatzes präsupponiert: Aus *Emil hat vorgegeben, davon nichts gewußt zu haben* kann man schließen, daß er davon etwas wußte. Implikative Prädikate wie *gelingen* oder *schaffen* bestimmen – je nachdem, ob sie affirmativ oder negiert verwendet werden – die Wahrheit oder die Falschheit ihres Komplements: *Anna gelang es, Otto zu treffen* impliziert *Anna traf Otto*, aber *Anna gelang es nicht, Otto zu treffen* impliziert, daß Anna den Otto nicht getroffen hat. Mit negativen Implikativen verhält es sich einfach umgekehrt. Manche Prädikate liefern nur in einer der Verwendungen, also entweder unter Affirmation oder unter Negation, eine eindeutige Implikation für die Wahrheit oder Falschheit des Komplements: Aus *Emil hat Anna gezwungen, ein Lied zu singen* ist zu schließen, daß Anna ein Lied gesungen hat, während aus *Emil hat Anna nicht gezwungen, ein Lied zu singen* diesbezüglich gar nichts zu schließen ist. In umgekehrter Weise kann man allein aus einem negativen *Ich habe nicht gezögert, Emil die Tür zu zeigen* den Schluß ziehen, daß ich Emil die Tür gezeigt habe. Bei einer wiederum anderen Klasse der Verbale, den sogenannten transformativen Prädikaten, wird automatisch der Wert eines Vor- oder Nachzustands bestimmt: Mit *Emil hat aufgehört zu rauchen* wird lediglich behauptet, daß Emil mit irgend etwas aufgehört hat, aber stillschweigend als wahr impliziert, daß er bis zu einer gewissen Zeit geraucht hat.

Solche Verbale sind in dieser Beziehung mit Adverbien wie *schon, noch* oder *wieder* verwandt: *Anna ist wieder in Berlin* präsupponiert, daß sie wenigstens schon einmal in Berlin gewesen ist. Neben solchen lexikalischen gibt es sogar morphologische Präsuppositionen: Selbst die traditionellste Grammatik beschrieb unter dem Irrealis, den sie allerdings als ganz isoliertes Faktum ansah, daß man aus Sätzen wie *Otto hätte sicher gewartet* den Schluß ziehen kann, daß er gerade nicht gewartet hat. Der Name Irrealis soll ja nichts anderes als dies besagen. Schließlich kann man nahezu beliebige semantische Präsuppositionen im engeren Sinn entdecken. Aus *Diese Schuhe sind mir zu klein* läßt sich folgern, daß sie mir nicht groß genug sind, hier vermutlich schon rein sprachimmanent aufgrund einer Synonymen-Beziehung zwischen den Mustern *zu x* und *nicht y genug*, wobei x und y Antonyme zueinander sein müssen. Noch spezieller geht es zu, wenn ich etwa aus der

Bemerkung *Unser Meister Proper ist am Blühen* darauf schließe, daß »Meister Proper« eine Pflanze bezeichnet, vielleicht eine bestimmte Rosensorte, weil ja *blühen* als Selektion oder Argument normalerweise den Namen einer Pflanze verlangt.

Diese Durchsicht der Phänomene, die freilich alles andere als vollständig ist, macht hoffentlich glaubhaft, daß die Alltagssprache von Präsuppositionen und Implikationen auf seiten des Sprechers und damit von Schlußfolgerungen auf seiten des Hörers tatsächlich strotzen muß. Nehmen wir eine etwas längere Äußerung zum Experiment; sie heiße:

»Auch Omo hat noch nicht gestanden, daß er Hans während des Essens unter Drohungen gehindert hat, Fritz vor den Pilzen zu warnen.«

Was kann ich daraus, als beteiligter oder unbeteiligter Zuhörer, alles schließen? – 1.) Die Namen *Omo, Hans* oder *Fritz* referieren auf ausweisbare Objekte, genauer: wegen der Kontextverben ganz eindeutig auf Personen. Das ist von vornherein erfüllt, wenn ich die drei Leute kenne, was ja der Sprecher mit ihrer bloßen Nennung voraussetzt. (Falls ich *Omo* nicht kennen sollte, so kann ich wegen des Pronomens *er* noch folgern, daß *Omo* eine männliche Person angibt.) – 2.) Omo gesteht zu einer späteren Zeit; denn es heißt: *Auch Omo hat noch nicht gestanden.* – 3.) Es gibt wenigstens eine weitere Person, die noch nicht gestanden hat, wegen des *auch.* – 4.) Omo hat Hans tatsächlich an etwas gehindert; dies wird nicht bloß behauptet, sondern vom Sprecher vorausgesetzt, denn er gebraucht mit dem Verb *gestehen* ein faktives Prädikat. – 5.) Hans hat Fritz nicht vor den Pilzen gewarnt; auch das wird durch *Omo hat Hans an X gehindert* eindeutig vorausgesetzt, also durch das Verb *hindern* als ein spezielles implikatives Prädikat. – Schließlich wird ebenfalls präsupponiert und nicht bloß behauptet, 6.) daß es da ein Essen gegeben hat, 7.) daß es Drohungen von Omo gegeben hat, 8.) daß Pilze im Spiele waren. – Alle diese acht Konse-

quenzen sind logische Eigenschaften dieses einen Satzes. Offen bleibt eigentlich nur, ob Fritz auch ohne Warnung von den Pilzen genommen hat und was, falls das zutrifft, dann mit ihm passiert ist. Möglicherweise setzt der Sprecher auch noch diese Kenntnis im weiteren Kontext voraus. Allerdings kann sie vom Text her nicht geschlossen werden.
Was daraufhin bei diesem Beispiel noch an Behauptung und damit an Information für den Zuhörer bleibt, ist eigentlich nur der Anfangssatz *Omo hat nicht gestanden,* und daneben noch, daß Hans *während* des vorausgesetzten Essens und *unter* der vorausgesetzten Drohung gehindert worden ist, Fritz zu warnen. Alles übrige, genau die eben genannten acht Punkte, werden vom Sprecher nicht bloß für sich selber, sondern ebenso für den Angesprochenen vorausgesetzt, und zwar als nicht weiter zu befragende gemeinsame Basis dessen, was beide – Sprecher und Hörer – in der Annahme des Sprechers als sowieso wahr bzw. falsch kennen, bevor die Äußerung begonnen wurde. Ihre kommunikative Funktion ist die kenntnismäßige Stützung der Behauptungen. Anhand solcher Analysen kann man sich im wirklichen Gebrauch der Alltagssprache leicht davon überzeugen, daß Voraussetzungen und Schlußfolgerungen zu ihren wesentlichen Bedingungen gehören. Anders wären Anknüpfung, Fortführung und laufender kohärenter Zusammenhang von Konversation durch nichts gewährleistet.
Ärgerlich ist nur, daß selbst diese stabilen Fakten der Logik durch die Sprechakttheorie ins Wanken geraten können. Wir haben bei der Durchsicht der Phänomene der Präsupposition und Implikation gesehen, daß Prädikate wie *wissen, wähnen, gelingen* schon aus ihrer Semantik heraus die Wahrheit bzw. Falschheit ihrer Komplemente garantieren. Bei anderen Prädikaten, die diese Eigenschaft nicht haben, unterstellen wir dem Sprecher gewöhnlich, daß er mit ihnen einen bestimmten Sachverhalt korrekt angibt, weil er das ja offenbar ohnehin in der Hand hat. Für beide Arten von Prädikaten, also für alle

Prädikate, behaupten nun die Sprechakttheoretiker überzeugend, daß sie bei ihrer Verwendung Sprechakte ausmachen, also nicht zweifelsfreie Angaben, — natürlich partielle Sprechakte innerhalb der Sprechakte des Behauptens, Versprechens, Erlaubens usw. Neben den Sprechakt des Referierens auf Objekte wie Kepler, meinen Freund Emil oder den Mann im Mond wird damit der Sprechakt des Prädizierens gestellt. Beim Referieren verweist der Sprecher auf ein Objekt, das er derart für den Hörer identifiziert, indem er annimmt, daß der Hörer zu dieser Identifikation imstande ist. Beim Prädizieren läßt der Sprecher das Prädikatwort auf die Referenzwörter zutreffen, indem er annimmt, daß der Hörer dieses Zutreffen zu akzeptieren vermag. In beiden Fällen übernimmt er Verbindlichkeiten und überläßt dem Hörer Ansprüche. Werden diese Ansprüche nicht erfüllt, dann ist der betreffende Sprechakt mißglückt, ob es sich dabei nun um das Referieren, das Prädizieren oder die Zuweisung der Gesamtfunktion des Behauptens, Versprechens oder Erlaubens handelt. Die Begriffe des Glückens oder Mißglückens von sprachlichen Handlungen ganz prinzipiell erweisen sich damit gewissermaßen als der Schlußstein der Sprechakttheorie.

An die Stelle der Wahrheit oder Falschheit einer Aussage scheint nunmehr totalisiert das jeweilige, wer weiß wie bedingte Glücken oder Mißglücken des dazugehörigen Aktes zu treten.

Tatsächlich kann man den Vollzug eines Sprechaktes Stück für Stück nach den Möglichkeiten seines Glückens und Mißglückens analysieren, vor allem über das besonders realistische Mittel, alle möglichen Entgegnungen (im engeren: Bestreitungen) zu ihm durchzuprobieren. Nehmen wir folgende Äußerung zum Exempel: *»Ich höre jetzt auf damit, mich darüber weiter zu ärgern, daß Anna raucht.«*

Wir unterlassen die Analyse, welche einzelnen Akte der Sprecher mit dieser Äußerung vollzieht, und gehen gleich zu den Bestreitungen des Hörers über, die diese Akte nacheinander enthüllen. Der Hörer kann folgendes entgegnen: 1.) *Ich kenne diese Anna nicht* oder *Diese Anna gibt es gar nicht*, womit er die Referenz auf Anna in Frage stellt. – 2.) *Du hast dich auch bisher nicht darüber geärgert, daß Anna raucht*, und er zieht damit die Präsupposition bei *Ich höre damit auf* und bei *weiter* in Zweifel. – 3.) *Anna raucht ja gar nicht*, und damit weist er die gesamte Proposition nach dem Bewertungsverb *sich ärgern über* als falsch zurück. – 4.) *Du kannst doch nicht sagen, daß sie ›raucht‹ –, sie ›pafft‹ ja bloß*, womit er das Prädizieren durch *rauchen* als unzutreffend korrigiert. – 5.) *Du ärgerst dich ja gar nicht, Dir ist das gleich* oder *Du freust dich darüber*, womit er das Prädizieren durch die Bewertung *ärgern* und damit die Haltung des Sprechers angreift, ihn wohl sogar der Lüge bezichtigt. (So können alle Prädikationen auf die eine oder andere Weise zurückgewiesen werden.) – 6.) *Auf deine Versprechungen verzichte ich*, womit er die gesamte Äußerung zunächst als Versprechen deutet und in dieser Funktion ihm selber gegenüber als nichtig erklärt. (So könnte er den gesamten Akt auch durch Einwände wie *Du kannst damit überhaupt nicht aufhören*, also bezogen auf die Kräfte des Sprechers, oder wie *Mir ist es lieber, wenn du nicht aufhörst*, also bezogen auf die Wünsche des Hörers, ganz und gar zu Fall bringen.) – 7.) *Ich weiß nicht, was du damit sagen willst*, was entweder ehrlich besagen soll, daß der Hörer den Gesamtakt nicht zu interpretieren versteht, oder aber, daß er sich aus der Affäre zieht. – Und endlich 8.) *Was hast du gerade eben gesagt?*, womit der Gesamtakt schon als phonetische Äußerung hinfällig ist. – Dieses Exempel belegt sicher den Anspruch der Sprechakttheoretiker, Äußerungen und alle ihre Teile als Akte zu betrachten. Insofern die Mißglückens-Möglichkeiten den Nachweis für das gewöhnliche unbefragte Glücken von Sprechakten erbringen, ist hier leicht zu sehen, daß Äußerungen so gut wie in allen Punkten mißglücken können.

Mit dieser Einsicht in den – extrem gesagt – ständigen Versuchs- und Vorschlags-Charakter der Bestandteile unserer Äußerungen ist zu befürchten, daß das gerade eben erst vorgeführte Gebäude von präsupponierter oder implizierter Wahrheit oder Falschheit samt ihrer Schließbarkeit in sich zusammenbricht. Das wäre bei Prädikaten ohne logische Effekte vielleicht nicht der schlimmste Verlust. Aber bei Prädikaten mit Folgerungen scheint damit jede automatische Garantie bezüglich wahr oder falsch zu entfallen. Wir haben bisher die Fregesche Unterscheidung von logischem Wahrsein gegenüber dem psychologisch zufälligen Fürwahrhalten nicht aufzugeben brauchen und konnten immer noch den Anspruch erheben, von logischen Wahrheitswerten in der Alltagssprache zu reden, weil sie an der Semantik der verschiedensten sprachlichen Elemente sozusagen materiell festzumachen waren. Mit der Ablösung von Wahrheit und Falschheit durch Glücken und Mißglücken scheinen alle dafür zum Beweis erbrachten Fakten auf die untere Ebene des bloßen Fürwahrhaltens zu geraten.

Aber das stimmt nicht. Man stelle sich vor, eine Konversation nicht als Angesprochener, sondern Unbeteiligter zu verfolgen. In der Eisenbahn sagt der Sprecher A neben mir: *Emil weiß nicht, daß Rainer Barzel Bundeskanzler ist,* dann muß ich automatisch schließen, daß der Satz *Rainer Barzel ist Bundeskanzler* wahr ist gemäß der Semantik von *wissen.* Der Sprecher B erwidert: *Unsinn!,* worauf ich wieder automatisch folgere, daß er damit A's Annahmen von Emils Wissen korrigiert, also meint, daß Emil den präsupponierten Satz durchaus weiß. Vielleicht sagt B auch: *Unsinn, Barzel ist nicht Kanzler.* Jetzt befindet er sich in Übereinstimmung mit mir als eventuell sprachlich Mithandelndem. Auch ich würde diese Antwort geben, allein wegen der offenkundig falschen Präsupposition. Jedoch, keiner von uns hat damit etwa die Logik von *wissen, wähnen, treffen,* von *schon* und *noch, auch* und *wieder, groß* und *klein* außer Kraft gesetzt. Das wäre wohl auch eine üble Fähigkeit. Denn beim nächsten Halt steigt C in den

Zug. Der Sprecher A, der aus dem Mißglücken seines Sprechakts die Konsequenz gezogen hat, sagt zu C: *Du, der Emil wähnt nicht einmal, daß Rainer Barzel Bundeskanzler ist.* Jetzt befinden wir uns alle in Übereinstimmung, zuletzt aufgrund der unangetasteten Logik von *wähnen.*

Auf dieser Logik, die nicht dem psychologischen Zufall, also dem Fürwahrhalten, unterliegt, beruht der Zusammenhang der Konversation – in der Alltagssprache ebenso wie im wissenschaftlichen Gespräch, und in beiden geht es meistens nicht um so leicht entscheidbare Tatbestände wie im letzten Beispiel. Zweifellos besteht die Konversation aus Sprechakten, Annahmen, Vorschlägen auf der einen Seite und Nachfragen, Erwiderungen, Bestreitungen auf der anderen Seite. Aber nicht beliebig. Mißglückte Akte werden zurückgenommen oder korrigiert, aber nicht wiederholt. Daher wäre es nur wenig wert, dieses Hin und Her pauschal mit Wittgenstein als ›Sprachspiel‹ abzutun. Die logischen Konsequenzen des Referierens und Prädizierens aufgrund der Unterstellung gemeinsamer Kenntnisse und Erfahrungen gewährleisten erst den Fortgang und die Kohärenz der sprachlichen Interaktion. Ohne diese Basis, dieses Netz der Alltagslogik aus Referieren und Prädizieren, wäre das Vollziehen bestimmter Sprechakte und die Mitteilung neuer Informationen überhaupt nicht möglich. Die Mittel dafür sind in dem objektiven Werkzeug der Sprache selber gegeben. Zwischen der Tatsache, daß Äußerungen komplexe Handlungen mit der Gefahr des Mißglückens sind, und der Tatsache, daß Äußerungen komplexe logische Konsequenzen transportieren, herrscht Koexistenz.

Anmerkungen

1 Vgl. Ernst Kapp, Der Ursprung der Logik bei den Griechen, Göttingen 1965, S. 16.
2 Manfred Bierwisch, Strukturalismus. Geschichte, Probleme und Methoden, in: Kursbuch 5, Frankfurt/M. 1966, S. 145/46.
3 Gottlob Frege, Der Gedanke. Eine logische Untersuchung, in: Logische Untersuchungen, hrsg. von G. Patzig, Göttingen 1966, S. 30/31.
4 Alfred Tarski, The Semantic Conception of Truth, in: Semantics and the Philosophy of Language, hrsg. von L. Linsky, Urbana 1952, S. 16/17.
5 Adolf Reinach, Zur Phänomenologie des Rechts, München 1953, S. 22 und S. 55.
6 Gottlob Frege, Sinn und Bedeutung, in: Funktion, Begriff, Bedeutung, hrsg. von G. Patzig, Göttingen 1962, S. 52 ff.
7 Vgl. Lauri Karttunen, The Logic of English Predicate Complement Constructions, Indiana University Linguistics Club, Bloomington 1971.

Wolf Lepenies

Zur Aktualität der Anthropologie*

Wie aktuell die »Anthropologie«, die Wissenschaft vom Menschen ist, zeigt bereits ein flüchtiger Blick auf die Flut der wissenschaftlichen Buchpublikationen: Anthropologisch orientierte Veröffentlichungen haben daran einen immer größeren Anteil und werden von einer breiten Öffentlichkeit diskutiert. Konrad Lorenz ist schon vor dem Erhalt des Nobelpreises für Medizin ein Bestsellerautor gewesen, doch auch Veröffentlichungen wie die von Hans-Georg Gadamer mitherausgegebene, schwierige und ausgesprochen hohe Leseanforderungen stellende »Neue Anthropologie« wird von einem Taschenbuchverlag sofort in hoher Auflage gedruckt und allem Anschein nach auch gut verkauft.

Da liegen nun Spekulationen nahe, die gegenwärtige Aufmerksamkeit für die Anthropologie, ihre »Kursgängigkeit«, von

* Dieser Beitrag faßt Überlegungen zusammen, die in dem mit Helmut Nolte gemeinsam verfaßten Band »Kritik der Anthropologie« (München 1971, 2. Aufl. 1973) und in meinem Buch »Soziologische Anthropologie. Materialien« (München 1971) enthalten sind. Vgl. auch Wolf Lepenies: »Geschichte und Anthropologie«, in: Geschichte und Gesellschaft, 1/1975.

der Arnold Gehlen schon 1957 gesprochen hat, mit der Frage nach der Augenblickssituation des Menschen zusammenzubringen. Ist nicht heute der Mensch im besonderen Maße bedroht und daher die Frage, was er sei, was er sich überhaupt zumuten könne und wie wohl seine Zukunft aussehe, besonders dringlich? Spekulationen dieser Art möchte ich mir versagen – wenn es auch schwerfällt, die Aktualität der Wissenschaft vom Menschen nicht mit der Tatsache in Verbindung zu bringen, daß sich der Homo sapiens heute im bisher nicht bekannten Ausmaß mit der Einschränkung seines Lebensraumes und seiner Lebensreserven konfrontiert und dadurch um so stärker auf sich selbst zurückgeworfen sieht.

Was aber ist *die* Anthropologie überhaupt? Schon in verschiedenen Sprachen wird ganz Unterschiedliches darunter verstanden. Ein Englisch Sprechender wird unter »anthropology« etwas verstehen, was wir eher Ethnologie oder Völkerkunde nennen würden, ein Franzose wiederum bezeichnet mit »anthropologie« nicht jene philosophische Anthropologie, die uns bei der Nennung des Begriffs doch zu allererst in den Sinn kommt, und die englische »social anthropology« ist mit keiner der bisher genannten Spielarten der Wissenschaft vom Menschen zu vergleichen und vor allem nicht mit jener Sozialanthropologie identisch, die wir auch in Deutschland kennen. Wenn wir uns darüber klar werden wollen, was wir unter der Wissenschaft vom Menschen zweckmäßigerweise zunächst verstehen sollten, brauchen wir all diese subtilen und sachlich durchaus nicht immer gerechtfertigten Unterscheidungen kaum zu berücksichtigen. Es genügt, wenn wir uns vor Augen halten, daß der Mensch einerseits – vor allem, wenn wir ihn mit den Tieren, selbst mit den höchsten, wie den Menschenaffen, vergleichen – ganz einzigartig in der Entwicklungsgeschichte der Lebewesen dasteht und zum anderen bei aller Einzigartigkeit doch nur in den allerverschiedensten Ausprägungen auf dieser Erde vorkommt. Das wird ja schon schlagend deutlich, wenn man sich vor Augen hält, daß es *den*

Menschen gar nicht gibt; es gibt kein Neutrum, nur männliche und weibliche Menschen.

Wir könnten eine Anthropologie, die vor allem die Einzigartigkeit des Menschen thematisiert, als *biologische* Anthropologie bezeichnen und jene Spielart der Wissenschaft vom Menschen, die sich mit der unübersehbaren Vielfalt der empirischen Erscheinungen, in denen der Mensch vorkommt, beschäftigt, *ethnologische* Anthropologie nennen. Jürgen Habermas hat den Gegenstandsbereich der biologischen Anthropologie folgendermaßen umschrieben:

»1. *Anthropologie* ist zunächst der Name einer bestimmten Einzelwissenschaft, und zwar jener naturwissenschaftlichen Disziplin, die es unter biologischen Gesichtspunkten mit dem Menschen zu tun hat. In gewisser Weise darf sie als Teil der Zoologie gelten: ihr Gegenstand ist der Mensch als eine Gattung, die sie morphologisch und physiologisch mit anderen Tiergattungen vergleicht und mit ihnen auch genetisch in Zusammenhang bringt. Sie beschäftigt sich mit der Naturgeschichte des Menschen, seiner ›Abstammung‹ von den sog. *Anthropoiden,* den Menschenaffen. Ein weites Feld findet diese Wissenschaft sodann im Vergleich der einzelnen Menschenrassen, gemessen an Rassenmerkmalen wie Schädelform und -größe, Körperbau, Haar- und Hautfarbe usw.«[1]

Die gegenwärtige Lage der Anthropologie, und das heißt all der verschiedenen Wissenschaften vom Menschen, ist nun dadurch gekennzeichnet, daß die anthropologischen Einzeldisziplinen, gezwungen durch eine interdisziplinäre Frage- und Aufgabenstellung, sich immer mehr aufeinander zubewegen. Das drückt sich auch auf der institutionellen und organisatorischen Ebene aus, wenn beispielsweise in den USA, wo die biologische und ethnologische Anthropologie traditionellerweise verschiedenen Fakultären angehörten, nunmehr Versuche, eine »general anthropology« zu entwerfen und biologische und ethnologische Anthropologie sachlich wie organisatorisch zu vereinen, immer mehr an Boden gewinnen. Ähnliches läßt sich in Frankreich an der Umstrukturierung der »sciences humaines« und der entsprechenden Fakultäten ablesen. Man kann bezweifeln, ob diese neu geplante, integrierte Anthropologie, diese Einheitswissenschaft vom Menschen, sich ähnlich entwickeln wird wie die klassische philosophische Anthropologie. Ihre spezifische Aufgabenstellung läßt sich jedoch sehr gut durch die Schilderung charakterisieren, die wiederum Jürgen Habermas von der traditionellen philosophischen Anthropologie gegeben hat:

»Die philosophische Anthropologie ist in den zwanziger Jahren unseres Jahrhunderts durch Untersuchungen von Max *Scheler* und Helmuth *Plessner* entstanden. Der Gedankenkreis der philosophischen Anthropologie ist zwar so alt wie die Philosophie selber ...; aber die eigentümliche Stellung dieser Disziplin zwischen Theorie und Empirie, abzulesen an ihrer Aufgabe, wissenschaftliche Resultate philosophisch zu interpretieren, erlaubt eine genaue Datierung: erst mußten sich die Wissenschaften vom Menschen, von der biologischen Anthropologie bis zu Psychologie und Soziologie, entwickelt haben, daß ein Bedürfnis nach theoretischer Deutung ihrer empirischen Ergebnisse auftrat. Die philosophische Anthropologie ist, ähnlich der modernen Naturphilosophie (in Gestalt einer Theorie des Lebens) und der modernen Geschichtsphilosophie (in Gestalt einer Theorie der Gesellschaft), nicht etwa eine wissenschaftliche Ausgliederung aus dem Verband der Philosophie, sondern umgekehrt eine Reaktion der Philosophie auf jene heraufgekommenen Wissenschaften, die ihr Gegenstand und Anspruch streitig machen. Solche ›reaktiven‹ philosophischen Disziplinen treiben nicht mehr das Geschäft der *prima philosophia*: sie begründen die Wissenschaften nicht mehr, sie verarbeiten sie; sie lassen Wissenschaften nicht mehr ›entspringen‹, sie müssen sie sich geben lassen. Philosophische Anthropologie stellt nicht mehr den Anspruch, fundamental zu sein. Sie unterscheidet sie von aller sog. *Fundamentalontologie.*«[2]

Man muß sich vor Augen halten, daß die philosophische Anthropologie damit einen Anspruch vertritt, der gleichsam »quer« zur deutschen philosophischen Tradition steht, wie es deutlich genug auch Arnold Gehlen ausgedrückt hat:

»Daß man aber unter Einklammerung metaphysischer Hypothesen *philosophieren* kann, daß es also eine empirische Philosophie gibt, ist eine in Deutschland ebensowenig verbreitete Überzeugung, wie sie in England oder Amerika selbstverständlich ist.«[3]

Diese Programmatik ist freilich schon 1933 von Joachim Ritter kritisiert worden, der bezweifelte, ob die Entfremdung der Einzelwissenschaften tatsächlich dadurch aufgehoben werden kann, »indem die wissenschaftliche Beschäftigung mit dem Menschen aus dem Reich der Erfahrung in das Reich der Weltanschauung überspringt«[4], und der nachweisen wollte, daß die Philosophie, die sich zur Anthropologie wendet, notwendigerweise Metaphysik wird. Anscheinend ist die philosophische Anthropologie, so empirisch sie auch immer sein wollte, genau in diesem Sinne auch außerhalb Deutschlands interpretiert worden, wo sie bis heute so gut wie unbekannt geblieben ist. Die eigentümlich prekäre Situation der Anthropologie aber läßt sich am deutlichsten zeigen, wenn man ihr eigentümliches Verhältnis zu den Gesellschaftswissenschaften beschreibt. Ein wohlrenommierter soziologischer Autor beispielsweise fordert, in der Gesellschaftstheorie müsse »die Vorstellung aufgegeben werden, die Gesellschaft ›bestehe‹ aus Menschen«[5], und ein anderer schreibt:

»Die Gesellschaft besteht nicht aus Individuen, sondern drückt die Summe der Beziehungen, Verhältnisse aus, worin diese Individuen zueinander stehn.«[6]

Das erste Zitat stammt aus dem Jahre 1971, und der Systemtheoretiker Niklas Luhmann hat es in einer Auseinandersetzung mit Jürgen Habermas geäußert, das zweite ist vor mehr als 100 Jahren formuliert worden – von Karl Marx in seinem 1857–58 geschriebenen Rohentwurf zum »Kapital«. Durch die Spannweite der Positionen, die mit diesen Autorennamen bezeichnet sind, läßt sich verdeutlichen, was unter dem *Anthropologieverdacht* zu verstehen ist, den nicht wenige Sozialwissenschaftler hegen. Nimmt man dazu den Schluß eines der wohl einflußreichsten Bücher, die nach dem Kriege in den Humanwissenschaften erschienen sind, nämlich Michel Foucaults »Die Ordnung der Dinge«, so wird dieser Sachverhalt noch deutlicher:

»Eines ist auf jeden Fall gewiß: der Mensch ist nicht das älteste und auch nicht das konstanteste Problem, das sich dem menschlichen Wissen gestellt hat. Wenn man eine ziemlich kurze Zeitspanne und einen begrenzten geographischen Ausschnitt herausnimmt – die europäische Kultur seit dem sechzehnten Jahrhundert –, kann man sicher sein, daß der Mensch eine junge Erfindung ist. Nicht um ihn und um seine Geheimnisse herum hat das Wissen lange Zeit im dunkeln getappt. Tatsächlich hat unter den Veränderungen, die das Wissen von den Dingen und ihrer Ordnung, das Wissen der Identitäten, der Unterschiede, der Merkmale, der Äquivalenzen, der Wörter berührt haben – kurz, inmitten all der Episoden der tiefen Geschichte des *Gleichen* –, eine einzige, die vor anderthalb Jahrhunderten begonnen hat und sich vielleicht jetzt abschließt, die Gestalt des Menschen erscheinen lassen. Es ist nicht die Befreiung von einer alten Unruhe, der Übergang einer Jahrtausende alten Sorge zu einem lichtvollen Bewußtsein, das Erreichen der Objektivität durch das, was lange Zeit in Glaubensvorstellungen und in Philosophien gefangen war: es war die Wirkung einer Veränderung in den fundamentalen Dispositionen des Wissens. Der Mensch ist eine Erfindung, deren junges Datum die Archäologie unseres Denkens ganz offen zeigt. Vielleicht auch das baldige Ende.

Wenn diese Dispositionen verschwänden, so wie sie erschienen sind, wenn durch irgendein Ereignis, dessen Möglichkeit wir höchstens vorausahnen können, aber dessen Form oder Verheißung wir im Augenblick noch nicht kennen, diese Dispositionen ins Wanken gerieten, wie an der Grenze des achtzehnten Jahrhunderts die Grundlage des klassischen Denkens es tat, dann kann man sehr wohl wetten, daß der Mensch verschwindet wie am Meeresufer ein Gesicht im Sand.«[7]

Nun läßt sich natürlich *die* Soziologie nicht grundsätzlich durch Anthropologiefeindlichkeit und durch den Anthropologieverdacht einzelner Soziologen charakterisieren. Vielmehr sind, vereinfacht gesprochen, innerhalb der Soziologiegeschichte zwei Fraktionen aufgetreten, von denen die eine, wenn auch aus den unterschiedlichsten Motiven ihrer einzelnen Vertreter, die Eigenständigkeit der Disziplin »Soziologie« betonte, während die andere glaubte, die Erklärung gesellschaftlich relevanter Tatbestände in elementarere Bereiche zurückverfolgen zu müssen: etwa ins menschliche Individuum. So hat in der zweiten Hälfte des neunzehnten Jahrhunderts, zu einer Zeit, da die Soziologie kurz vor ihrer vollen Anerkennung als akademische Disziplin stand, der Soziologe Gabriel Tarde in seinen kriminologischen Arbeiten gerade an der Überzeugung der *psychologischen* Verantwortlichkeit des Täters für seine Taten festgehalten und die Vorstellung zurückgewiesen, es könnten soziale Gründe für die Tat ausschlaggebend gewesen sein. In seiner Soziologie, die vor allem das Phänomen der Nachahmung behandelt, hat Tarde diese Vorstellung dann weiterentwickelt und sozusagen in den Bereich der Normalität übertragen. Etwa zur gleichen Zeit, jedenfalls nicht viel später als Tarde, hat Emile Durkheim dagegen die Vorherrschaft des Sozialen über das Individuelle – unter anderem am Beispiel von Religion und Moral – demonstrieren wollen und das Lebensrecht der Soziologie als eigenständiger akademischer Disziplin geradezu vom Gelingen dieses Nachweises abhängig gemacht.

Heute nun sieht die Gesellschaftswissenschaft ihr Lebensrecht stärker als je zuvor von der Anthropologie gefährdet, und zwar von einer Anthropologie, wie sie sich radikaler kaum denken läßt, der Ethologie oder der vergleichenden Verhaltensforschung nämlich, die tierisches *und* menschliches Verhalten analysiert, keine unübersteigbare Differenz zwischen dem Menschen und dem Tier sieht und damit die Wissenschaft vom Menschen eigentlich in die Wissenschaft von den Lebewesen auflöst. Hannah Arendt hat in ihrem Buch »Macht und Gewalt« diese der Soziologie von der Anthropologie im Gewande der Ethologie drohende Gefahr, die weitgehend auch für die Aktualität der Anthropologie verantwortlich ist, plastisch geschildert:

»In den Auseinandersetzungen und Debatten der letzten Jahre hat sich bewahrheitet, was Joseph Alsop ... voraussagte – die neue Wissenschaft der Ethologie, ›die man kurz als Biologie des Verhaltens definieren kann‹ (Lorenz), hat nicht nur die ältere Verhaltensforschung verdrängt, sondern Zoologen, Biologen und Physiologen nahezu beherrschend auf einem Gebiet auftreten lassen, das noch vor wenigen Jahrzehnten von Psychologen, Soziologen und Politikwissenschaftlern besetzt war. Und der Anstoß zu dieser Eroberung war Konrad Lorenz berühmtes Buch über ›Das sogenannte Böse‹ im Jahre 1963, in dem er das Thema der, wie er sagt, ›Aggression‹ oder, wie wir sagen würden, der ›Gewalt‹ naturgeschichtlich untersucht. In jüngster Zeit hat sich der Ethologie eine weitere Wissenschaft zugesellt, die als ›Polemologie‹, (Wissenschaft vom Kriege), die eigentlichen Antriebe auch der Ethologie klar ausspricht. All diese Versuche der Naturwissenschaftler, das Problem der Gewalt nicht nur zu stellen, sondern angesichts der bedrohlichen Situation, in die wir durch die Entwicklung der Technik geraten sind, auch zu lösen, sind dadurch gekennzeichnet, daß sie – wie allerdings nur Lorenz selbst zugesteht – geschrieben sind, als säße ›ein objektivierender Verhaltensforscher auf einem anderen Planeten, etwa auf dem Mars, und untersuche das soziale Verhalten des Menschen‹. Man kann sich gut vorstellen, daß er zu dem Schluß käme, ›die menschliche Sozietät [sei] sehr ähnlich aufgebaut wie die der Ratten‹, und das, was man unter Menschen ›Begeisterung‹ nennt, gleiche ›in mehreren Hinsichten ... dem Triumphgeschrei der Graugänse‹. Angesichts der vereinten Anstrengungen so vieler hervorragender Forscher und angesichts der zahllosen Forschungsprojekte, die von Stiftungsgeldern finanziert überall angelaufen sind, muß es anmaßend erscheinen, das Problem der Gewalt aus einer, wie man sagt, ›humanistischen‹ Perspektive, ohne alle ›Forschung‹, auch nur aufwerfen zu wollen.«[8]

Die Aktualität der Anthropologie hat also auch ihre wissenschaftspolitischen Ursachen: Sie liegen in der Konkurrenzsituation der einzelnen Verhaltenswissenschaften begründet. Die Soziologie kann beispielsweise die Ethologie nicht ohne Gefährdung ihres Selbstbildes als Basis-Disziplin akzeptieren, und eine Anthropologie, die sich nach wie vor als Wissenschaft vom Menschen, d. h. vom Nicht-Tier, begreift, gerät in ein noch gefährlicheres Dilemma: Der Soziologie gegenüber muß sie auf ihrer Identität und Eigenständigkeit beharren, doch muß sie sich in diesem Streben nach Profilierung gleichzeitig davor bewahren, von der allgemeinen und vergleichenden Verhaltensforschung als Teilgebiet unter vielen einfach aufgesogen zu werden. Das Identitätsproblem der einzelnen Disziplinen bildet dabei gleichzeitig ein Problem der Ressourcen, die ihnen zur Forschung zur Verfügung stehen. Es ist beispielsweise nicht schwer, vorherzusagen, wie sich die Mittelverteilung etwa der Deutschen Forschungsgemeinschaft oder noch direkter staatlich beeinflußter Forschungsinstitutionen entwickeln wird, wenn Grund zur Annahme besteht, daß es beispielsweise sinnvoller ist, die Ethologen als die Friedensforscher zu fördern, weil letztlich die Frage von Krieg und Frieden sich doch auf Probleme unserer Instinktausstattung und unseres stammesgeschichtlichen Erbes zurückführen lassen soll. Ich vermute – und das liegt auf der Ebene der Argumentationen von Hannah Arendt –, daß sich der Fluß der Forschungsgelder in diesem Bereich ohnehin längst verlagert hat. Andererseits ist für die gegenwärtige Situation der Anthropologie nicht nur die Konkurrenz zu den anderen Verhaltenswissenschaften bestimmend, sondern auch eine Tendenz zur Kooperation, die die Humanwissenschaften weit übergreift. Die künftige Gestalt der Wissenschaft vom Menschen wird nicht zuletzt davon abhängen, ob Konkurrenz oder Kooperation sich durchsetzen werden. Der Trend zu interdisziplinären Fragen verstärkt sich dabei immer mehr.

Dieser Trend läßt sich vielleicht am deutlichsten für die *Sozialisationstheorie* belegen – auch und gerade dann, wenn man von der gesellschaftlichen Geprägtheit der Erziehungsprozesse im weitesten Sinne ausgeht. Bereits heute läßt sich aus vielfältig gemachten Erfahrungen schließen, wie nachteilig die Folgen sozialisationstheoretischer Überlegungen gewesen sind, die von der Idee einer völligen Offenheit und Plastizität des Menschen und damit auch von seiner schrankenlosen Formbarkeit durch die Gesellschaft ausgingen. Es wird immer deutlicher, daß Versuche, die Unterschiede schichtspezifischer Erziehungsprozesse mit ihren weitreichenden Folgen für das Individuum und die Gesellschaft durch gezielte gesellschaftspolitische Maßnahmen einzuebnen, von einer anthropologisch unterbauten Sozialisationstheorie nicht verhindert, sondern durch sie eher realitätsgerechter und damit letztlich wirkungsvoller gestaltet werden. Dieter Claessens hat diesen skeptischen Optimismus, den man ohnehin als Kennzeichen moderner anthropologischer Überlegungen bezeichnen könnte, folgendermaßen beschrieben:

»Soll also heute eine ›Theorie der Sozialisation‹, d.h. eine *alle* am Prozeß des Aufwachsens des Menschen beteiligten Faktoren umfassende Erziehungstheorie anthropologisch unterbaut werden, so ist zweckmäßigerweise vorsichtig zu verfahren, – auch wenn der politische, sich ›emanzipatorisch‹ oder ›progressiv‹ verstehende Impetus, der Drang zu unmittelbar durchzusetzendem Gerechtigkeitsstreben, groß ist.«[9]

Aus der Notwendigkeit einer anthropologischen Absicherung sozialisationstheoretischer Überlegungen folgt unmittelbar die wachsende Bedeutung der Anthropologie für Probleme der

Familiensoziologie. Gerade heute wird die Frage, ob die Kernfamilie klassischen Typs wirklich die unserer Gesellschaft angemessenste Form des Zusammenlebens der Geschlechter und der Kindererziehung darstellt, immer wichtiger, zumal sich vielfältige Alternativen zur herkömmlichen Kleinfamilie herausgebildet haben, von denen die Kommunen nur *ein* Beispiel bilden. Damit wird aber auch eine Beantwortung der Frage, ob es vielleicht anthropologische Voraussetzungen gibt, die es nahelegen, bestimmten Gesellungsformen, etwa der traditionellen Kleinfamilie, den Vorzug vor anderen Formen, etwa den Kommunen, zu geben, immer dringlicher. Es erscheint daher auch naheliegend, in einer Arbeit von Murray Bowen, die sich mit der Familie als einem Bezugsrahmen der neueren Schizophrenieforschung beschäftigt, folgende Forderung zu finden:

»Was not tut, ist nicht weniger als eine Gesamtauffassung vom Menschen, ein Bezugsrahmen, der es uns ermöglicht, die notwendigen Zusammenhänge zwischen Zelle und Psyche und vielleicht auch zwischen der Psyche und jener Entität zu verstehen, die wir als Seele kennen.«[10]

Beiläufig ist damit ein weiterer Themenkomplex angesprochen, für den anthropologische Überlegungen immer wichtiger werden. In modernen Industriegesellschaften nehmen Bestrebungen an Stärke zu, die sowohl auf eine Ent-Pathologisierung der sogenannten Geisteskranken wie auf eine Ent-Kriminalisierung der Gefängnisinsassen hinarbeiten. Darauf hat Jürgen Habermas in seiner Dankesrede zur Verleihung des Hegel-Preises der Stadt Stuttgart hingewiesen. Solche Überlegungen aber werden, je mehr sie in die notwendigen praktischen Versuche und Erprobungen überführt werden, anthropologischer Leitlinien bedürfen, die so etwas wie die Rahmenbedingungen festlegen, unter denen Experimente der genannten Art sinnvoll durchgeführt werden können.

Weitere Bereiche, in denen anthropologische Analysen immer wichtiger werden, wären etwa die *Sprachtheorie,* die *Rechts-*

soziologie, Theorien der Zivilisation sowie alle *Institutionen- und Organisationstheorien.* Der Rückgriff auf anthropologische Theorien erscheint aber vielleicht am überraschendsten in der sich anbahnenden Zusammenarbeit der Anthropologie mit der *Historie.* Überraschend ist diese Annäherung deshalb, weil traditionellerweise Anthropologie und Geschichte einander gegenübergestellt und anthropologische Aussagen in der Regel mit Hinweisen auf die Historizität der Menschennatur gekontert werden. Um so überraschender ist es, daß heute eine tiefe Affinität der Historie zu anthropologischen Fragen deutlich wird – eine Affinität, die übrigens auch die Vergangenheit der Geschichtswissenschaft nicht unberührt läßt, erscheint es doch auf einmal fraglich, ob Geschichte und Anthropologie immer so prinzipiell voneinander getrennt waren, wie es uns sowohl eine geschichtsfeindliche Anthropologie wie eine der Anthropologie skeptisch gegenüberstehende Historie lange suggeriert haben.

Vorarbeiten zu einer »historischen Psychologie« besitzen wir in den Arbeiten von Norbert Elias und Jan Henrik van den Berg; auch die monumentale und in ihrer Methodologie neuartige, ins Deutsche gerade übersetzte und hierzulande kaum bekannte Arbeit des Franzosen Philippe Ariès über den historischen Wandel der Kindheitsauffassungen gehört in diesen Zusammenhang. In Deutschland haben vor allem die Historiker Thomas Nipperdey und Reinhart Koselleck auf die Notwendigkeit einer »historischen Anthropologie« hingewiesen. Thomas Nipperdey hat dafür plädiert, die Anthropologie, »sei sie philosophischer, sei sie ethnologisch-soziologischer Provenienz«, in die Historiographie aufzunehmen, nicht um »die historischen Fragen in die Anthropologie, sondern die anthropologischen Fragen in die Geschichtswissenschaft zu integrieren«.[11]

Ähnlich wie Thomas Nipperdey hat auch Reinhart Koselleck als Antwort auf die Frage »Wozu noch Historie?« die Geschichtswissenschaft als Sozialwissenschaft konzipiert und einer so begriffenen Geschichtswissenschaft vor allem die Aufgabe zugewiesen, eine »historische Anthropologie« zu entwickeln.[12] Deren Ziel sollte es unter anderem sein, »Strukturen einer geschichtlichen Epoche in ihrer anthropologischen Verfaßtheit« aufzuzeigen. Hier käme es weniger darauf an, nach dem Auftreten neuer anthropologischer Kategorien in bestimmten Zeitaltern und nach den Gründen und Bedingungen dafür zu fragen, als historisch feststellbare Veränderungen und Zeiteinschnitte im Makromaßstab, etwa Epochenschwellen wie den Übergang in die industrielle Revolution und zur Moderne, auf die mögliche Veränderung elementarer Verhaltensweisen zu untersuchen.

Eine *historische Anthropologie* fragt also nach der geschichtlichen Variabilität von auf den ersten Blick als »konstant« erscheinenden Verhaltensweisen; im großen Maßstab feststellbare Verhaltensänderungen gelten ihr als Indiz eines Epochenwandels. Dieses Indiz muß sich auf *elementare* Verhaltensweisen beziehen, wenn eine Verknüpfung zur *Anthropologie* gewahrt bleiben soll, es muß für einen *überschaubaren* Zeitraum fixierbar sein, soll die *Historie* daraus Anhaltspunkte zur Bestimmung von Periodizitäten gewinnen. Die spezifischen Probleme einer historischen Anthropologie werden durch die Aufgabenstellung, den Wandel elementarer Verhaltensweisen in einem überschaubaren Zeitraum nachzuweisen, exakt bezeichnet, nicht zuletzt weil die Einschätzung dessen, was als »elementar« zu gelten hat, selbst historisch variiert:

»Hunger ist Hunger, aber Hunger, der sich durch gekochtes, mit Gabeln und Messer gegeßnes Fleisch befriedigt, ist ein andrer Hunger als der rohes Fleisch mit Hilfe von Hand, Nagel und Zahn verschlingt.« – So Marx in den Grundrissen zum »Kapital«.[13] Marx konnte aber nicht nur als Kronzeuge und Vorläufer einer »historischen Anthropologie« angesehen werden. Die gegenwärtige Etappe der Anthropologie-Diskussion, die zur verstärkten Aktualität der Anthropologie geführt hat, ist nämlich weitgehend von der Auseinandersetzung um das Marxsche Erbe und die »richtige« Marx-Interpretation bestimmt worden. Umgekehrt könnte man auch ohne Schwierigkeiten zeigen, wie sehr die Marx-Debatte von Auseinandersetzungen um die Marxsche Anthropologie geprägt worden ist – spätestens seit den dreißiger Jahren dieses Jahrhunderts, als die »Ökonomisch-Philosophischen Manuskripte« des jungen Marx entdeckt wurden. Daß durch die Etablierung des Faschismus in Deutschland weder die allgemeine Marx-Diskussion noch die besondere Beschäftigung mit den gerade erst aufgefundenen Manuskripten weitergeführt werden konnte, hatte zur Folge, daß der nach 1945 deutlich werdende Nachholbedarf an Marx-Beschäftigung vorwiegend zu einer Ausdeutung der anthropologie-orientierten Schriften führte. Jürgen Habermas schrieb dazu 1963 in seiner Darstellung der »philosophischen Diskussion um Marx und den Marxismus«:

»Nach dem Zusammenbruch von 1945 dagegen, und mit zunehmender ökonomischer wie politischer Konsolidierung Westdeutschlands, wurde der Marxismus akademisch. Kommunisten gab es so gut wie keine mehr im Lande; die Sozialisten blieben bis auf den heutigen Tag stumm. Karl Löwith hatte schon Anfang der vierziger Jahre, im Ausland, seine ausgezeichneten Interpretationen zur Geistesgeschichte des 19. Jahrhunderts vorgelegt; in deren Folge gewöhnt man sich daran, Marx mit Kierkegaard und Nietzsche in einem Atem zu nennen. Marx erscheint seitdem unter der Rubrik ›große Philosophen‹; er wird zum bevorzugten Dissertationsthema. Digests machen ihn neben Plato und Spinoza zum Klassiker der Taschenbuchreihen. Klassiker wird er überhaupt, ebenso ehrenwert wie unschädlich. Und der Marxismus gedeiht auf hohen Schulen als Eigentum der Philosophie – geistesgeschichtliches Problem unter anderen.«[14]

Polemisch merkte dazu 1956 R. O. Gropp im »Neuen Deutschland« an:

»An die Stelle konkreter Untersuchung der Aufgaben, die die

Geschichte stellt, wird eine vage Spintisiererei über den ›Menschen‹, seine ›Entfremdung‹ und dergleichen gesetzt ... Der Kern der Sache liegt überhaupt darin, einen abstrakt-›menschlichen‹ Sozialismus gegen den auf der Lehre vom Klassenkampf beruhenden wissenschaftlichen Sozialismus, der zutiefst menschlich ist, zu stellen; hier berühren sich die ›anthropologischen‹ Spekulationen mit sozialdemokratischen Theorien ähnlichen Inhalts.«[15]

Damit sind zwei extreme Spielarten der Marx-Deutung bezeichnet, die für lange Zeit, eigentlich bis in die sechziger Jahre hinein, die Marx-Debatte bestimmt haben. War für die einen Marx überhaupt nur als Anthropologe akzeptabel, so wurde von der Gegenseite jede Marx-Beschäftigung verbannt, die anthropologische Problemstellungen auch nur anzudeuten wagte.

Heute ist diese scharfe Auseinandersetzung abgestumpft; zwar gibt es nach wie vor unvereinbare Differenzen in der Auffassung der Marxschen Anthropologie, doch wird von keiner Seite mehr bestritten, daß Marxismus und Anthropologie etwas miteinander zu tun haben können. Dafür sind Gründe maßgebend, die von real-politischen Veränderungen bis zu Fortschritten der Marx-Philologie reichen. Zum einen haben die sozialistischen Länder erkennen müssen, daß der Faktor Mensch auch in ihrem politischen Kalkül noch größtenteils eine Unbekannte darstellt: Der neue Mensch, auf den man hoffte und der sich mit dem Übergang zum Sozialismus entwickeln sollte, ist nicht erschienen. Anthropologisches Fragen wird daher nicht nur wieder möglich, sondern geradezu notwendig. Umgekehrt hat die Tendenz zur weltweiten Entspannung zwischen den großen politisch-ideologischen Blöcken dazu geführt, daß anthropologisch orientierte Marx-Exegesen in den kapitalistischen Ländern kaum mehr in politischer Absicht unternommen werden und schwerlich zu Argumenten in den Grabenkämpfen des Kalten Krieges verwendet werden können. Hinzu kommt eine wichtige Entdeckung: Marx hat sich keinesfalls nur zu Beginn seines Schaffens mit der Anthropologie auseinandergesetzt; er hat sich vielmehr zu Ende seines Lebens, genauer in den Jahren von 1880 bis 1882, systematisch mit ethnologischer Anthropologie beschäftigt und die Schriften von Lewis Henry Morgan, John Budd Phear, Henry Sumner Maine und John Lubbock ausführlich exzerpiert und kritisch verarbeitet. Erst 1972 hat Lawrence Krader, der jetzt in Berlin wirkende Ethnologe, diese Marxschen Exzerpthefte in dem Zustand edieren können, in dem Marx sie bei seinem Tode im Jahre 1883 hinterlassen hat. In seinem 1973 im Hanser Verlag, München, erschienenen Buch »Ethnologie und Anthropologie bei Marx« beschreibt Krader den von ihm so bezeichneten Übergang von der philosophischen zur empirischen Anthropologie von Marx:

»Im Laufe des 19. Jahrhunderts wandelte sich die Wissenschaft vom Menschen von einer philosophischen in eine in ihren Grundzügen empirische Disziplin. Zu Beginn des Jahrhunderts wurde die Anthropologie als eine philosophische Wissenschaft auf überwiegend spekulativer Grundlage verstanden, wie die Schriften von Fichte, Schelling und Hegel bezeugen. In den dreißiger und vierziger Jahren des 19. Jahrhunderts wurde die spekulative Seite von den Schulen der Hegelschen Rechten und Linken weiter entfaltet; Karl Marx hatte an dieser Bewegung als ihr Kritiker Anteil. In den Jahren 1843–1846 entwickelte Marx die verschiedenen Positionen der Entfremdung des Menschen von sich selbst, von der Natur, von seiner Gattung, und stellte sie einander gegenüber: die Selbstzeugung der Menschengattung und die Erzeugung der gegenständlichen Welt, die Vergegenständlichung des Menschen und der Welt durch die Prozesse von Entfremdung und Selbsterzeugung und durch die Wechselwirkung dieser Prozesse in sich und aufeinander.

Zu Beginn dieser Periode wurde der Mensch als Gattungswesen aufgefaßt, das heißt: in seiner Abstraktion; diese gängige Vorstellung löste sich jedoch in dem Maße auf, wie sich das

Studium der europäischen Völker durch A. Haxthausen, G. L. Maurer, Fr. LePlay und das der außereuropäischen Völker durch Ad. Bastian, E. B. Tylor, L. H. Morgan u. a. entwikkelte. Die Erforschung der primitiven Völker wurde in dieser Periode in erster Linie aus dem Blickwinkel der europäischen Zivilisation, das heißt ethnozentristisch, betrieben, gleichzeitig trat an die Stelle des Gelegenheitsreisenden der Berufsethnograph, und mit ihm bekamen die objektiven oder vorgeblich objektiven Interessen der Ethnographie als einer akademischen Disziplin den Vorrang vor den unmittelbaren politischen, ökonomischen und missionarischen Interessen. Die professionelle Beschäftigung mit nichteuropäischen Völkern wurde damals durch die Gründung gelehrter Gesellschaften, Museen, Akademie- und Universitätslehrstühle, durch Regierungsstellen und -kommissionen, private Stiftungen, Kabinette, öffentliche Ämter, Zeitschriften und dergleichen mehr gefördert. Auf die primitiven Völker bezog man sich nicht mehr nur abstrakt oder in unbestimmter Allgemeinheit, sondern bezeichnete sie jetzt als konkrete, lebende Völker mit ihrem Namen und unter Erwähnung ihrer besonderen Charaktere. Von diesen Veränderungen nahm Marx Notiz und hatte an ihnen Anteil: seine eigenen Schriften machen die gleiche Transformation von philosophischer in empirische Anthropologie durch.«[16]

Mit der Entdeckung der Marxschen »Notebooks« sind Spekulationen über den unüberbrückbaren Gegensatz zwischen dem frühen Marx, dem Anthropologen, und dem späten Marx, dem Politökonomen, hinfällig geworden. Dennoch spielt das Anthropologie-Argument in der politischen wie wissenschaftlichen Debatte um den Marxismus nach wie vor eine große Rolle und ist in seiner neuen Gestalt ein weiterer Grund für die augenblickliche Konjunktur der Wissenschaften vom Menschen. Der »Neuen Linken« ist häufig die Vernachlässigung der Anthropologie, die Unterschlagung des »subjektiven Faktors« im Geschichtsprozeß vorgeworfen worden.

Typisch dafür ist die Äußerung eines Biologen, die Neue Linke ziele auf die Konstruktion eines Gesellschaftssystems ab, das Utopie bleiben müsse. Sie erkenne nämlich nicht, »daß die vermeintlichen Übel gar nicht einem abstrakten System, sondern der Natur des Menschen entspringen«[17]; oder, wie Gerhard Szczesny es schon vor seinem ausdrücklichen Abschied von der Linken formuliert hat, sie vergesse, »daß es gesellschaftliche Unzuträglichkeiten gibt, die die Projektion innermenschlicher Antagonismen sind und nicht umgekehrt diese die Ursache jener«[18].

Daraus folgt für Szczesny, daß eine Gesellschaftstheorie ohne Anthropologie nicht auskommen kann und ohne angemessene Berücksichtigung des Faktors Mensch zum Scheitern verurteilt ist:

»Sich ganz als den darzustellen, der er ist, kann der Mensch gerade nur dann, wenn die gesellschaftlichen Normen und Einrichtungen die Widersprüchlichkeit und auch Rätselhaftigkeit seiner Natur ausdrücklich in Rechnung stellen.«[19]

Nun ist aber fraglich, ob dieser Vorwurf an die Neue Linke berechtigt ist oder mit ihr den richtigen Adressaten trifft. Wollte man nämlich die Neue Linke im Spektrum der historisch so vielfältigen und oft genug einander diametral entgegengesetzten Spielarten sozialistisch orientierter Bewegungen kurz charakterisieren, so zeichnet sie sich vor allem durch den Versuch aus, Marx mit Freud und Freud mit Marx zu versöhnen. Freilich ist heute nur schwer absehbar, in welche Richtung sich die Neue Linke in ihren vielfältigen Nachfolgeorganisationen hinbewegen wird. Die zunehmende Dogmatisierung eines großen Teils der ehemaligen antiautoritären Bewegung läßt der Beachtung anthropologischer Überlegungen keinen großen Raum mehr, man könnte auch sagen, daß bei zunehmender Wiederbelebung autoritärer Vorstellungen und Denkweisen der Korrektivfaktor Anthropologie auf der Strecke geblieben ist. Freilich mag die neue Anthropologie-Aversion auch die Frucht politischer Enttäuschung sein. Daß der antiautoritären Bewegung der Atem und die Schwungkraft des Anfangs ausgegangen sind, hängt auch damit zusammen, daß die Menschen sich als noch schwerer änderbar gezeigt haben denn Institutionen.

Um die Aktualität der heutigen Anthropologie kritisch einzuschätzen, lohnt es nach wie vor, auf Marx zurückzugreifen. In der Auseinandersetzung mit dem Anarchisten Stirner hat Marx nämlich eine beispielhafte und keineswegs überholte Einschätzung der Anthropologie formuliert:

»Die Kommunisten, indem sie die materielle Basis angreifen, auf der die bisher notwendige Fixität der Begierden oder Gedanken beruht, sind die einzigen, durch deren geschichtliche Aktion das Flüssigmachen der fixwerdenden Begierden und Gedanken wirklich vollzogen wird und aufhört, wie bei allen bisherigen Moralisten, ›bis herab zu‹ Stirner, ein ohnmächtiges Moralgebot zu sein. Die kommunistische Organisation wirkt in doppelter Weise auf die Begierden, welche die heutigen Verhältnisse im Individuum hervorbringen; ein Teil dieser Begierden, diejenigen nämlich, welche unter allen Verhältnissen existieren und nur der Form und Richtung nach von verschiedenen gesellschaftlichen Verhältnissen verändert werden, wird auch unter dieser Gesellschaftsform nur verändert, indem ihnen die Mittel zur normalen Entwicklung gegeben werden; ein anderer Teil dagegen, diejenigen Begierden nämlich, die ihren Ursprung nur einer bestimmten Gesellschaftsform, bestimmten Produktions- und Verkehrsbedingungen verdanken, wird ganz und gar seiner Lebensbedingungen beraubt. Welche Begierden nun unter der kommunistischen Organisation bloß verändert und welche aufgelöst werden, läßt sich nur auf praktische Weise, durch Veränderung der wirklichen, praktischen Begierden, nicht durch Vergleichungen mit früheren geschichtlichen Verhältnissen entscheiden . . . Die Kommunisten denken auch nicht daran, diese Fixität ihrer Begierden und Bedürfnisse aufzuheben, wie Stirner in der Welt seines Wahnes ihnen nebst allen andern Menschen zumutet; sie erstreben nur eine solche Organisation der Produktion und des Verkehrs, die ihnen die normale, d. h. nur durch die Bedürfnisse selbst beschränkte, Befriedigung aller Bedürfnisse möglich macht.«[20]

In diesem Passus der »Deutschen Ideologie« sind Probleme angesprochen, die von ihrer Lösung heute so weit entfernt sind wie noch vor 100 Jahren. Der Mensch bleibt der Faktor, den der Mensch in allen seinen Planungen am schwersten einkalkulieren kann. Was, beispielsweise, können wir uns an Altruismus überhaupt zumuten? Inwieweit lassen sich zumindest aus der Sicht der Evolution doch recht erfolgreiche Erziehungsstrategien verändern – ohne mehr zu zerstören als überholte und immer funktionsunfähiger werdende Institutionen? Ist eine humane Gesellschaft denk- und vor allem machbar, die die weitestgehende Gleichheit all ihrer Mitglieder zum Organisationsprinzip erhebt? Ist die Gleichheit aller faktisch realisierbar oder nur als Rechtsanspruch auf Gleichbehandlung denkbar? Die Wissenschaft vom Menschen kann diese Fragen auch heute schlüssig nicht beantworten. Doch kann sich aus eben diesem Grunde auch niemand auf sie berufen, der eine Änderung der Zustände um jeden Preis verhindern möchte: Die Anthropologie bremst keine Revolutionen. Andererseits bietet die Anthropologie auch keine Garantien für diejenigen, die verändern und gleichzeitig vor den unerwünschten Folgen der Veränderungen sich absichern möchten. Die Aktualität der Anthropologie liegt nach wie vor in ihrer Bescheidenheit; sie vermag zu dem erziehen, was in der Wissenschaft wie in der Politik vielleicht am meisten nottut: zur *Skepsis*.

Anmerkungen

1 Jürgen Habermas, Art. »Anthropologie«, in: Fischer Lexikon: Philosophie, hrsg. von A. Diemer, Frankfurt/M. 1958, S. 18. In den weiteren Auflagen ist der Artikel von J. Habermas leider nicht mehr enthalten.
2 J. Habermas, a. a. O., S. 20.
3 Arnold Gehlen, Anthropologische Forschung, Reinbek 1961, S. 25.
4 Joachim Ritter, Über den Sinn und die Grenze der Lehre vom Menschen, Potsdam 1933, S. 12.
5 Niklas Luhmann, Systemtheoretische Argumentationen. Eine Entgegnung auf Jürgen Habermas, in: Habermas/Luhmann, Theorie der Gesellschaft oder Sozialtechnologie — Was leistet die Systemforschung?, Frankfurt/M. 1971, S. 385.
6 Karl Marx, Grundrisse der Kritik der politischen Ökonomie (Rohentwurf 1857/58), Berlin/DDR 1953, S. 176.
7 Michel Foucault, Die Ordnung der Dinge. Eine Archäologie der Humanwissenschaften, Frankfurt/M. 1971, S. 462.
8 Hannah Arendt, Macht und Gewalt, München 1970, S. 59/60.
9 Dieter Claessens, Anthropologische Voraussetzungen einer Theorie der Sozialisation, in: Zeitschrift für Soziologie Jg. 2, Heft 2 (1973), S. 147.
10 Murray Bowen, Die Familie als Bezugsrahmen für die Schizophrenieforschung, in: Schizophrenie und Familie, Frankfurt/M. 1969, S. 183.
11 Thomas Nipperdey, Bemerkungen zum Problem einer historischen Anthropologie, in: Die Philosophie und die Wissenschaften, Meisenheim 1967.
12 Reinhart Koselleck, Wozu noch Historie?, in: Historische Zeitschrift 212 (1971).
13 Karl Marx, a. a. O., S. 13.
14 Jürgen Habermas, Zur philosophischen Diskussion um Marx und den Marxismus, in: Habermas, Theorie und Praxis, Neuwied u. Berlin, 2. Aufl. 1967, S. 262.
15 Bei Habermas zitiert, a. a. O., S. 263.
16 Lawrence Krader, Ethnologie und Anthropologie bei Marx, München 1973, S. 7.
17 Fritz Frank, APO und Establishment aus biologischer Sicht, Oldenburg u. Hamburg 1969, S. 34.
18 Gerhard Szczesny, Vorbemerkungen, in: Club Voltaire IV, Reinbek b. Hamburg 1970, S. 18.
19 a. a. O., S. 11.
20 Karl Marx und Friedrich Engels, Die Deutsche Ideologie, in: MEW 3, Berlin/DDR 1962, S. 238/239.

Alfred Lorenzer
Psychoanalyse und Gesellschaft

In einem kleinen Aufsatz aus dem Jahre 1917 hat Freud[1] die Psychoanalyse in eine Reihe gestellt mit den Entdeckungen von Kopernikus und Darwin und sie als die dritte große weltgeschichtliche Kränkung der Menschheit bezeichnet. Brachte die Lehre des Kopernikus eine erste, nämlich die »kosmologische Kränkung« durch die Erkenntnis, daß der Mensch nicht mehr im Mittelpunkt des Kosmos wohnt, so hebt Darwin die Sonderstellung des Menschen auf und fügt ihm damit eine »biologische Kränkung« zu. Die dritte Kränkung, die dem menschlichen Selbstbewußtsein von der Psychoanalyse zugefügt wurde, beschrieb Freud selbst so: »Am empfindlichsten trifft wohl die dritte Kränkung, die psychologischer Art ist, durch die Erfahrung, daß das Ich nicht Herr im eigenen Haus ist, sondern von dunklen Triebmächten bestimmt wird.«

Eine selbstbewußte Aufreihung: Kopernikus, Darwin, Freud. Daß Freuds Selbstbewußtsein aber der Bedeutung seiner wissenschaftlichen Arbeit galt und nicht seine persönliche Selbsteinschätzung kennzeichnet, hat er an anderer Stelle gezeigt. Als seine Schülerin Marie Bonaparte ihn einmal mit Pasteur

und Kant verglich, erwiderte er trocken: »Ich kann Ihre Ansicht nicht teilen. Nicht weil ich schüchtern wäre. Ich habe eine hohe Meinung von dem, was ich entdeckt habe, aber nicht von mir selbst. Große Entdecker sind nicht unbedingt große Geister. Wer hat die Welt mehr verändert als Kolumbus? Was war er? Ein Abenteurer.«[2]
Glaubt man den Gegnern der Psychoanalyse, so war dieser Entdecker nun freilich nicht einmal ein Abenteurer in der Art des Kolumbus – von Kopernikus und Darwin ganz zu schweigen –, sondern weit eher einer in der Weise des Pizarro, nämlich ein Zerstörer. Ein deutscher Professor hatte zu Beginn dieses Jahrhunderts vor diesem Zerstörer mit den Worten gewarnt: »Die deutschen Ideale stehen auf dem Spiel und drastische Maßnahmen müssen zu ihrem Schutz ergriffen werden.«[3] Diese Warnung blieb nicht vereinzelt. Noch in der Mitte des Jahrhunderts liest man bei dem Philosophen Jaspers: »Meinem Blick zeigte sich, als ich vor Jahrzehnten mich eingehend mit Freud beschäftigte, nur das existenzlos nihilistische Prinzip, das mir gleichzeitig wissenschaftszerstörend und philosophiezerstörend erschien. Später habe ich weder ihn noch seine Anhänger außer in gelegentlichen bestätigenden Stichproben gelesen.«[4]
Die Feindschaft ist unverkennbar. Sie ist so heftig und so langanhaltend, daß schon allein die Beständigkeit und die Intensität dieser Feindschaft Zeugnis ablegen für die Bedeutsamkeit der Entdeckung. Und tatsächlich wird inzwischen auch die bewegende Gewichtigkeit der Freudschen Neuansätze von niemandem mehr geleugnet. Bestritten werden allenfalls Art und Wert der Entdeckung; in Frage gezogen wird die »Wissenschaftlichkeit« der psychoanalytischen Einsichten. Daß diese Einsichten an den Schlaf der Welt rührten, das jedenfalls kann und wird nicht mehr geleugnet.
Worin aber besteht diese Entdeckung? Was ist der Kern dieses Unruheherds, vor dem so inständig zu warnen war. Merkwürdig – auch darin waren sich die Gegner schnell einig.

So hören wir von dem Geheimen Medizinalrat Weygandt 1910 auf einem Medizinerkongreß in Hamburg: »Freuds Theorien gehen die Wissenschaft nichts an, sie sind vielmehr eine Angelegenheit der Polizei. Seine Behandlung ist etwas wie eine Massage der Geschlechtsorgane.«[5] Und noch mal ein Jaspers-Zitat: »Sagt man, die Psychoanalyse sei in einem verlogenen Zeitalter als erschütternde Wahrheit aufgetreten, so ist das nur zum Teil und wiederum nur in der Niederung richtig. Eine bürgerliche Welt, die glaubenslos in den Konventionen der faktisch preisgegebenen religiös-moralischen Welt ›mit dem Sexus als ihrem geheimen Gott‹ lebte, wurde entlarvt. Aber diese Entlarvung ist so unwahr wie das Entlarvte: Beide waren an die Sexualität als das vermeintlich Absolute gebunden.«[6]

Diese Einschätzung der verpönten Lehre ist nicht Vergangenheit. Über alle nicht zu verkennenden Distanzen hinweg stimmt dieses Urteil mit der Meinung von Autoren wie Rubinstein[7], Kon[8] und – um eine der jüngsten Veröffentlichungen zu zitieren – auch Boshowitsch[9] überein, bei der wir die Bemerkung finden: »So führt diese Methode zu Fehlern, die für Freud typisch sind. Da er es immer mit den aus der Tiefe des menschlichen Unterbewußtseins hervorgelockten, vom Menschen selbst abgelehnten Bedürfnissen und Bestrebungen zu tun hatte (welche offensichtlich eine bedeutungsvolle Rolle bei geistigen und nervösen Erkrankungen spielen), schlußfolgerte Freud, daß namentlich diese unterdrückten niedrigen Instinkte das gesamte Unterbewußtsein ausfüllen und die einzigen Triebkräfte des menschlichen Verhaltens sind.

Alle anderen Antriebe des Menschen – seine moralischen Gefühle und Bestrebungen, sein Wille, und letztlich sein ganzes durch sein Bewußtsein kontrolliertes Leben –, alles das ist (für die Psychoanalyse, A. L.) nur ein Deckmantel für das in Wirklichkeit unerfreuliche Dasein des Menschen oder ein mit Schutzfarbe übertünchtes infantiles Erleben, dessen wahres Gesicht die Psychoanalyse früher oder später enthüllen wird.«[10]

Es ist anzumerken, daß Boshowitsch zu den verständnisvolleren Autoren gehört, deren Kritik nicht durchweg auf dem pauschalen Abwehrniveau, wie es sich im vorgetragenen Zitat darbietet, verbleibt. Anzumerken ist aber auch, wie sich bei so grundverschiedenen Ansätzen doch durchgehend eine einheitliche Abwehrfigur findet. Es handelt sich dabei um eine Abwehr, die sich nicht im Aufzeigen von Widersprüchen der psychoanalytischen Theorie bewährt und die auch nur *scheinbar* unter Verweis auf die Unvereinbarkeit psychoanalytischer Befunde mit anderen, verläßlichen Erfahrungen der Frage nach dem erfahrungswissenschaftlichen Wert der Psychoanalyse nachgeht. Der kritische Impuls entzündet sich nämlich nicht an der Wahrheitsfrage, sondern vielmehr an moralischem Abscheu. Noch bei Boshowitsch verrät sich dieser Abscheu in der Entrüstung darüber, daß die Theorie den »niedrigen Instinkten« gegenüber die »moralischen Gefühle« und den »Willen« vernachlässige. Bei anderen Autoren – Anziferowa und Mansurow[11] – finden wir die Bemerkung: »Sozialer Zweck der Freudschen Tiefenpsychologie besteht in dem Versuch, den Glauben an die Kraft der Vernunft zu erschüttern.«[12]

Das sind der Prüfung auf Wissenschaftlichkeit gegenüber gleichgültige moralische Verurteilungen. Sollen wir annehmen, die Abwehr wende sich als Restbestand bürgerlich-viktorianischer Prüderie gegen die Entdeckung der *Sexualität* als der von der Psychoanalyse aufgedeckten Zentralfigur menschlichen Strebens und menschlicher Wünsche?

Diese Deutung wäre zu kurzgriffig. Schon deshalb, weil die sogenannte »Befreiung der Sexualität« bis hin zum sexuellen Konsumzwang der Gegenwart ja keineswegs mit einem besseren Verständnis für die Psychoanalyse einhergeht. Im Gefolge der Sexualbefreiung blühen ganz andere Verfahren auf.

Tatsächlich handelt es sich nicht in erster Linie um das Erschrecken vor der Betonung sexueller Probleme, es geht auch nicht bloß um die Zumutung einer Anerkennung der Bedeutung dieser sexuellen Probleme für psychische und somatische Störungen, sondern um etwas viel Fundamentaleres: um die Entdeckung der *Triebentwicklung als der Zentralachse der Persönlichkeitsbildung.* Was allseits immer noch in Unruhe versetzt, ist die Einsicht, daß sowohl die formale Entfaltung wie auch die inhaltliche Ausgestaltung der Erlebnisse an Stationen der Triebentwicklung nicht nur gekoppelt sind, sondern von den Triebschicksalen bestimmt werden. Persönlichkeitsbildung, genauer: die Ausformungen der Persönlichkeitsstrukturen, der Grundfiguren von Denken und Handeln, die Ausbildung der affektiven und kognitiven Grundmuster hängen von den »Triebschicksalen« ab. Das ist eine Feststellung, die in der Tat deshalb beunruhigend ist, weil man sie, richtig verstanden, keineswegs metaphorisch nehmen darf. Man muß die Aussage vielmehr so radikal akzeptieren, wie sie gemeint ist, und das will sagen: Die psychischen Funktionen sind nicht nur an körperliche Bedingungen gebunden, das menschliche Erleben ist vielmehr bis in die sublimsten geistigen Regungen hinein von Körperbedürfnissen bestimmt, ist der Niederschlag von körperlichen Vorgängen.

Um dies so genau wie nötig verstehen zu können, müssen wir die Unterscheidung zwischen zwei Gruppen von Körperprozessen einführen. Es gibt einerseits »systeminterne« Prozesse, worunter solche Körpervorgänge zu verstehen sind, die der individuellen Selbständigkeit des menschlichen Organismus, dem inneren Gleichgewicht dienen, und es gibt Prozesse, die dem Umstand Rechnung tragen, daß das Individuum ein offenes System ist, lebensfähig nur im Zusammenwirken mit anderen »Systemen«, und das heißt vor allem: mit anderen Menschen. Gleichgültig wie die menschliche Eigentümlichkeit, ein soziales, von der Anerkennung durch andere, von der Zusammenarbeit mit anderen, von der Liebe, der Freundschaft oder doch wenigstens der Beachtung durch andere abhängiges

Wesen zu sein, mit der totalen Abhängigkeit menschlichen Kindes – im Gegensatz zu den Tieren – zusammenhängt; Tatsache ist, daß das unbedingte Angewiesensein auf Beziehungen zur Mitwelt sich vom Beginn des Lebens an dauerhaft durchhält. Es wird aufgehoben nur unter Bedingungen und in Verhältnissen, die wir nicht von ungefähr als »irr« als »verrückt« bezeichnen. Lust und Unlust, Glück und Unglück sind untrennbar verwoben mit dem befriedigenden Gelingen bzw. dem Mißlingen menschlicher Beziehungen.

Der psychoanalytische Grundgedanke, daß das menschliche Erleben von den Triebschicksalen bestimmt ist, stellt diese Einsicht zentral und nimmt sie zugleich in ihrer biologisch-materiellen Ursprünglichkeit: Die Bildung der menschlichen Erlebnisstrukturen, der Formen wie Inhalte des Bewußtseins und der Affekte sind verwurzelt in denjenigen Körperprozessen, die *in der Beziehung zwischen Menschen sich entfalten und diese Beziehung ausmachen.* Genauer: Die Triebhaftigkeit des Menschen, das ist die Körperlichkeit des Systems Individuum in seiner Angewiesenheit auf andere Systeme, auf Mitwelt und Umwelt.

Festzustellen, daß die Wünsche, Träume, Sehnsüchte und der Geist des Menschen nicht nur getragen werden von materiellen Prozessen, sondern in den Grundelementen gebildet werden von der – man könnte sagen – »sozialen Körperlichkeit«, von den in Beziehungserfahrungen ablaufenden Bewegungsformen des Organismus, das ist in der Tat ein schockierender Materialismus. Unser deutscher Professor, den wir eingangs erwähnten, hatte also wirklich allen Grund, um seine Ideale zu fürchten.

Nun täten wir aber Autoren wie Rubinstein, Kon, Boschowitsch oder Anziferowa und Mansurow unrecht, wollten wir annehmen, sie würden sich an diesem *Materialismus* stoßen. Wir wollen sie nicht in einen Topf werfen mit den Verteidigern des Abendlandes. Ihre Kritik geht da, wo sie mehr ist als moralische Entrüstung, in andere Richtung. Diese Autoren kritisieren z. B., daß in der Sicht der psychoanalytischen Trieblehre das menschliche Erleben und das menschliche Individuum insgesamt als Resultat *immer gleicher* menschlich-allgemeiner Bewegungsgesetze erscheinen, herausgelöst von den konkreten gesellschaftlichen Bewegungen, herausgelöst also auch aus der *Geschichte*.

Nun ist dieser Vorwurf nicht grundlos und nicht unberechtigt, solange wir auf dem Stande des Freudschen Selbstverständnisses verharren. Zwar enthält der Materialismus der Trieblehre, wie wir sahen, die Einsicht der »sozialen« Bedingtheit, deren Rahmen aber ist bei Freud im wesentlichen die *Familie*. Zwar geht der Blick in der Frage nach der Spannung zwischen individuellen Wünschen und kulturellen Normen auch über die Familie hinaus, aber *Institutionen wie Familie und Kultur werden weitgehend ungeschichtlich gesehen.*

Dieses ahistorische Moment der Trieblehre ist nun freilich ein Selbstmißverständnis der Psychoanalyse. Der Gegensatz zwischen der Annahme einer Triebdetermination einerseits und der Einsicht in die gesellschaftliche Bestimmtheit der Persönlichkeitsstrukturen ist ein Scheingegensatz, der sich auflöst, wenn man die Grundeinsichten beider Seiten nicht nur festhält, sondern radikal zur Geltung bringt. Die alte Freudsche Trieblehre verliert als Zumutung an unser Selbstverständnis dabei jedoch nichts von ihrer Schärfe.

Im Rahmen dieses Vortrags kann ich in der gebotenen Kürze nur eine einzige Linie durch die Problematik legen – indem ich die drei großen Wendepunkte der kindlichen Entwicklung als Stationen der Sozialisation herausstelle.

Versuchen wir zunächst, jenen Zeitpunkt zu fassen, an dem im Mutterleib zum ersten Mal das werdende Kind als abgrenzbares System reagiert. Es geht um jenen verschwiegenen Augenblick, da die Leibesfrucht sich so weit differenziert hat, daß sie als Organismus innerhalb eines anderen Organismus den Austausch von Reiz und Reaktionen, von kindlichem

Reiz und der Reaktion des mütterlichen Gesamtorganismus beginnen kann. Dies mag im vierten oder fünften Monat der Fall sein. Natürlich steht das System des kindlich-organismischen Verhaltens an diesem Beginn auf der niedrigsten Stufe reflexhafter Gesamtorganisation.

Der Reiz-Reaktionsniederschlag kann demgemäß nur eine *physiologische* Notiz sein, die nun freilich als erster Niederschlag die Weiche für alle weiteren Einzeichnungen stellt. Gleiches gilt für die nachfolgenden Reiz-Reaktionskomplexe, sie löschen sich aus, sie summieren sich, sie schlagen jedenfalls eine profilierende Richtung ein. Während der kindliche Reaktionsanteil das Gesamtsystem des kindlichen Organismus betrifft, ist der mütterliche Reaktionsanteil zwar nur momentan, er ist partiell auf die Aktions- und Reaktionsfähigkeit des Mutterleibes beschränkte Aktion als Teil eines differenzierten Verhaltensgefüges. Dennoch vermittelt er das Ganze des mütterlichen Handlungssystems. Der mütterliche Reaktionsanteil überträgt das Gesamt der mütterlichen Praxis, und – gleichgültig wie beiläufig der Abtausch von Reiz und Reaktion ist – er stellt dadurch das kindliche System ein. Gerade im Primitiv-Grundlegenden des Vorgangs wird die Tiefenstruktur der mütterlichen Praxis übertragen, jene Tiefenstruktur, die ja niemals individuell-monadisch isoliert dem einzelnen Menschen zugehört, sondern Teil gesellschaftlich organisierter Praxis ist.

Erinnern wir uns, daß schon die kulturanthropologische Forschung uns vor Augen führte, wie »kulturspezifisch« Verhalten ist und wie weitreichend und tiefgreifend diese Kulturspezifität Handeln und Denken – bis hin zu den Grunderfahrungen von Raum und Zeit – bestimmt.

Eben weil wir das mütterliche Verhalten als Teilkomplex innerhalb der umfassenden Einheit von Gruppen, von Kollektiven, von gesellschaftlichen Formationen wie auch der Gesellschaft insgesamt anzusehen haben, enthält jede Reaktion die strukturelle Eigentümlichkeit des Ganzen. Die mütterliche

Reaktion vermittelt Grundfiguren der gesellschaftlichen Praxis.
Das Produkt dieser Vermittlung ist nichts anderes als der beschriebene Niederschlag. Die Vermittlung besteht im Zusammenspiel von Reiz und Reaktion. Nennen wir diese Niederschläge »Interaktionsformen«, womit wir ausdrücken wollen, daß eine bestimmte Grundfigur als sensomotorisches Engramm fixiert wird und dieses Engramm die Niederschrift des Zusammenspiels der beiden Organismen, des mütterlichen und des kindlichen, ist.
Dies ist der erste Punkt einer langen Linie kindlicher Entwicklung. Es ist der Beginn der Individuation, die, wie wir uns eben klarmachen konnten, vom ersten Ansatz an Sozialisation, Einführung des Menschen in bestimmte gesellschaftliche Formen ist. Der ersten Weichenstellung folgen unablässig andere – bis zum Aufbau eines differenzierten Denk- und Handlungsgefüges.
Nochmals, in diesem frühesten Stadium der Einführung von Praxisfiguren liegt noch nicht einmal eine zentralnervöse Instanz vor. Es werden ja auch erst in den Monaten nach der Geburt allmählich die physiologischen Bedingungen geschaffen, die bewußtes Erleben, Bewußtsein, möglich machen.
Von Bewußtsein im strengen und genauen Sinn kann ohnehin erst nach der Einführung der Sprache gesprochen werden. Die Lautsprache erst bietet jenes Symbolsystem, das bewußte Operationen erlaubt: Das Lautsystem mit seinen unerschöpflichen Möglichkeiten einer Kombination von motorischen Formeln und akustisch-sensorischen Figuren hält ein stets abrufbares System von Niederschriften bereit, die im Denken und d. h. im Probehandeln ein Durchspielen auf der Bühne des Geistes erlauben, ohne daß reale Situationsreize vorliegen. Szenische Elemente können zusammengefügt werden zu Szenen, ohne daß Gegenstände vorhanden wären. Sie können vorgestellt werden, indem die Sprachsymbole als Bezeichnungen des Gegenstandes hervorgeholt werden; real niemals zu-

sammen Vorkommendes kann versuchsweise zusammengefügt werden und so weiter. Das Entscheidende ist: Die sprachmotorisch-akustischen Formeln der Sprache bilden ein Instrumentarium, das in seiner Kombinationsfähigkeit, seiner lexikalischen Vielgestaltigkeit und syntaktischen Vielgliederigkeit differenziert genug ist, alle Handlungsmöglichkeiten symbolisch nachzuzeichnen und verfügbar zu machen. Sprache ermöglicht die Systematisierung, die Katalogisierung menschlicher Praxisfiguren.

Untersucht man die Bedeutung der Sprache für die Systematisierungen und für die Regulierung von Praxis, so tauchen freilich zwei Probleme auf. Zum einen: Wie werden die Praxisfiguren mit Sprache verbunden? Anders ausgedrückt: Wie geht die vorsprachliche Welterfahrung des Kindes, sein Umgang mit den Beziehungsgegenständen und mit den Beziehungspersonen in Sprache ein? Wenn die Vergesellschaftung des Kindes an der Einigung auf Praxisformeln hängt und wenn wir nicht annehmen wollen, Sprache stünde außerhalb der Vergesellschaftung, sei ihr gegenüber neutral – was aus mehr als einem Grund absurd wäre –, so müssen wir zeigen können, wie sich die konkrete Sprache, in die das Kind eingeführt wird, mit seiner gesellschaftlich vermittelten, praktischen Welterfahrung verbindet.

Genauer gesagt: Wir müssen uns klarmachen, wie die Sprachfiguren mit den bestimmten Formen und Inhalten der Welterfahrung so verbunden werden, daß Sprache die beschriebene Abbildungsfunktion mit der Funktion des Probehandelns übernehmen kann.

Die Frage der Spracheinführung rührt aber auch an ein zweites Problem. Wir haben gesehen, daß die wesentliche Aufgabe der Sprache darin besteht, dem bewußtlosen Verhalten (wie wir es auch bei den Tieren finden) ein Symbolsystem beizustellen, um mit dessen Hilfe im »Geiste« durchprobieren zu können, was in wirklichen Situationen geschehen ist und geschehen soll. Sprachsymbole fungieren als Spielsteine, die für

Gegenstände der Welt stehen. Indem ich diese Spielsteine in meinem Denken benutze, erfahre ich die Gegenstände der Welt bewußt und kann mir damit die Differenz zwischen meiner Position und der Position der Gegenstände draußen vergegenwärtigen. Während das Tier in einen unmittelbaren Situationsbezug eingesperrt ist, ermöglicht mir die Sprache, daraus herauszutreten, indem ich mit Bewußtsein das Nicht-Ich im Gegensatz zu meinem Ich erkenne, indem ich mich selbst den Gegenständen der Welt sprachsymbolisch zuordne.

Daraus folgt: Die Differenzierung von Ich und Nicht-Ich und erst recht die Differenzierung innerhalb der Gegenstandswelt sind das Resultat einer bereits entwickelten Sprache. Bewußtsein setzt voraus, daß mit Sprache bereits operiert wird. Einen Gegenstand bezeichnen können, setzt voraus, daß wir so weit in Sprache eingeübt sind, Sprachsymbole gebildet haben und benutzen, um den Gegenstand überhaupt abgegrenzt erfassen zu können.

Wie aber kann unter diesen Umständen die Verknüpfung von Gegenstandserfahrung und Sprachsymbol, von Bezeichnetem und Zeichen hergestellt werden? Muß nicht für die Spracheinführung vorausgesetzt werden, daß ein Gegenstand, der bezeichnet ist, eine Person, die etwa mit dem Wort »Mama« benannt werden kann, als abgrenzbar bezeichenbarer Gegenstand vorhanden ist? Diese Abgrenzung aber gibt es erst als Resultat von schon entfaltetem Operieren mit Sprachsymbolen!

Dieser Widerspruch verschwindet sofort, wenn wir unser Verständnis der Bildung von kindlicher Praxis einsetzen. Worauf gezeigt wird, wenn dem Kind das erste Wort, z. B. Mama, vorgesagt wird, ist nicht der umschriebene Wahrnehmungsgegenstand »Mutter«, sondern ist die *Situation*, die das Kind in diesem Moment erlebt. Genannt wird das augenblickliche Zusammenspiel, das, wie wir gesehen haben, sich im kindlichen Organismus in vielen Erfahrungen bereits verdichtet hat in bestimmten sensomotorischen Formeln. Wir nannten sie vorstehend »Interaktionsformen« zur Kennzeichnung des Charakters als »Niederschlag der Beziehung des kindlichen Organismus zu anderen Organismen«. Bis zur Spracheinführung ist dieser Zusammenhang noch unaufgetrennt, die Situation des Zusammenspiels ist noch einheitlich-kontinuierlich. Die Aufspaltung in Selbst und Gegenstand, die Entfaltung der Vielfalt des »Anderen«, das dem Selbst gegenübersteht – diese Auftrennung ist noch durchzuführen. Die Sprache ist das Instrument, sprachlich organisiertes Handeln ist das Medium, den Aufbau der inneren Welt von Selbsterfahrung und Gegenstandserfahrung in *schrittweiser Differenzierung* zu leisten.

Fassen wir zusammen:

Das zwischenmenschliche System des sensomotorischen Wechselspiels, dieses System von Situationen, in die das Kind eingeübt wird, kann mit Hilfe der Sprachsymbole aufgegliedert werden in die Vielfalt eines zweischichtigen Systems innerer Repräsentanzen. Das System der eingeübten Interaktionsformen, diese Formeln eines unmittelbar praktischen Umfangs mit anderen Organismen werden im kindlichen Organismus mit einem anderen System, nämlich den sprachmotorisch-akustischen Formeln verbunden. Das schafft jene Situationsunabhängigkeit, auf die wir vorstehend schon zu sprechen kamen.

Situationsunabhängig heißt dabei dreierlei:

1. ich kann unabhängig vom realen Situationsarrangement Szenen durchspielen, ich kann »Probehandeln« – wie bereits Freud das Denken nannte;
2. ich kann unabhängig vom realen Situationsarrangement mir die Gegenstände dieser Szene vor mein inneres Auge stellen, eben weil ich in den Sprachsymbolen über ein System von bezeichnenden Formeln verfüge;
3. ich kann mich selbst im Gegensatz zu einer entfalteten Welt erkennen.

Die Verknüpfung von sensomotorischen Formeln der unmittelbaren Praxis mit den sprachmotorisch-akustischen Formeln bringt jedoch nicht nur diese Freiheit, sondern schafft auch neue Zwänge: In der Sprache werden Situationen miteinander in Beziehung gesetzt, die in der unmittelbaren Erfahrung nicht zusammenkommen, in ihren eventuellen Widersprüchen also auch nicht kollidieren können. Solche Widersprüchlichkeit wird nun zum Konflikt. Die unerschöpfliche Kombinationsmöglichkeit der sprachmotorisch-akustischen Formeln erbringt eine Systematisierung der Praxisformeln und einen Systematisierungszwang, der Widersprüche ausschließt. Stehen einzelne Praxisfiguren in solchem Widerspruch und kann weder die eine noch die andere aufgegeben werden, weil beide Male wichtige Beziehungen sich darin niedergeschlagen haben, so wird die Beziehung von Praxisfiguren (und d. h. von den sensomotorischen Formeln) zu den Sprachfiguren (und d. h. den sprachmotorisch-akustischen Formeln) aufgelöst. Das ist der Mechanismus der neurotischen Verdrängung. Ich komme auf diesen Grundmechanismus der Neurosenbildung im Folgenden noch einmal zurück.

Soweit die drei für die Bildung individueller Strukturen wichtigsten Markierungspunkte der kindlichen Bildungsgeschichte.

Selbstverständlich ist, daß dieses Konzept, auch dort, wo wir in unseren Überlegungen den Rahmen des Freudschen Persönlichkeitsverständnisses überschritten haben, sich auf dem Boden des radikalen Freudschen Materialismus bewegt. Es teilt damit die Respektlosigkeit der Psychoanalyse gegenüber den Normen bestehender Moralgesetze und beabsichtigt die Entlarvung der Scheinhaftigkeit dieser Normen. Das Konzept Freuds enthält in der Tat einen Angriff auf überlieferte Ideale der europäischen Geistesgeschichte. Dieser Angriff reicht weiter als bis zur bloßen Bedrohung der sexuellen Tabus. Die Aufdeckung ist gründlicher, sie geht bis an die Wurzel idealistischer Verschleierungen, da sie eine materialistische Theorie der Bildung der Persönlichkeitsstruktur in sich birgt. Diese

Theorie der Persönlichkeit ist in wesentlichen Zügen schon bei Freud angelegt, auch wenn die Trieblehre im Freudschen Selbstverständnis noch nicht bis zum Verständnis der kindlichen Entwicklung als Sozialisation vorgedrungen ist.

Woran aber stoßen sich Materialisten wie Rubinstein, Kon, Boshowitsch, Anziferowa und Mansurow? Gehen doch ihre Attacken gleichermaßen gegen idealistische Unterstellungen! Ihre Beunruhigung wird durch eine Einsicht provoziert, die mit dem dritten, einschneidenden Wendepunkt der kindlichen Entwicklung zusammenhängt.

Lassen Sie mich diesen Punkt nochmals näher ins Auge fassen, da er den Angelpunkt der psychoanalytischen Neurosen- und Persönlichkeitslehre darstellt. Mit der Verbindung der unmittelbar lebenspraktischen sensomotorischen Formeln mit den sprachmotorisch-akustischen Formeln der Sprachsymbole wird Praxis einem Systematisierungszwang unterworfen, der, wie schon erwähnt, Widersprüchlichkeiten innerhalb der einsozialisierten Praxis aufspürt. Dazu ein Beispiel: Wenn bei einem Kind, das in unserer Gesellschaft aufwächst, die Liebe zur Mutter eine Ausformung erfährt, die mit Rivalitätsgefühlen dem Vater gegenüber kollidiert, so entsteht ein Konflikt mit zwei gleichermaßen unverträglichen Alternativen: Entweder wird eine affektiv bedeutsame Beziehung zur Mutter in ganz bestimmter Interaktionsform aufgegeben oder aber das Kind muß gegen die Regeln sozialen Verhaltens insgesamt verstoßen. Weder das eine noch das andere ist möglich. Bleibt nur der bereits genannte Ausweg, die affektiv unverzichtbaren Interaktionsformen von der Beziehung zu den sprachlichen Symbolen abzuhängen und die Verbindung dieser sensomotorischen Formeln von den sprachmotorisch-akustischen Formeln abzuschneiden. Die betreffenden Interaktionsformen werden desymbolisiert, d. h., sie werden aus der sprachlichen Kommunikation ausgeschlossen und ihre ursprüngliche Bedeutung wird verdrängt.

Das Widersprüchlich-Verpönte kann nun zwar ausagiert werden, muß aber versteckt bleiben gegenüber allen, auch indirekten Anschlüssen an Bewußtseinsinhalte und d. h. sprachsymbolisch repräsentierten Praxisformen.

Die desymbolisierten Interaktionsformen verlieren umgekehrt die Situationsunabhängigkeit, die den Praxisformen mit der Anbindung an die Sprachformeln zukam. Handeln sinkt wieder auf die Stufe situationsabhängigen Verhaltens herab. Sobald ein Reiz auftritt, der im Rahmen einer szenischen Schablone eingeübt, einsozialisiert wurde, muß er zwangsläufig befolgt werden, ohne daß eine Bewußtseinskontrolle möglich wäre. Allenfalls können die spürbaren Begleitumstände und Folgen vermerkt werden. Das eigene Handeln kann vom Handelnden nicht begriffen werden, weil es aus der Sprache ausgeschlossen ist. Diese Sachlage liegt ganz allgemein der neurotischen Verhaltensstörung zugrunde.

Die Einsicht in die *Gebrochenheit menschlichen Handelns* und die Erkenntnis, daß *neben bewußter Praxis auch unbewußte,* weil sprachlich exkommunizierte verdrängte Verhaltenskomplexe die menschliche Praxis durchsetzen, verzerren und bestimmen, das ist der eigentlich scharfe Stachel der »psychologischen Kränkung«, von der Freud sprach. Diese Erkenntnis bezeichnet den Kern der Kränkung, die Psychoanalyse dem menschlichen Selbstverständnis zugefügt hat. An diesem Stachel stoßen sich nicht nur die Verteidiger idealistischer Positionen. Das ist ein Stachel, der immer noch verletzt und historisch-materialistische Autoren, von denen ich vorher einige erwähnt habe, vielleicht deshalb besonders scharf trifft, weil sie bereits auf eine andere Versicherung des Alltagsbewußtseins verzichten mußten, nämlich darauf, die Ideale unserer gesellschaftlichen Ordnung als naturrechtlich stabil anzusehen. Vergessen wir nicht, daß Freuds Liste der großen Kränkungen unvollständig ist. Sein Psychologismus hat ihn jene von Marx dem menschlichen Selbstbewußtsein zugefügte Kränkung übersehen lassen: daß nämlich der Mensch nicht Herr der Gesellschaft ist[13]. Der subjektiven Verunsicherung,

der psychologischen Kränkung steht so die objektive Verunsicherung gegenüber. Beide Kränkungen zusammen lassen sich vom Subjekt schwer verkraften.
Dabei denkt die Einsicht in die Gebrochenheit der individuellen Struktur nur die Linie konsequent zu Ende, die in der Marxschen Analyse der gesellschaftlichen Prozesse aufgenommen worden war. Der konkrete Mensch wird als Produkt gesellschaftlicher Prozesse definiert. Von einem radikal gefaßten Freud her hinzugefügt heißt das, der gesellschaftliche Prozeß, der das Subjekt bestimmt, wird begriffen als grundgelegt in den materiell-biologischen Vorgängen der Mutter-Kind-Einheit.
Notieren wir nochmals: Die Niederschläge des Wechselspiels zwischen Mutter und Kind werden zur Erlebnisstruktur. Weil dieses Wechselspiel seine Form von der durch die Mutter und die primären Beziehungspersonen vermittelten gesellschaftlichen Praxis erhält, ist der konkrete Mensch bis in alle Einzelheiten seiner Struktur gesellschaftlich vermittelt.
In einem zweiten, wesentlichen Grundgedanken ergänzen sich historischer Materialismus und Psychoanalyse, indem sie sich gegenseitig die jeweils radikalste Position abfordern.
Der konkrete Mensch als Produkt gesellschaftlicher Prozesse ist unter den uns bekannten gesellschaftlichen Verhältnissen »beschädigt«. Auch hier läßt sich von der Psychoanalyse aus die Einsicht schärfen: Die Beschädigung reicht bis in die Struktur der Persönlichkeit, aufzeigbar als Sprachzerstörung und als Verzerrung subjektiver Praxis. Diese Einsicht, daß wir alle – in welcher Gruppierung, auf welchem Stand gesellschaftlichen Bewußtseins auch immer wir uns bewegen mögen – in unserer Subjektivität geschädigt sind und punktuell aus der auszeichnenden Position bewußt-handelnder Subjekte herausfallen, diese Einsicht ist offenbar nach wie vor eine unerträgliche Kränkung, die immer noch die schärfsten emotionalen Widerstände provoziert.

Anmerkungen:

1 Sigmund Freud, Eine Schwierigkeit der Psychoanalyse, Ges. Werke London 1947, Bd. XVII, S. 3.
2 Ernest Jones, Sigmund Freud, Leben und Werk, Bern — Stuttgart 1962, Bd. II, S. 485.
3 Ebd., S. 142.
4 Karl Jaspers, Allgemeine Psychopathologie, Berlin — Heidelberg, 1948, S. 648.
5 Jones, a. a. O., S. 144.
6 Jaspers, a. a. O., S. 300.
7 S. L. Rubinstein, Grundlagen der allgemeinen Psychologie, Berlin 1971.
ders.: Sein und Bewußtsein, Berlin 1961.
8 Kon, I. S., Soziologie der Persönlichkeit. Köln 1971.
9 Boshowitsch, J. L., Die Persönlichkeit und ihre Entwicklung im Schulalter, Berlin 1970.
10 Ebd., S. 49.
11 Anziferowa, L. I. und Mansurow, N. S., Behaviorismus, Gestaltspsychologie, Tiefenpsychologie, Berlin 1969.
12 Ebd. S. 127.
13 Klaus Horn, Psychoanalyse — Anpassungslehre oder kritische Theorie des Subjekts? in: Gente, Hans Peter (Hrsg.), Marxismus, Psychoanalyse, Sexpol. Frankfurt/M. 1972, S. 124.

Klaus Horn

Sozialpsychologie versus Politische Psychologie

Der französische Soziologe Henri Lefèbvre hat in seinem Buch über das »Alltagsleben in der modernen Welt« (1968) die Rolle hervorgehoben, welche die Alltäglichkeit in unserer industrialisierten kapitalistischen Welt spielt. Auf den ersten Blick ist evident, daß unter dieser Bedingung das Psychische, und zwar im sozialen Kontext, von besonderer Bedeutung sein muß. Wir wollen in diesem Essay untersuchen, warum das gesellschaftliche Gewicht des Psychischen so zugenommen hat und ein Wissenschaftszweig, die Sozialpsychologie, sich dementsprechend entwickelte. Ohne der weitverzweigten Sozialpsychologie insgesamt und mehr als pauschal nur gerecht werden zu können, soll ihre gesellschaftliche Praxis mit dem Erkenntnisinteresse einer Politischen Psychologie konfrontiert werden. Letztere versteht sich als Sozialwissenschaft, hat ausdrücklich einen gesellschaftstheoretischen Bezug, versucht auf dieser Basis, die Menschen in ihrer konkreten gesellschaftlichen Situation zu fassen, und zwar unter der Perspektive der Emanzipation aus Zwängen, die die Menschen, indem sie Geschichte machen, selber hervorbringen. Aufgrund der von den meisten Sozialpsychologen für sich in Anspruch genommenen methodischen und methodologischen Überlegungen bleibt Sozialpsychologie in aller Regel hinter diesem Anspruch zurück. Das wird anhand einiger Modelle zu zeigen sein.

Sozialpsychologie hat mit und nach dem Zweiten Weltkrieg entscheidende Anstöße erhalten. Zwar erschienen die beiden ersten Bücher mit dem Titel »Social Psychology« bereits kurz nach der Jahrhundertwende[1], aber der gesellschaftliche Druck, in dieser Richtung zu arbeiten, wurde erst um die Mitte des Jahrhunderts so groß, daß die Zahl der Veröffentlichungen[2] explosionsartig anstieg. Die gewaltmäßige Integration der Weltgesellschaft im Verlauf des Zweiten Weltkrieges und die Gründung der Vereinten Nationen stehen symbolisch für das Einandernäherrücken der Menschen des Erdballs – das räumliche Einander-Näherrücken, wohlgemerkt. Denn die neuen Verbindungen zwischen den Menschen, welche von den Massenkommunikations- und Massenverkehrsmitteln weltweit auch im Gefolge der Ausdehnung des Welthandels geschaffen wurden, brachten sie einander nicht nur näher. Ähnlich wie im Nationenschmelztopf USA wurden mit dem Einandernäherrücken die Probleme der Verständigung schwieriger. Nicht, daß solche Verständigungsprobleme allein als psychologische, als sozialpsychologische begriffen werden können, denn intra- und internationale Ausbeutung z. B. erzeugt zwar auch psychische Probleme, z. B. positive und negative Vorurteile, ist aber nicht zu beseitigen, indem man das Emotionale – d. h. Unterlegenheitsgefühle bei den einen und Herrenbewußtsein bei den anderen – bekämpft. Das Einandernäherrücken wollen wir eingehender untersuchen. Es ist als Funktion fortschreitender Naturbeherrschung zu verstehen, die Distanzen ebenso zu überbrücken lernt wie Differenzen einzuebnen, wenn der Kapitalverwertungsprozeß das erfordert. In diesem Sinne soll einer der berühmtesten Anstöße für die Sozialpsychologie erwähnt werden, weil dieses Vorkommnis uns die Funktion der Sozialpsychologie im Gesellschaftsprozeß vor Augen führt.

Ende der zwanziger und Anfang der dreißiger Jahre erhob sich in einer Fabrik der Western Electric Company, den Hawthorne-Werken in Chicago, die Frage, warum das Aufsichtspersonal sich außerstande sah, die Arbeitsleistung von Arbeitsgruppen so wirkungsvoll zu kontrollieren, daß deren Arbeitskraft in optimaler Weise ausgenutzt werden konnte. Die Forschungen von Roethlisberger, Dickson und Mayo[3] führten zur Entdeckung der informellen Gruppennormen. In den sozialpsychologischen Handbüchern wird an dieser Stelle gerne von dem Antagonismus zwischen der »idealen« und der »wirklichen« Gruppenstruktur gesprochen. »Ideal« heißt, daß die Arbeitsgruppe sich dem Rationalisierungsbestreben der Betriebsleitung stets reibungslos fügt und Normenerhöhungen ohne weiteres akzeptiert. Die wirkliche Gruppenstruktur – und das war der Anlaß für jene Forschungen – widersetzte sich der angestrebten intensiveren Ausnutzung der Arbeitskraft.

Dieser sozialpsychologische Ansatz, die Kleingruppenforschung, hat sich bis heute in ganz besonderer Weise als ein Anpassungsinstrument erwiesen; als ein Mittel, im Bereich zwischen Psyche und Sozietät dem faktisch übergeordneten System des Gesellschaftlichen gegenüber demjenigen Psychischen, das dysfunktional wirkte, zur Geltung zu verhelfen (Horn 1972). Hier wie in anderen sozialpsychologischen Zusammenhängen geht Anpassung als Resultat vor allem aus dem methodischen Ansatz hervor. Der dem Selbstverständnis dienende theoretische Rahmen wird sehr eng abgesteckt und die ihn konstituierenden Bedingungen nicht mit in die Überlegung einbezogen. So hat sich in der Gruppenforschung erst in jüngster Zeit ein Zweig entwickelt, der die Gruppendynamik auch als eine Funktion vorgeordneter organisatorischer Zwänge begreift und in diesem Zusammenhang nicht nur von den Menschen Anpassung verlangt, sondern auch die organisatorischen Strukturen zu ändern bestrebt ist (z. B. Pagès, 1968).

Auf diese Frage der Anpassung an die vorhandene Sozialstruktur im Kontext sozialpsychologischer Forschung muß wiederholt eingegangen werden. Es handelt sich um eines der zentralen strategischen Probleme dieser Wissenschaft.

Am Modell der Untersuchung in den Hawthorne-Werken sollte auch die Rolle demonstriert werden, welche Sozialpsychologie in jenem gesellschaftlichen Prozeß der Integration spielt, dessen Ursache die intensivere Nutzung des Kapitals ist. Es ist ein Prozeß, der auch dazu zwingt, die Produktivkraft Mensch intensiver zu nutzen. Sozialpsychologie ist ein Instrument gewesen, welches zu diesem Zweck eingesetzt wurde. Eine amerikanische Publikation, welche diese Rolle der Sozialpsychologie kritisiert, sagt das unverblümt in ihrem Titel: »The Servants of Power« – Die Diener der Macht (Baritz, 1960).

Nun ist es keinesfalls so, daß die gesamte Sozialpsychologie in diesem Sinne verbucht werden kann. Auch innerhalb der Kleingruppenforschung als dem einen bisher erwähnten sozialpsychologischen Ansatz gibt es Versuche, das sich notwendig in Gesellschaft entwickeln müssende Psychische gegenüber dem Gewicht dieses faktisch Vorgeordneten zur Geltung kommen zu lassen, es nicht bloß unter dem Anpassungsgesichtspunkt zu sehen. So sind die an den Psychologen Kurt Lewin anknüpfenden Versuche von White und Lippitt (1960) zu verstehen, den Führungsstil in Kindergruppen als bestimmendes Moment für die Formen der Kooperation innerhalb der Gruppe zu erforschen. Natürlich sind im Kontext sozialpsychologischer Forschung, welche der Absicht nach emanzipativen und nicht Anpassungscharakter hat, auch die meisten Arbeiten über die psychische und gesellschaftliche Funktion von Vorurteilen zu nennen und viele andere, von denen hier nicht ausdrücklich die Rede sein kann. Dieser Hinweis ist nötig, weil es hier nicht etwa um die pauschale Denunziation der Sozialpsychologie als Moment kapitalistischer Anpassungsstrategie gehen kann, sondern versucht werden soll – und das ist der zentrale Punkt –, die vom jeweiligen Ansatz mitgesetzten methodischen Grenzen im Hinblick auf diesen einen Punkt zu verdeutlichen: Welchem begrifflichen und in der Konsequenz praktischen Schicksal wird die menschliche Sinnlichkeit im Rahmen eines jeweiligen Ansatzes theoretisch unterworfen? Diese Frage ist aus der Perspektive Politischer Psychologie gestellt. Ich möchte sie kurz kommentieren, bevor ich diejenige gesellschaftliche Entwicklung etwas ausführlicher zu skizzieren versuche, welche der Sozialpsychologie zum so beeindruckenden Aufstieg verholfen hat.

Was heißt also: Welchem begrifflichen und in der Konsequenz praktischen Schicksal ist im Rahmen eines jeweiligen sozialpsychologischen Ansatzes menschliche Sinnlichkeit unterworfen? Diese Frage geht von der Voraussetzung aus, daß die Sinnlichkeit der Menschen, ihre Emotionalität, nicht wie beim Tier vermittels stammesgeschichtlicher, erbgenetisch festgelegter Ritualisierungen an Objekte gebunden ist, sondern gesellschaftlich geformt wird. Das als Liebe und Haß Bekannte, das wie immer geformte Interesse an sich selber, an anderen Menschen, an lebender und toter Natur ist ein Produkt der gesellschaftlichen Formung menschlicher Natur (Horn, 1974). Dieses in der philosophischen Anthropologie als »Weltoffenheit« bezeichnete Angewiesensein auf Sozialisation, auf Einübung in Gesellschaft, ist Gefahr und Chance zugleich. Denn: Wird in diesem Prozeß der Vergesellschaftung der Sinnlichkeit, welcher zugleich der der Individuation ist, nur auf die Anpassung an den Status quo hingearbeitet oder werden diese Bildungsprozesse gesellschaftlich so organisiert, daß sie den Menschen eine Distanz, und das heißt: begrifflichen und praktischen Zugriff auf diejenigen gesellschaftlichen Strukturen erlaubt, welche ihrer Sinnlichkeit die Form geben? Mit anderen Worten: Gestattet die politische Struktur der Sozialisation, daß die Erzogenen sich von den Ergebnissen der vergegenständlichten Arbeit ihrer Vorfahren ein kritisches Bild machen, daß sie an den Produkten der gesellschaftlichen Arbeit ihrer Vorfahren in gezielter Form weiterarbeiten und diese umformen können – oder zielt eine Sozialisation darauf, die menschliche »Weltoffenheit« in einem abgeschlossenen System einzufangen, das für sakrosankt erklärt wird? Diese Frage muß diskutiert werden. Denn: Sozialpsychologische Theorien – Theorien also, die Psychisches und Gesellschaftliches in seiner Verknüpfung miteinander sehen – sind am gesellschaftlichen Umgang mit menschlicher Sinnlichkeit insofern beteiligt, als sich in ihnen bestimmte Interessen, bestimmte Formen gesellschaftlicher Praxis begrifflich niederschlagen. Sie dienen in dieser systematisierten Form dann Strategien des Umgehens mit ihrem Gegenstand – sie sollen herrschen oder befreien helfen. Das will mir als der springende Punkt erscheinen. Bevor wir diese Frage weiter erörtern, wird nun zunächst die gesellschaftliche Entwicklung zu skizzieren sein, die allererst Sozialpsychologie auf den Plan gerufen hat.

Der gesellschaftliche Prozeß, innerhalb dessen auch die Sozialpsychologie entsteht, ist im Grunde genommen jedermann gegenwärtig. Es geht um die allgemein wahrnehmbare Intensivierung der Naturbeherrschung. In diesem Zusammenhang wirft sich nicht nur das Umweltproblem auf. Denn insofern auch menschliche Natur dieser Intensivierung der Naturbeherrschung ausgesetzt ist, ergibt sich dort ein ähnlicher Wirkungsprozeß wie bei der sogenannten Umweltverschmutzung: Die intensivere Ausbeutung ergibt Rückkopplungsprozesse, welche sich beim Menschen als jene informellen, aber entschlossenen Formen des Widerstandes bemerkbar machen können, die z. B. Anlaß zur Untersuchung in den Hawthorne-Werken der Western Electric geworden waren. Es gibt aber auch viele andere Symptome menschlichen Verhaltens, welche wir mit der Intensivierung der Ausbeutung der Arbeitskraft in Zusammenhang bringen können. So gibt es Formen von Erkrankungen, an denen psychodynamische Vorgänge beteiligt sind, die in jüngster Zeit offenbar entscheidend zunehmen.

Dem Volksmund bekannt ist die Managerkrankheit, deren besonderes Symptom eine Deformation des Kreislaufs ohne erkennbare organische Ursachen ist – mit allen Folgen. Insgesamt ergibt sich aus der Umstellung der Extensiv- auf Intensivnutzung menschlicher Arbeitskraft die Notwendigkeit, die Ergebnisse solcher Umstellung selber wieder gezielt zu bearbeiten. In diesem Zusammenhang fällt auch der Sozialpsychologie eine Rolle zu. Ihre soziofunktionale Aufgabe ist, Subjektivität auf ihre Abweichungen von Normen zu untersuchen, welche sie als gültig voraussetzt, und Strategien der Reintegration zu entwickeln, damit der subjektive Faktor, die im Verlauf der Stammesgeschichte aus erbgenetischen Fixierungen an Objekte freigelassene, gesellschaftlich geformte menschliche Sinnlichkeit, nicht vom Antriebsmittel zum Sand im Getriebe wird. Sozialpsychologie dient der Zerlegung und Funktionalisierung menschlicher Sinnlichkeit. Psychologische Technik ist ein Teil der Technik überhaupt. Ihr Gegenstand ist der menschliche Organismus, sie zerlegt ihn und möchte ihn nach Maßgabe der ihr von der Gesellschaft gestellten Aufgaben wieder zusammensetzen.

Sand im Getriebe wessen, so ist zu fragen. Was treibt den Prozeß der Naturbeherrschung in dieser Weise voran, daß der Mensch, sein Organisator, sich zugleich in einer Weise selber zu bearbeiten beginnt, daß er immer deutlicher als Organisierter und zu Organisierender in diesen Prozeß eingeht. Formulieren wir die Antwort zunächst politökonomisch; die dazugehörigen sozialpsychologischen Arbeitsfelder werden im Kontext erwähnt. Unter politökonomischen Aspekten können wir von einer Entwicklung ausgehen, die zuerst Rudolf Hilferding (1909) in seinem Buch über das Finanzkapital systematisch gekennzeichnet hat. Er schildert das Ende des Konkurrenzkapitalismus. Die Kosten des zyklischen Pleiteverschleißes der intranationalen Konkurrenz sind in den Augen des Finanzkapitals, insbesondere der Banken, hoch. Deshalb wird der Konkurrenzkampf des Kapitals auf die internationale

Ebene verlagert. Der sich nun monopolistisch organisierende Liberalismus verlangt plötzlich nach einem innen- wie außenpolitisch starken Staat; die Zeiten des Nachtwächterstaates sind vorbei. Nach außen zunächst imperialistisch, findet der Staat nach innen hin Wege und Mittel, auf dem Boden privateigentümlichen Wirtschaftens die alten katastrophalen ökonomischen Krisen umzuwandeln in kontinuierliche Geldentwertung, in Subventionierung schwacher Sektoren und so fort (vgl. Habermas, 1973, S. 50 ff., Offe 1972). Hilferding nannte dieses vermittels Krisenmanagement stabilisierte System den »organisierten Kapitalismus«.

Freilich ist die politökonomische Entwicklung heute schon weiter als zur Jahrhundertwende; ich erinnere an die in der jüngsten Ölkrise aufgekommene Diskussion um die sogenannten Multis, multinationalen Konzerne, die sich der Kontrolle der Staaten bereits weitgehend entziehen und eigene politische Machtzentren bilden. Auf jeden Fall ist aber davon auszugehen, daß auch die Machtkonzentration beim interventionistischen Staat weitergegangen ist. Er sorgt vor allem für eine Qualifizierung der Arbeitskraft. Diese wird nun nicht mehr nur formal – wie im Konkurrenzkapitalismus –, sondern reell unter das Kapital subsumiert, indem man den Arbeitsprozeß verwissenschaftlicht. Die Arbeitskraft als Moment der Produktivkraft wird in wissenschaftliche Bearbeitung einbezogen; Menschen werden zum hochqualifizierten Anhängsel der von ihnen getragenen Produktion. Der verstorbene Gesellschaftstheoretiker Hans Jürgen Krahl (1970, S. 339) schrieb zu diesem Blindwerden der Menschen gegenüber ihrer eigenen gesellschaftlichen Praxis: »Der technologische Entwicklungsstand der produktiv umsetzbaren Wissenschaften projiziert seine methodologischen Verfahrensweisen um den Preis der Vernichtung von Reflexion zugunsten der Anpassung an abstrakte Arbeit auf sämtliche Wissenschaften ...« Das trifft auch für die Sozialpsychologie zu. Sie hat unter anderem die Funktion, Körper und Geist intensiver ausbeuten zu helfen

Nicht mehr der Schweiß des Proletariats ist Zeichen der Ausbeutung, sondern in hochentwickelter Arbeitsteilung geformte, zeitintensiv organisierte Denk-, Kommunikations- und Interaktionsmodi.

Die sehr bedeutenden Zweige der angewandten Psychologie wie Betriebs- und Wirtschaftspsychologie werden zwar allgemein nicht als Sozialpsychologie begriffen. Sie dienen aber in dem von uns dargestellten Sinn letzten Endes der Mobilisierung der Menschen im Sinne der im ökonomischen Bereich geltenden Prinzipien. In einem einleitenden Beitrag zu einem Handbuch der Betriebspsychologie heißt es über deren historischen Beginn:

»Die Anfänge betriebspsychologischer Bemühungen fallen im Ausgang des 19. und Beginn des 20. Jahrhunderts ... nicht in eine Zeit, in welcher der Mensch oder die Humanisierung des Daseins das eigentliche Thema und Anliegen waren. Sie liegen vielmehr in einer Epoche, in der die in allen Teilen der zivilisierten Welt mächtig aufstrebende Wirtschaft begann, alle Kräfte innerlich und äußerlich zu sammeln, alle verfügbaren wirtschaftlichen und menschlichen Reserven zu konzentrieren und unter ihr Diktat zu stellen, in all ihren Teilen und Bereichen Ordnung zu schaffen, sich planmäßig zu organisieren und die Ergebnisse der (natur-)wissenschaftlichen Forschung in ihre Dienste zu nehmen. Ein allgemeines ›Rationalisierungsfieber‹ verlangte nach planmäßiger, rationaler und, wie man glaubte, darum auch rationeller Organisation der Produktion und des Absatzes, nach technischer Neuorganisation der Werkstätten und Büros durch eine ›wissenschaftliche Arbeitsorganisation‹ (Taylor, 1919), nach wechselseitiger Anpassung von Arbeiter und Aufgabe durch Berufsauslese und Berufslenkung.« (Mayer, 1961, S. 13).

Auch die Gegenbewegung gegen diese »wissenschaftliche Arbeitsorganisation«, den sogenannten Taylorismus, die wir in Gestalt der Kleingruppenforschung bereits kennenlernten, anerkannte den Widerstand gegen raffiniertere Formen der

Ausbeutung lediglich, um ihn zu überwinden. Daran hat sich bis heute nichts geändert.
Wir verlassen die Betriebspsychologie, deren Erwähnung zeigen sollte, wie sich die gesellschaftliche Entwicklung im Hervorbringen einzelner Wissenschaftszweige auswirkt. Was hat die Entwicklung vom Nachtwächterstaat zum Interventionsstaat, die vom Konkurrenzkapitalismus zum Monopolkapitalismus in der politischen Dimension für Folgen; welche wichtigen Merkmale können wir dem »organisierten Kapitalismus« (Hilferding, 1909) politisch zuschreiben und was bedeutet das für eine Sozialpsychologie und die Politische Psychologie?
Die legalisierte Herrschaft des interventionistischen Staates muß sich kaum mehr wirklich politisch vor den Bürgern legitimieren. Die Gesichtspunkte, nach denen die Fähigkeiten einer Regierung heute beurteilt werden, sind solche der wirtschaftlichen und sozialen Sicherheit. Das wären allerdings politische Gesichtspunkte, wenn die Bürger imstande wären, die wirkliche Lage richtig einzuschätzen. Statt dessen beherrschen weitgehend irrational begründete Angst und Sorge das Feld. In einer Blitzumfrage, die das Allensbacher Institut für Demoskopie im April 1974 für den SPIEGEL machte, zeigte sich die sogenannte Angstlücke ganz klar. Während 67 Prozent der Befragten angaben, mit ihrer eigenen ökonomischen Situation zufrieden zu sein, schätzten etwa zur gleichen Zeit nach einer anderen Befragung nur 24 Prozent der Bevölkerung die allgemeine wirtschaftliche Lage als gut oder sehr gut ein. Dieser Pessimismusüberschuß hinsichtlich der allgemeinen Lage schlägt sich in aller Regel generell als Konservativismus nieder – ein Konservativismus aus Inkompetenz. Denn der Großteil der Bevölkerung ist von seiner Ausbildung her und aufgrund politischer Ohnmacht nicht in die Lage versetzt zu beurteilen, was etwa die Gründe für die ständige Geldentwertung sind. Und obgleich die Bundesrepublik mit ihren Preissteigerungen klar das Schlußlicht der westlichen

Industriestaaten bildet, obgleich unsere Außenhandelsbilanz große Überschüsse zu unseren Gunsten aufweist und gerade unsere Regierung mit Geschick den innenpolitischen Kurs zwischen der Szylla der Inflation und der Charybdis der Arbeitslosigkeit steuert und obgleich viele Ursachen der Inflation außerhalb ihrer Einflußnahme liegen, wird die schleichende Geldentwertung wesentlich ihr zur Last gelegt. Die Bereitschaft, viel auf allgemeine Sicherheitsversprechungen einer Opposition zu geben, die gerade in diesem Bereich kaum anders, kaum besser handeln könnte, ist viel höher, als etwa reale politische Alternativen wie Mitbestimmung oder Unternehmer- und Bankenherrschaft in Betrieben sachlich und kompetent zu diskutieren. Angst regiert im Bereich des Politischen.

Jürgen Habermas (1973, S. 96 ff.) spricht in diesem Zusammenhang *einerseits* von einer Legitimationskrise des Staates, dessen Krisenmanagement gegenüber der Sphäre der Ökonomie entscheidende politische Grenzen gesetzt sind: Seine Steuerungsleistungen könnten angesichts der vorhandenen Erkenntnisse besser sein. Die Macht der Multis weist den Staat in seine Grenzen. Habermas spricht *andererseits* von einer Motivationskrise: Die Staatsbürger erwarten eine vieldimensionale Sicherheit vom Staat, ohne sich am legitimatorischen Prozeß angemessen zu beteiligen. Sie werden mit unpolitischen Mitteln, insbesondere dem Massenkonsum und massenpsychologischen Mechanismen bei der Stange gehalten. Öffentlichkeit als politische Institution des liberalen Gesellschaftssystems wurde in diesem Sinne umfunktioniert. Öffentlichkeit als die Möglichkeit, massenhafte private Probleme zu allgemein diskutierten Problemen zu machen; Öffentlichkeit als politisches Instrument der Staatsbürger verwandelte sich ins Gegenteil: in die privat oder öffentlich gelenkte Manipulation latenter Ängste im Sinne der Loyalität gegenüber den bestehenden Machtverhältnissen, von deren Funktionieren die Bürger kaum noch etwas verstehen.

Wir wollten von politischen Strukturen reden, welche die Entwicklung vom Konkurrenz- zum organisierten Kapitalismus mit sich bringt, und reden doch zugleich schon von Psychologie im Bereich des Politischen. Fassen wir das Vorangehende zusammen, so können wir sagen: Die Geburtsstunde der Politischen Psychologie schlägt, wenn das Psychologische im Bereich der Politik seine Rolle auffällig zu spielen beginnt, wenn die Beziehungen zwischen den Repräsentanten des Staates und dem Bürgertum auch noch jener Rationalität verlustig gehen, die der liberale Staat hinsichtlich der ökonomischen Interessen des Bürgertums hatte. Die Funktion der Staatsrepräsentanten zerfällt dann in folgender Weise: Sie sind politische Funktionäre des Status quo und fungieren für den Wähler als Vatersymbol oder auch als großer Bruder, ohne daß sie doch imstande wären, die Interessen ihrer Landeskinder oder kleinen Brüder wirklich zu vertreten. Als Prototyp dieses Verhältnisses ist immer wieder das Hitlerregime hervorgehoben worden, in welchem politökonomisch zwar alles beim alten blieb, aber gerade die Mittel, die ökonomische Strukturkrise zu bewältigen, indem man 6 Millionen Juden umbrachte und einen Weltkrieg herbeiführte, völlig ungeeignet waren, die wirklichen Interessen der Gefolgschaft wahrzunehmen.

Politische Psychologie im emphatischen Sinn hat nun die Funktion, die Entfremdung der Staatsbürger von der Politik, die Apathie der Apathischen, den Privatismus derer, die in einer »verwalteten Welt« glauben in Ruhe für sich leben zu können, aus dem Verlauf gesamtgesellschaftlicher Entwicklungen zu erklären. Eine emphatisch verstandene Politische Psychologie löst solche »Fakten« auf in ihre historischen Entstehungszusammenhänge, und zwar notwendig über die herkömmlichen Fächergrenzen hinaus. Sie richtet ihren Blick auf das gesellschaftliche Hervorbringen psychischer Strukturen und die unter den gegebenen Verhältnissen daraus hervorgehenden Formen der Interaktion. Desinteresse an der Politik wäre also nicht zu interpretieren als Saturiertheit – darauf komme ich noch zurück –, sondern im Sinne der zu hoch hängenden Trauben: Die meisten Menschen fühlen sich von den politischen Entscheidungszentren zu weit entfernt. Außer ihrer Ohnmacht spüren sie auch ihre Inkompetenz – je weiter unten in der sozialen Pyramide, desto deutlicher und auch realistischer ist diese Wahrnehmung.

Politische Psychologie sollte also die Menschen, deren »Psychologie« ihr Gegenstand ist, unter zwei Aspekten sehen. Erstens: Wie kommt deren Bewußtsein, wie kommen dessen Beschränkungen und Besonderheiten und die damit verbundenen Handlungsbereitschaften im Prozeß ihrer gesellschaftlichen Konstitution und Verwertung zustande? Wenn Politische Psychologie die Menschen als gesellschaftlich vermittelte Wesen begreift, darf sie sie nicht unmittelbar bei dem nehmen, was sie selber von sich halten und über sich sagen; sie muß mit einem ideologischen und/oder massenpsychopathologischen Bewußtsein rechnen. Dieses kann nur Ausgangspunkt der jeweiligen Analyse sein. Denn es bestehen Widersprüche, Inkonsistenzen, die der Interpretation bedürfen (vgl. z.B. Schmidt/Becker, 1967). Daraus ergibt sich der zweite Aspekt des Erkenntnisinteresses einer im emphatischen Sinn Politischen Psychologie. Ihre Arbeit hat das Ziel, jene Widersprüche und Inkonsistenzen nicht nur theoretisch aufzuklären, sondern diese Aufklärung auch in politische Praxis umzusetzen: Bewußtsein und den klar überschaubaren Handlungsspielraum der Menschen zu erweitern. Gesellschaftliche Zumutungen, wie es der ökonomische Untergang des selbständigen, unternehmeridentifizierten deutschen Kleinbürgertums nach dem Ersten Weltkrieg darstellte, und gesellschaftlich organisierte Verlockungen, wahnhafte Auswege aus der Situation zu suchen, wie es der politisierte Antisemitismus in Deutschland war, können nicht in erster Linie bei den einzelnen Menschen, sondern müssen vor allem in Gestalt der Verhältnisse, unter denen die Menschen leben, bekämpft werden.

Eine solche Politische Psychologie gibt es aus einer Reihe von Gründen noch nicht; sie ist als Kritik der vorhandenen Sozialpsychologie erst zu entwickeln. Eine der im Wege stehenden Schwierigkeiten ist, daß sich die Sozialpsychologie stets zwischen Szylla und Charybdis bewegt, d. h. zwischen einem soziologischen und einem psychologischen Ansatz, und eine integrale Wissenschaft, die subjektive und gesellschaftliche Prozesse zureichend umfaßt, nicht existiert. Aus traditioneller Sicht eines Sozialpsychologen, der sich – seiner akademischen Herkunft gemäß – für die psychologische Sozialpsychologie entscheidet, wird das so gesehen: »Die ›psychologische‹ Sozialpsychologie befaßt sich mit der Person in der sozialen Umwelt. Ihr Interesse liegt beim Individuum – dessen Einstellungen, Motiven, Gefühlen, beim Lernen und bei der Wahrnehmung, geformt von der Gesellschaft und ihren Gruppen. Dieser Ansatz der Sozialpsychologie betont das, was als Prozesse ›unter der Hautoberfläche‹ bezeichnet worden ist, interne Vorgänge, die das Sozialverhalten bestimmen. Der Ansatz kommt in Krechs, Crutchfields und Ballacheys (1962) Definition der Sozialpsychologie als der ›Wissenschaft vom Verhalten des Einzelnen in der Gesellschaft‹ (S. 4) und in Secords und Backmans (1964) Erklärung zum Ausdruck, die Sozialpsychologie sei die Wissenschaft von Individuen im sozialen Kontext.

Die ›soziologische‹ Schule der Sozialpsychologie konzentriert sich besonders auf die Gruppe als Untersuchungseinheit und befaßt sich mit dem, was zwischen Personen geschieht, oder ›zwischen den Hautoberflächen‹. Man hat sich hier im wesentlichen mit umfangreichen Erscheinungen wie Problemen der Gruppendynamik, des Verhaltens in Massen, sozialen Normen, Machtverhältnissen, Gerüchtverbreitung und Kommunikationsprozessen befaßt. Obwohl Newcomb sicher mit einem Bein in dieser und einem in der anderen Tradition steht, stellt seine Betonung der interagierenden Gruppe als Hauptgegenstand der Sozialpsychologie (1950) ein Beispiel für den

›soziologischen‹ Ansatz dar. Auch der Titel seines neueren Lehrbuchs spiegelt diesen Ansatz wider: ›Social Psychology: The Study of Human Interaction‹ (1965).«

Obwohl weder der psychologische Ansatz die Bedeutung der Gruppe und der Gesellschaft als Determinanten persönlichen Verhaltens vernachlässigt, noch der soziologische Ansatz das Individuum übersieht, verdienen diese unterschiedlichen Schwergewichte mehr als nur akademisches Interesse. Die Probleme, mit denen man sich befaßt, die Methoden, deren man sich zu ihrer Untersuchung bedient, und die Begriffe, die man zur Erklärung heranzieht, verdeutlichen nämlich, daß diese zwei Ansätze den wahren Charakter dieser Wissenschaftsdisziplin formen. Das bedeutet nicht, daß die Sozialpsychologie in zwei Lager ohne Kontakte gespalten ist, aber es zeigt, daß es verschiedene »Sozialpsychologien« gibt und nicht nur eine, auf deren Gegenstandsbereich man sich allgemein geeinigt hätte (Mann, 1969, S. 11–12).

Eine solche Einigung auf den Gegenstandsbereich ist freilich nicht allein eine Sache der beteiligten Theoretiker. Denn die genetischen und funktionalen Beziehungen zwischen gesellschaftlichen und psychischen Strukturen, an welchen eine wirklich Politische Psychologie interessiert sein muß, sind einmal äußerst komplex. Viele Autoren, z. B. Adorno (1955) und Mitscherlich (1966), haben darauf hingewiesen, daß zwischen Gesellschaft und Individuum Brüche sind, die sich auch in dem Sachverhalt spiegeln, daß es zwischen Soziologie und Psychologie kein begriffliches Kontinuum gibt, welches eine Art psychosoziale Einheitswissenschaft ermöglichte. Zum anderen ist aber auch entscheidend, mit welchem Erkenntnisinteresse an den Gegenstand herangegangen wird. Von einer im emphatischen Sinn Politischen Psychologie hatte ich sinngemäß gesagt, daß sie verinnerlichte und praktizierte Interaktionsstrukturen als zugleich gesellschaftliche und subjektive Größen zu betrachten habe, mit dem Ziel, die Betroffenen aus Determinationen zu befreien, denen sie blind unterworfen sind. Hier herrscht das Erkenntnisinteresse vor, die Entfaltung der Einzelnen gegen legalisierte und informelle Herrschaftsstrukturen durchzusetzen und diese, wenn notwendig, als Moment der sogenannten »strukturellen Gewalt« (Galtung, 1969) zu verändern. Dem entgegengesetzt ist das Interesse, welches explizit oder implizit von der Notwendigkeit der Erhaltung bestehender gesellschaftlicher Strukturen ausgeht und die – wie Arnold Gehlen formulierte – »luxurierende« Sinnlichkeit an diese anzupassen trachtet.

Leicht, aber falsch wäre es nun, wenn man jeden soziologischen Ansatz der Sozialpsychologie als konservativ und jeden psychologischen als fortschrittlich bezeichnen könnte, weil der soziologische Ansatz von der Notwendigkeit der Erhaltung der Gesellschaft und der psychologische von dem Entfaltungsinteresse der Menschen ausgeht. So einfach ist es nicht, denn in jedem der Bereiche läßt sich im Prinzip dieses oder jenes Erkenntnisinteresse, das ich hier so polarisiert geschildert habe, realisieren. Freilich kommt es dabei auch auf die Konstruktion der Begriffe, auf ihre Reichweite an. Ich möchte vorschlagen, am erkenntnisleitenden Interesse und an der Reichweite der Begriffe die Differenz zwischen Sozialpsychologie und Politischer Psychologie anzusetzen.

Gehen wir einmal davon aus – was hier nicht nachgewiesen werden kann –, daß die soziologisch-sozialpsychologischen Ansätze – so die Rollentheorie – im Prinzip keine Kategorien entwickeln können, die zureichend differenziert wären, das Psychische als Moment darzustellen, das in seiner Konstitution durch Gesellschaft zugleich auch Eigengewicht und Eigengesetzlichkeit entwickelt; Eigengewicht, weil menschliche Natur in ihrer gesellschaftlichen Bearbeitung nicht aufgeht (vgl. z. B. die vergeblichen Anstrengungen von Sève, 1972, eine marxistische Psychologie auf der Basis der Warenanalyse zu entwickeln). Gehen wir also von diesem nur plakativ angedeuteten Manko der soziologisch-sozialpsychologischen Ansätze aus, so bleibt das für die Sozialpsychologie besonders

schwerwiegende gegenteilige Problem zu kritisieren: Der psychologisch-sozialpsychologische Ansatz erreicht mit seiner Argumentation die Dimension der Sozialstruktur praktisch nie gezielt und weiß deshalb kaum etwas von den Determinationen, welche von dort ausgehen. Aus diesem Grund schreibt der Psychologe Klaus Eyfert (1973, S. 259) sehr resigniert über den Beitrag der Psychologie zum Problem der Emanzipation:
»Als sie (die Psychologie) sich erst einmal von Theologie und Philosophie abgesetzt hatte, verstand sie sich entweder als Schwesterdisziplin der Physiologie oder Psychiatrie. Zur Familie der Sozialwissenschaften hat sie sich eigentlich nie ernsthaft gerechnet. ›Emanzipation‹ kam also als für sie relevante Aufgaben nicht in ihr Blickfeld . . . Die Psychologen haben ihre Erkenntnis- und Handlungsziele auf so molekulare Realitätsausschnitte beschränkt, daß politische Ziele in dieser Wissenschaft nicht mehr vorkamen.«
Eine andere Psychologin, welche der politischen Funktion insbesondere der experimentell orientierten Lernpsychologie nachgeht, zeigt, daß das Nichtmehrvorkommen politischer Ziele in einer Wissenschaft nicht gleichbedeutend ist mit deren Unpolitischwerden. Irmgard Vogt (1973, S. 874) schreibt:
»Es wird deutlich, daß lernpsychologische Analysen herkömmlicher Art eher zur Verschleierung von Zusammenhängen, insbesondere derjenigen, die sich auf die Interdependenz zwischen Individuum und Gesellschaft beziehen, beitragen als zur Aufhellung von ›latent bedrohlichen‹ Einsichten. Diese Verschleierung trägt dazu bei, daß die bestehenden Verhältnisse als akzeptabel hingenommen werden und die therapeutische Arbeit sich ganz auf das Individuum richtet. Die Interdependenz wird mehr oder weniger einseitig interpretiert. Dies ist, darüber kann auch die Lernpsychologie nicht hinwegtäuschen, ›blanke Repression‹.«
Ähnliches trifft übrigens zu, wenn man von der klassisch-psychoanalytischen Position her politisch argumentiert und das politisch Relevante ganz auf Psychopathologie reduziert.

Die sozialpsychologisch-psychologischen Ansätze sind also in aller Regel insofern mit einem Manko ausgestattet, als sie sich als unpolitisch verstehen und akzeptieren, daß man ihnen die Zwecke wissenschaftlichen Arbeitens von außen her setzt. Das ist Ergebnis methodologischer Erwägungen: Man begreift sich als wertfreie Naturwissenschaft. Dieses Manko hängt aber auch mit dem soeben schon genannten Psychologismus dieser Sozialpsychologien zusammen. Das heißt: Sie setzen beim Subjekt an und interpretieren von diesem Bezugspunkt her, lösen die Probleme ins Subjekt auf, ohne sich um ihre gesellschaftliche Seite zu kümmern. Das macht sich insbesondere in der Forschung über kollektive Gewalt geltend, die sich in aller Regel gegen die explosionshaft sich Geltung verschaffen wollenden unterdrückten Wünsche richtet (Horn, 1973, Narr, 1973), ohne sich über die sozialstrukturelle Verursachung dieser Explosionen Rechenschaft zu geben. Politische Apathie wird in diesem Kontext als freiwillige Entscheidung der Apathischen, nicht aber als Resultat der von der Gesellschaftsstruktur mitverursachten Einstellung begriffen (vgl. z. B. Baeyer-Katte, 1972). Vorurteile machen sich im psychologistischen Kontext aus wie eine anthropologische Gegebenheit, mit welcher man – mehr oder weniger – stets zu rechnen hat (vgl. z. B. Hofstätter, 1972, S. 175–189). Politische Psychologie hingegen begreift politische Attitüden und eine spezifische dieser Attitüden, das Vorurteil, als gesellschaftlich Entstandenes, als mehr oder weniger bewußtlos Gemachtes, dessen Prozeß der Herstellung sowohl auf seiten psychischer als auch auf seiten sozialer Struktur aufklärbar ist. Zwar ist das nicht gleichbedeutend mit der Vorstellung, alle diese Probleme ließen sich restlos aufarbeiten. Aber ein solches wissenschaftliches Ethos stößt natürlich eher an die historische Grenze des Machbaren und erweitert sie, als *eine resignative* Wissenschaft, die das jeweils Gegebene – und sei es nur aus Gründen der Arbeitsteilung – als unabänderliches Faktum akzeptiert.

Die Differenz zwischen sozialpsychologischen Ansätzen, die

stets nur verkürzte Aspekte des betreffenden Wirkungszusammenhanges erörtern, und einer im emphatischen Sinn Politischen Psychologie soll noch kurz am Problem der politischen Sozialisation erörtert werden. Die Fragestellung ist in jüngster Zeit besonders virulent geworden; hauptsächlich im Sinne des Problems, wie Massenloyalität erzeugt, d. h. die Identifizierung mit dem bestehenden sozialen System erzeugt werden kann. Die bisherigen Ansätze im Bereich politischer Sozialisation (vgl. Niemi, 1973) begreifen »Politik« höchst konkretistisch. Sie oszillieren zwischen einem sehr engen Politikbegriff, etwa im Sinne der Untersuchung des Gesellschaftslehreunterrichts einerseits und einem etwas weiteren Politikbegriff, der aber auch nur alles einbeschließt, was sich im Lernprozeß der Kinder ausdrücklich auf Politik bezieht. Zumeist wird das Politische in diesen Konzepten reduziert auf das »Motivbewußtsein«, so und nicht anders politisch handeln zu wollen (vgl. z. B. Baeyer-Katte, 1972). Dieser Politikbegriff ist einer wirklich Politischen Psychologie aber zu eng. Denn Politik, das wesentlich von der Sozialstruktur her bestimmte praktische Verhältnis der Menschen zueinander, erschöpft sich eben gerade nicht in der Form, wie es sich in höchst verschiedener Weise bewußt in den Köpfen der Menschen darstellt. Dieses Bewußtsein ist ja gerade eingeschränkt, und es soll erweitert werden, damit die Handlungsspielräume der Betreffenden größer werden.

Ein angemessener Begriff politischer Sozialisation hätte statt dessen als ersten Schritt die gesamte Primärsozialisation zu begreifen. Das Einüben von Interaktionsformen und die Einführung von Sprache sind, wie Lorenzer (1973) in seinem Ansatz einer materialistischen Sozialisationstheorie ausführt, elementare Situationen, die wir als kulturspezifisch begreifen müssen. Die Ethnopsychoanalyse (Parin u. a., 1963, 1971) hat das bestätigt. Alle Momente der frühesten Sozialisation, der vorsprachlichen Beziehung zwischen Mutter und Kind, welche später in Sprache überführt werden, sind zunächst von

Bedeutung für das spätere Verhalten des Kindes. Mit anderen Worten: Die Verhaltensweisen, in deren Rahmen sich das Kind seiner Lebenswelt sicher wird, sind zugleich die gesellschaftlichen Formen der Einschränkung seiner Sinnlichkeit. So ist z. B. die Form der Überich- und Idealbilder entscheidend für die Art und Weise, wie jemand von unmittelbarer sozialer Angst unabhängig wird oder davon abhängig bleibt, und unter welchen Vorzeichen er sich mit anderen zu gemeinsamen Unternehmungen zusammenschließt. Auch wird die kindliche Entwicklung des Selbstwertgefühls mitentscheiden darüber, ob und in welcher Form jemand imstande sein wird, als Erwachsener seine Fähigkeiten zur Entfaltung zu bringen. Natürlich treten jene infantil eingeübten Interaktionsformen im Erwachsenenalter nur in vermittelter Form auf, sie setzen sich nicht unmittelbar fort, denn der familiäre ist ein anderer Kontext als der sozietäre. Zunächst ist aber festzuhalten: Diese frühen Interaktionsformen müssen als *gesellschaftliche Bearbeitung* der Natur des jeweiligen Menschen verstanden werden, die bewerkstelligt wurden in der *zugleich höchst individuellen Weise* der betreffenden Eltern. Auf diese Weise verselbständigt sich im Rahmen der Primärsozialisation ein Naturmoment in Gestalt eines Menschen nicht nur gegenüber der Natur, sondern auch in der Gesellschaft.

Die Interaktionsformen, in deren Gestalt der Mensch in seiner frühen Kindheit zugleich vergesellschaftet und individuiert wird, sind einer lebenslangen Weiterbearbeitung ausgesetzt. Die Gesellschaft verwertet in der postadoleszenten Sozialisation, was ihr an Menschenmaterial zur Verfügung steht, und die Einzelnen versuchen, in der gesellschaftlichen Struktur, in den Verkehrsformen – womöglich auch, indem sie sie gezielt verändern –, sich ihre Wünsche zu erfüllen. Das Problem ist, wie man sich das Verhältnis der früh entstandenen Interaktionsformen zu den gesellschaftlichen Verkehrsformen vorzustellen hat. Für eine Politische Psychologie ist das eine der strategischen Positionen, die noch erobert werden müssen.

Über die frühe Sozialisation weiß man relativ viel. Wie sich aber eine spezifische Überich- und Ichidealstruktur, wie sich ein Mangel an realistischem Selbstwertgefühl im manifesten Verhalten des Erwachsenen realisieren, läßt sich nicht ohne weiteres sagen. Die Psychologie zieht sich an dieser Stelle mit dem Begriff »multifunktionales Verhältnis« aus der Affäre, d. h.: Zwischen den infantil angelegten Einstellungen und den gesellschaftlich gegebenen Verhaltensmöglichkeiten für den Erwachsenen gibt es viele mögliche Beziehungen. Die je aktuelle gesellschaftliche Situation spielt eine entscheidende Rolle. Aufgrund ihres Anspruchs ist die Position einer Politischen Psychologie gegenüber sozialpsychologischen Ansätzen, die klein bei klein arbeiten, zunächst nicht gerade stark. Ihr sich über die Fächergrenzen ausbreitender Wissensdurst bringt sie in die Verlegenheit, sehr Heterogenes miteinander in Beziehung setzen zu müssen. Damit das gelingen kann, muß noch viel theoretische Arbeit geleistet werden. Aber nur unter dieser Bedingung läßt sich die Reichweite sozialpsychologischer Ansätze vergrößern. Und das ist unbedingt notwendig. Denn deren, wie der Psychologe Klaus Eyfert es nannte, auf »molekulare Realitätsausschnitte« beschränkte Sicht, deren abstraktes Menschenbild, erlaubt es nicht, Psychisches als Moment der gesellschaftlichen Lebenssituation und ihrer Antagonismen zu begreifen. Dabei schließen theoretische Phantasie und exaktes empirisches Arbeiten einander keineswegs aus (vgl. z. B. Gantzel/Kress, 1974).

Nicht, daß Sozialpsychologie überflüssig oder auch nur unwichtig sei. Eine Psychologie des Gerüchts ist ebenso von Bedeutung wie eine Psychologie der Intelligenz. Eine Politische Psychologie möchte darüber hinaus allerdings auch wissen, welche gesellschaftlichen Herrschaftsverhältnisse die Menschen der Psychologie des Gerüchts aussetzen und welche Angst da in falsche Konturen gegossen wird. Politische Psychologie muß sich auch dafür interessieren, welche Art Intelligenz mit dem Maß des IQ gemessen wird und welche Konsequenzen dieses Auswahlverfahren für die Chancengleichheit derer, die aus unterschiedlichen Sozialschichten kommen, hat. Nur wenn Psychologie so ehrgeizig wird, kann sie sich als Humanwissenschaft verstehen. Wenn sie nur mit ihr von den Auftraggebern vorgeschriebenen Maßstäben mißt, indem sie die Menschen in deren Dimensionen einstuft, ohne danach zu fragen, was diese Maßstäbe bedeuten, muß von ihr gefordert werden, daß sie sich ihres eigenen gesellschaftlichen Stellenwertes bewußt werde. Nicht mehr, aber auch nicht weniger will Politische Psychologie. Sie interessiert sich sowohl dafür, was »unter der Haut« von Menschen als auch zwischen ihnen vorgeht. Aber sie betrachtet diese beiden Felder unter den Voraussetzungen, welche die gesellschaftlichen Bedingungen dort schaffen.

Anmerkungen

1 Es handelte sich um E. A. Ross (1908) und um McDougall (1908).
2 Gemessen an ihrer Zahl, soweit sie in den »Psychological Issues« festgehalten wurde, einem Sammelwerk, welches die Publikationen auf dem Gebiet der Psychologie referiert.
3 F. J. Roethlisberger and W. J. Dickson (1934); E. Mayo (1945).

Literaturhinweise

Adorno, Th. W. (1955), Zum Verhältnis von Soziologie und Psychologie, in Sociologica I, Frankfurter Beiträge zur Soziologie Bd. 1, hrsg. im Auftrag des Instituts für Sozialforschung von Th. W. Adorno und W. Dirks. Aufsätze M. Horkheimer zum 60. Geburtstag gewidmet. Frankfurt/M. S. 11—45.

— (1973), Studien zum autoritativen Charakter. (Ausgew. Kapitel aus The Authoritarian Personality. Hrsg. v. Inst. f. Sozialforschg. an der J. W. Goethe-Universität. Aus dem Amerikanischen von Milli Weinbrenner. Vorrede v. L. v. Friedeburg. Frankfurt/M.

Baeyer-Katte, W. v. (1972), Sozialisation im politischen Verhalten, in Handbuch der Psychologie in 12 Bdn., 7. Bd. (Sozialpsychologie), 2. Halbband, hrsg. v. C. F. Graumann unter Mitwirkung von L. Kruse und B. Kroner, Göttingen. S. 1040—1106.

Baritz, L. (1960); The Servants of Power. A History of the Use of Social Science in American History. Middleton/Conn.

Bowles, S. and Gintis, H. (1974); Intelligenzquotient und Klassenstruktur in den USA, in Leviathan 2, S. 27—52.

Eyfert, K. (1973), Psychologie und Emanzipation, in M. Greiffenhagen, Hrsg., Emanzipation. Hamburg, S. 258—276.

Galtung, J. (1969), Gewalt, Frieden, Friedensforschung, in Dieter Senghaas, Hrsg., Kritische Friedensforschung. Frankfurt/M. 1971, S. 55—104.

Gantzel, K. J. und Kress, G. (1974), Individuum und internationales System, in Gerd Biermann, Hrsg., Jahrbuch der Psychohygiene, in Druck.

Habermas, J. (1962), Strukturwandel der Öffentlichkeit. Untersuchungen zu einer Kategorie der bürgerlichen Gesellschaft, Neuwied.

— (1973), Legitimationsprobleme im Spätkapitalismus. Frankfurt/M.

Hilferding, R. (1909), Das Finanzkapital. Eingeleitet v. Eduard März, 2 Bde., Frankfurt/M. 1968, 1973².

Hofstätter, P. R. (1972), Individuum und Gesellschaft. Das soziale System in der Krise. Frankfurt/M. — Berlin — Wien.

Horn, K., Hrsg. (1972), Gruppendynamik und der »subjektive Faktor«. Repressive Entsublimierung oder politisierende Praxis. Frankfurt/M. 1973².

— (1973), Gesellschaftliche Produktion von Gewalt. Vorschläge zu ihrer politpsychologischen Untersuchung, in: Leviathan 1, S. 310—341.

— (1974), Die humanwissenschaftliche Relevanz der Ethologie im Lichte einer sozialwissenschaftlich verstandenen Psychoanalyse, in Gerhard Roth, Hrsg., Kritik der Verhaltensforschung. Konrad Lorenz und seine Schule. München. S. 190—221.

Knutson, J. N., ed. (1973), Handbook of Political Psychology. San Francisco — Washington — London.

Krahl, H. J. (1970), Thesen zum allgemeinen Verhältnis von wissenschaftlicher Intelligenz und proletarischem Klassenbewußtsein, in ders. (1971), Konstitution und Klassenkampf. Zur historischen Dialektik von bürgerlicher Emanzipation und proletarischer Revolution, Frankfurt/M. S. 330—347.

Krech, D., Crutchfield R. S. and Ballachey E. L. (1962), Individual in Society. New York.

Lefèbvre, H. (1968), Das Alltagsleben in der modernen Welt. Aus dem Französischen von Annegret Dumasy. Frankfurt/M. 1972.

Lorenzer, A. (1972), Zur Begründung einer materialistischen Sozialisationstheorie. Frankfurt/M.

Mann, L. (1969), Sozialpsychologie. A. d. Engl. v. Wolfgang Kramer. Mit einem Vorwort v. Helmut E. Lück. Weinheim und Basel 1972.

Mayer, A. (1961), Die Betriebspsychologie in einer technisierten Welt, in Handbuch der Psychologie in 12 Bdn., hrsg. v. Lersch/Sander/Thomae, Bd. 9: Betriebspsychologie. Göttingen. S. 3—47.

Mayo, E. (1945), Probleme industrieller Arbeitsbedingungen. Frankfurt/M. 1949, 1951.

McDougall, W. (1908), Introduction to Social Psychology. London.

Mitscherlich, A. (1966), Das soziale und das persönliche Ich, in Kölner Zeitschrift für Soziologie und Sozialpsychologie 18. S. 21—36.

Narr, W. D. (1973), Gewalt und Legitimität, in Leviathan 1, S. 7—42.

Newcomb, Th. M. unter Mitarbeit v. W. W. Charters jr. (1950), Sozialpsychologie. Meisenheim 1969. Übersetzung v. Leo Canders.

Niemi, R. G. (1973), Political Socialization, in J. M. Knutson ed.: Political Psychology. San Francisco — Washington — London. S. 117—138.

Offe, C. (1972), Strukturprobleme des kapitalistischen Staates. Aufsätze zur politischen Soziologie. Frankfurt/M.

Pagès, M. (1968), Das affektive Leben der Gruppen. Eine Theorie der menschlichen Beziehungen. Aus dem Französischen v. Siegfried und Mathilde Furtenbach. Stuttgart 1974.

Parin, P., Morgenthaler, F. u. Parin-Matthèy G. (1963), Die Weißen denken zuviel. Psychoanalytische Untersuchungen bei den Dogon in Westafrika. Zürich.

— (1971), Fürchte deinen Nächsten wie dich selbst. Psychoanalyse und Gesellschaft am Modell der Agni in Westafrika. Frankfurt/M.

Roethlisberger, F. J. and Dickson W. J. (1934), Management and the Worker. Harvard University Business Studies. 21, Nr. 9.

Ross, E. A. (1908), Social Psychology. New York.

Schmidt, R. und Becker E. (1967), Reaktionen auf politische Vorgänge. Drei Meinungsstudien aus der Bundesrepublik. Frankfurter Beiträge zur Soziologie Bd. 19, hrsg. v. Th. W. Adorno und L. v. Friedeburg. Frankfurt/M.

Secord, P. F. and Backman C. W. (1964), Social Psychology. New York.

Sève, L. (1972), Marxismus und Theorie der Persönlichkeit. Frankfurt/M. Übersetzt v. Joachim Wilke (Marxism et théorie de la personalité, Editions sociales, Paris).

DER SPIEGEL (1974), Die Ängste der Deutschen. Umfrage: Angst und Sorge wählen die CDU. SPIEGEL-Umfrage nach den Ursachen der SPD-Stimmenverluste, in DER SPIEGEL Nr. 16, 28. Jg., 15. April 1974, S. 38—46.

Spitz, R. (1965), Vom Säugling zum Kleinkind. Naturgeschichte der Mutter-Kind-Beziehungen im ersten Lebensjahr. Mit einem Anhang von Godfrey Cobliner. Aus dem Englischen v. Gudrun Theusner-Stampa. Stuttgart 1967.

Taylor, F. W. (1919), Die Grundlagen wissenschaftlicher Betriebsführung. München/Berlin.

Vogt, I. (1973), Psychologie als Herrschaftswissenschaft? Kritische Bemerkungen zum aktuellen Diskussionsstand über die Funktionen der experimentellen Psychologie, in Kölner Zeitschrift für Soziologie und Sozialpsychologie 25, (4), S. 470—484.

White, R. K. and Lippitt, R. O. (1960), Autocracy and Democracy. An Experimental Inquiry. New York.

Jürgen Habermas
Die Rolle der Philosophie im Marxismus

Im August 1973 hat auf Korcula zum zehnten Mal die Sommerschule stattgefunden, die von den jugoslawischen Praxisphilosophen getragen wird. Das Generalthema hieß: Die bürgerliche Welt und der Sozialismus. Unter diesem Gesichtspunkt ist auch über die Rolle der Philosophie und über das Verhältnis von Philosophie und Wissenschaft diskutiert worden. Nach einem Referat von Gajo Petrovic habe ich einige Stichworte zum gleichen Thema vorgetragen.

Die Theoretiker des Marxismus haben die philosophische Tradition niemals mit derselben Unzweideutigkeit wie die Wissenschaften zu jenem produktiven Potential der bürgerlichen Welt gerechnet, welches in eine neue, sozialistische Gesellschaft eingehen soll. Die Rolle der Philosophie war und ist innerhalb des Marxismus umstritten. Das zeigen jene Reaktionen, die Lukacs' »Geschichte und Klassenbewußtsein« und vor allem Karl Korschs »Marxismus und Philosophie« in den zwanziger Jahren sowohl auf sozialdemokratischer Seite (Kautsky) wie auch auf leninistischer Seite (Deborin) ausgelöst haben.[1]

Nach dem Zweiten Weltkrieg ist dieser Streit um die Rolle der Philosophie fortgesetzt worden: in Frankreich ausgelöst durch Sartres Diskussion über das Verhältnis von Existenzialismus und Marxismus, in der Tschechoslowakei und Jugoslawien durch die Kritik der Praxisphilosophen am Diamat und in der Bundesrepublik durch die Anknüpfung der Kritischen Theorie an die Diskussion der zwanziger Jahre.[2]

Nach marxistischer Auffassung besiegelt der Sozialismus nicht nur die Selbstzerstörung der bürgerlichen Welt; er soll zugleich deren legitimer Erbe sein, der die produktiven Kräfte der bürgerlichen Welt bewahrt, freisetzt und fortentwickelt. Das relative Gewicht der Produktivkräfte und damit der Grad der geschichtlichen Kontinuität zwischen bürgerlicher Welt und Sozialismus ist freilich in der Geschichte der marxistischen Theorie verschieden eingeschätzt worden. Am einen Ende dieser Skala stehen die anarchistischen Geschichtskonzeptionen, die den radikalen Bruch mit allen Traditionen, die Aufsprengung des Kontinuums der bisherigen Geschichte für eine notwendige Bedingung der Emanzipation halten — so sehr sind selbst die Produktivkräfte von den bestehenden Produktionsverhältnissen korrumpiert. Am anderen Ende der Skala steht ein sozialdemokratischer Meliorismus, dessen Phantasie nicht ausreicht, um das Neue anders denn als quantitative Steigerung des Vorhandenen vorzustellen – in dieser Sicht gehören auch schon Institutionen des ökonomischen und des politischen Systems auf die Seite der Produktivkräfte. Dieses Spektrum zeigt, wie umstritten und zugleich wie wichtig es ist, *welche* Elemente der bürgerlichen Welt zum produktiven geschichtlichen Potential gerechnet werden.

Das gilt auch für die philosophische Tradition. Die Frage, die ich in aller Kürze behandeln möchte, läßt sich deshalb so zuspitzen: ist die Philosophie eher Produktivkraft oder falsches Bewußtsein?

Obgleich die herrschenden Ideen, nach einem Wort der »Deutschen Ideologie«, die Ideen der herrschenden Klasse sind, haben Marx und Engels die Gehalte der kulturellen Überlieferung nicht einfach als ideologisches Bewußtsein verstanden; ideologisch sind für sie allein diejenigen Bewußtseinsformen, die eine zugrundeliegende Klassenstruktur zugleich verschleiern und verraten, die also dazu beitragen, bestehende Rechts- und Herrschaftsordnungen zu legitimieren. Die wichtigsten sozialintegrativen Bestandteile der kulturellen Überlieferung, nämlich Religion und Moral, haben Marx und Engels ohne Zögern als Ideologie begriffen, während sie Wissenschaft und Technik ebenso umstandslos als Teil des Produktivkräftepotentials angesehen haben. Weniger eindeutig war ihre Stellung zur bildenden Kunst, zumal der klassischen, und zur bürgerlichen Literatur; gegenüber der Kunst hat die marxistische Ideologiekritik ein doppeltes Ziel verfolgt: Reflexion des falschen Bewußtseins und Rekonstruktion des (wie immer in verkehrter Form ausgedrückten) vernünftigen Gehaltes.[3]

Der junge Marx hat nun diese dialektische Stellung auch und erst recht gegenüber der zeitgenössischen Philosophie bezogen. Der vernünftige Gehalt des Hegelschen Systems war für den Junghegelianer Marx so evident, daß er das Ideologische daran nur in der philosophischen Bewußtseinsform, wir können auch sagen: in den Prämissen des ursprungsphilosophischen Denkens erkennen konnte. Das proton pseudos der mit Hegel vollendeten Philosophie besteht für Marx allein im Absolutismus einer von Praxis nur scheinbar unabhängigen Theorie, aber die wesentlichen Gehalte dieser Philosophie erscheinen ihm der vernünftigen Rekonstruktion ebenso fähig wie bedürftig. In diesem Sinne sollte der Sozialismus die Philosophie, indem er sie aufhob, gerade verwirklichen – d. h. das produktive Potential der philosophischen Tradition aneignen. Marx und Engels haben später ein distanzierteres Verhältnis zur philosophischen Tradition eingenommen und den Gegensatz zwischen Sozial*wissenschaft* und Philosophie betont. Explizite Äußerungen finden sich aber, wenn ich recht erinnere, nur mehr bei Engels, Äußerungen, die weniger radikal sind in zweifacher Hinsicht. Einerseits traut Engels dem philosophischen Gedanken weniger Vernunft zu, weil er die Philosophie nicht mehr unter dem praktischen Gesichtspunkt der Verwirklichung einer antizipierten Vernunft betrachtet, sondern unter dem positivistischen Gesichtspunkt der Ersetzung von Philosophie durch Wissenschaft: »(Der wissenschaftliche Sozialismus) ist wesentlich dialektisch und braucht keine über den anderen Wissenschaften stehende Philosophie mehr.« Andererseits traut Engels der Philosophie mehr zu als der junge Marx, denn er möchte die Wissenschaften durch philosophische Grundlagendisziplinen ergänzen: »Was von der ganzen bisherigen Philosophie selbständig bestehen bleibt, ist die Lehre vom Denken und seinen Gesetzen – die formelle Logik und die Dialektik. Alles andere geht auf in die positive Wissenschaft von Natur und Geschichte.«[4]

Das, was Korsch von den Theoretikern der Zweiten Internationale behauptet, gilt schon für Engels:

»Während es nach der richtig, nämlich theoretisch dialektisch und praktisch revolutionär verstandenen materialistischen Geschichtsauffassung isolierte, selbständig nebeneinander bestehende Einzelwissenschaften ebensowenig geben kann wie eine von der revolutionären Praxis getrennte, wissenschaftlich voraussetzungslose, rein theoretische Forschung, haben die späteren Marxisten den wissenschaftlichen Sozialismus tatsächlich mehr und mehr als eine Summe von rein wissenschaftlichen Erkenntnissen ohne *unmittelbare* Beziehung zur politischen und sonstigen Praxis des Klassenkampfes aufgefaßt.«

Wenn diese sehr rohe Skizze den Kern der Auffassungen trifft, die Marx und Engels von der Rolle der Philosophie und vom Verhältnis von Philosophie und Wissenschaften gehabt haben, möchte ich die These vertreten, daß heute gerade eine marxistisch angeleitete Analyse zu einer anderen Auffassung führen muß. Diese Behauptung kann ich nur mit einigen Stichworten erläutern; dabei berühre ich drei Komplexe: die veränderten Konstellationen der bürgerlichen Kultur im Spätkapitalismus (1); die herrschenden szientistischen Grundauffassungen und die Reaktionen, die sie ausgelöst haben (2);

einige wichtige Aufgaben des philosophischen Denkens heute (3).

(1) Die neuen Konstellationen der bürgerlichen Kultur kommen in einer veränderten Bewertung ihrer Elemente zum Ausdruck.

a) Das religiöse Bewußtsein ist in den westlichen Industriegesellschaften in Auflösung begriffen. Die Religion hat, im Zeichen eines zum ersten Mal deutlicher sich abzeichnenden Massenatheismus, ihre Breitenwirkung und damit ihre ideologischen Funktionen weithin eingebüßt. Statt dessen wächst das intellektuelle Interesse an den utopischen Gehalten der religiösen Überlieferung. Dafür spricht, innerhalb der christlichen Konfessionen, die neue politische Theologie, die bei ihren radikaleren Vertretern eine Destruktion des Jenseits zugunsten einer diesseitigen sozialen Verwirklichung der religiösen Verheißungen bedeutet[5]. Ebenso symptomatisch ist andererseits der Versuch einer atheistischen Aneignung der transzendierenden Elemente in den Bildern und den Hoffnungen der jüdisch-christlichen Überlieferung (exemplarisch bei Ernst Bloch).

b) Eine ähnliche Umwertung ist heute auch im Hinblick auf moralische Wertsysteme angebracht. Das herrschende bürgerliche Bewußtsein ist, wie sich etwa an den Demokratietheorien dieses Jahrhunderts zeigen läßt, eher zynisch geworden[6]; es appelliert nicht mehr, wie in den Tagen der bürgerlichen Revolutionen, an die universalistischen Werte des abstrakten Naturrechts oder der formalistischen Ethik (Versuche, wie die von John Rawls[7], in der Nachfolge von John Stewart Mill eine philosophische Theorie der Gerechtigkeit zu entwerfen, sind die Ausnahme). Wie die Studentenrevolte in den entwikkelten kapitalistischen Ländern, aber nicht nur dort, zum Bewußtsein gebracht hat, ist die geschärfte Sensibilität für die

Verletzung universalistischer Grundsätze und für das Fehlen solidarischer Lebensformen eine Herausforderung für jedes System; eine integrierende Wirkung hat sie allenfalls für Gegenkulturen, aber gewiß nicht für eine Gesellschaft, die ihre Legitimationsbeschaffung den Einrichtungen einer uneingeschränkten Konkurrenzdemokratie unterwirft, aber andererseits Klassenstrukturen aufrechterhält.

c) Genausowenig wie die erneuerten universalistischen Wertsysteme ist die moderne Kunst geeignet, den Legitimationsbedarf des politischen Systems zu erfüllen. Gleichviel ob die moderne Kunst eher durch die großen formalistischen Werke eines Beckett, Schönberg oder Picasso repräsentiert wird oder ob sie durch die Tendenzen bestimmt ist, die im Gefolge des Surrealismus die Schwelle zwischen Kunst und Lebenspraxis einebnen, in beiden Fällen sind die kritischen Potentiale der Kunst und die Energien, die sie heute für subversive Gegenkulturen freisetzt, unverkennbar. Daniel Bell hat schon vor Jahren von den kulturellen Widersprüchen des Kapitalismus gesprochen, d. h. von den Gegensätzen, die zwischen dem Motivationsbedarf des ökonomisch-politischen Systems und jenen abweichenden Motiven besteht, die das kulturelle System vor allem in den entlasteten Schichten der akademischen Jugend erzeugt. Marcuse ist diesen Phänomenen in seinem jüngsten Buch über »Revolte und Konterrevolution« wiederum nachgegangen.

d) Während also Religion, Moral und Kunst, nachdem die weltliche Macht der Religion gebrochen, die traditionalistische Verkleidung der Universalmoral durchlöchert und die Aura des Kunstwerks zerfallen ist, keineswegs mehr in erster Linie als Ideologie, als herrschaftsstabilisierende Bewußtseinsformen gelten dürfen, haben andererseits Technik und Wissenschaft ihre ideologische Unschuld eingebüßt. Der Spätkapitalismus ist gewiß nicht durch eine Fesselung der Produktivkräfte charakterisiert; Wissenschaft und Technik haben die Produktivkräfte geradezu explosiv entwickelt; aber die ökonomische Verwertung des wissenschaftlich-technischen Fortschritts folgt nach wie vor einem ungerichteten Pfad, einem naturwüchsigen Muster. In diesem Zusammenhang gewinnen der technische Fortschritt per se und die Autorität der Wissenschaften in abstracto auch eine Rechtfertigungsfunktion gegenüber der Forderung, die Entwicklung und die Verwertung der Produktivkräfte an demokratische Willensbildung zu binden. In Gestalt des technokratischen Bewußtseins erzeugen Technik und Wissenschaft heute ideologische Begleiteffekte[8]. Wenn sich die Konstellationen der bürgerlichen Kultur in dieser Weise verändert haben, wie hat sich darin die Rolle der Philosophie gewandelt?

(2) Nachdem der wissenschaftlich-technische Fortschritt zum eigentlichen Motor der Entfaltung der Produktivkräfte geworden ist, haben sich szientistische Grundauffassungen stärker durchgesetzt – ich meine den Siegeszug des Positivismus. Der *ältere* Positivismus hat nicht nur in der akademischen Philosophie bis ins 20. Jahrhundert hinein eine bedeutende Rolle gespielt; er hat auch die marxistische Theorie der II. Internationale geprägt. Theoretiker wie Kautsky waren der Meinung, daß der wissenschaftliche Materialismus alle Fragen, die bis dahin philosophischem Nachdenken überlassen waren, auf methodisch strenge Weise beantworten kann. Diese Ersetzung von Philosophie durch Wissenschaft hat Karl Korsch 1923 überzeugend kritisiert. Inzwischen hat sich jener überzogene Anspruch auch nach den eigenen szientistischen Grundsätzen als eine Illusion erwiesen.
Heute hat der Szientismus, der Glaube der Wissenschaften an ihre eigene ausschließliche Geltung, in einigen Strömungen der *analytischen Philosophie* eine sehr viel subtilere Gestalt angenommen. Da ich mich auf Stichworte beschränken muß, möchte ich übervereinfachend drei Tendenzen nennen, die für

ein solches szientistisches Bewußtsein charakteristisch sind:

- theoretische Deutungen der Welt im ganzen gelten als illegitim; denn das Thema der Einheit der Natur und der Geschichte läßt sich, nach dieser Auffassung, nicht in wissenschaftlich bearbeitbare Probleme überführen;
- praktische Fragen, die sich auf die vernünftige Wahl von Normen beziehen, gelten nicht als wahrheitsfähig; Werte und Entscheidungen erscheinen grundsätzlich als irrational;
- die substantiellen Fragen der philosophischen Tradition werden sprachanalytisch unterlaufen, die systematische Zuständigkeit der Philosophie ist auf Logik und Methodologie eingeschränkt.

Nun hat dieser Szientismus Reaktionen hervorgerufen, sowohl in der akademischen Philosophie wie auch im Marxismus. Ich nenne hier, wiederum stark vereinfachend, drei dieser Reaktionen:

a) Eine relativistische Lösung suchen die Auffassungen, die ich Komplementärphilosophien nennen möchte. Sie erkennen die szientistischen Grundpositionen im wesentlichen an, retten aber einen Bereich wissenschaftlich nicht bearbeitbarer Lebensprobleme für eine Philosophie, die ihren Erkenntnisanspruch subjektivistisch zurückgenommen hat. In dieser resignativen Arbeitsteilung übernimmt die philosophische Sinndeutung und Reflexion eine sich selbst dementierende Zuständigkeit für Weltanschauungsbedürfnisse, die auf seriöse Weise nicht mehr befriedigt werden können. Typisch dafür ist etwa die Existenzphilosophie von Jaspers über den frühen Sartre bis zum heutigen Kolakowski.

b) Demgegenüber machen die traditionsorientierten Auffassungen den Versuch, die Intentionen der Ursprungsphilosophie wieder aufzunehmen und Ontologie zu erneuern. Am reflektiertesten und einflußreichsten wird dieser Versuch von der Phänomenologie und natürlich von Heidegger unternommen.

c) Eine dritte Reaktion stellt das unter Stalin eingefrorene Lehrgebäude des Sowjetmarxismus dar. Dieser hält, wie der Ausdruck »sozialistische Weltanschauung« zeigt, an dem philosophischen Anspruch, die Einheit der Natur und der Weltgeschichte zu denken, fest[9]. Der Diamat will die Ansprüche, die einst von Kosmologien und Geschichtsphilosophien befriedigt wurden, einlösen. Die Philosophie klärt und rechtfertigt eine dialektische Methode, die beides leisten soll: eine nachträgliche Interpretation der Ergebnisse der Naturwissenschaften und unmittelbar die theoretische Rekonstruktion der Gattungsgeschichte. Die historisch-materialistische Deutung der Gegenwart hat zudem handlungsorientierende Kraft und sichert die Einheit von Theorie und politischer Praxis.

Wenn diese grobe Klassifikation der Hauptströmungen des philosophischen Denkens erlaubt ist, wie stehen diese dann zur philosophischen Tradition? Der *Szientismus* hat die Philosophie aufgehoben, ohne sie zu verwirklichen. Als ein legitimes Erbe gelten bestenfalls die formal-wissenschaftlich zu interpretierenden Bestandteile der großen Philosophie. Die *Existenz- und Lebensphilosophien* gestatten immerhin ein ästhetisches Verhältnis zur Tradition: die großen Philosophien können, nachdem ihr Geltungsanspruch abgewiesen ist, als Beispiele subjektiver Weltdeutungen und Lebensentwürfe betrachtet und in die eigene Existenzerhellung eingearbeitet werden. Demgegenüber behalten sowohl die *traditionsorientierten Ansätze* wie auch der *Sowjetmarxismus* ein im großen und ganzen affirmatives Verhältnis zur philosophischen Tradition, auch dann, wenn sie mit der These vom Ende der Metaphysik beginnen: beide begreifen sich ja als Kritik und Fortsetzung des metaphysischen Denkens zugleich.
Sie können freilich die Intention, die Einheit der Welt zu be-

greifen, konsequent nur verfolgen, indem sie unbefangen der Philosophie einen Gegenstandsbereich vorbehalten, der für die Wissenschaften exterritorial ist und bleibt. Die Abgrenzung der Philosophie gegenüber den Wissenschaften kann defensiv oder offensiv vorgenommen werden. Defensiv verfährt etwa die Phänomenologie, indem sie die phänomenologische Analyse als eigenständige und grundlegende Methode von den Verfahrensweisen der objektivierenden Wissenschaften abhebt. Offensiv verfährt der Diamat, indem er die Dialektik als die Lehre von den allgemeinsten Gesetzen der Natur, der Geschichte und des Denkens begründet (insofern lebt das philosophische Erbe der bürgerlichen Welt im Sowjetmarxismus ungebrochener und naiver fort als in irgendeiner anderen der philosophischen Theorien heute). Nach meiner Auffassung besteht der Preis für ein affirmatives Verhältnis zur philosophischen Tradition in einer am Ende doch dogmatischen Abschirmung gegenüber den Wissenschaften. Die Phänomenologie vergewissert sich einer intuitiven Methode, um sich mit der leistenden Subjektivität des transzendentalen Ich einen aparten, der wissenschaftlichen Analyse grundsätzlich unzugänglichen Bereich zu sichern. Der Diamat, wesentlich unvorsichtiger, dogmatisiert Inhalte, nämlich Grundauffassungen vom Wesen der Natur, der Geschichte und des Denkens, die natürlich mit sehr viel weniger Aussicht auf Erfolg gegen wissenschaftliche Kritik immun gehalten werden können.

Ich habe bisher die verschiedenen Varianten des in Westeuropa seit Labriola, Gramsci, Lukacs, Korsch, Bloch, Horkheimer u. a. undogmatisch fortentwickelten Marxismus nicht erwähnt. Darin sehe ich theoretische Ansätze, die die komplementären Irrtümer eines Wissenschaftsfetischismus, der zur Verleugnung der Philosophie führt, und einer dogmatischen Einfriedung der Wissenschaften, die eine Versteinerung der Philosophie bedeutet, vermeiden können.

(3) Soweit wir unter Philosophie jeweils die radikalste Form

der Selbstreflexion verstehen, die zu einer Zeit möglich ist, sind die theoretischen Ansätze eines undogmatischen Marxismus gewiß auch Philosophie. Soweit wir hingegen unter Philosophie den Versuch verstehen, die Einheit der Welt mit Mitteln zu denken, die nicht aus der Selbstreflexion der Wissenschaften genommen werden, sondern eine Dignität vor oder neben den Wissenschaften behaupten, kann der vernünftige Gehalt der philosophischen Tradition heute nicht mehr philosophisch gerettet werden. Meine Auffassung über die Rolle der Philosophie heute möchte ich abschließend in drei Thesen zusammenfassen.[10]

a) Die Einheit der Natur und der Geschichte können philosophisch nicht begriffen werden, solange nicht die Fortschritte in Physik und Gesellschaftstheorie zu einer allgemeinen Theorie der Natur oder einer allgemeinen Theorie der gesellschaftlichen Entwicklung geführt haben. Beim heutigen Stand der Physik, erst recht beim unentwickelten Stand der sozialwissenschaftlichen Erkenntnis sehe ich aber eine Aufgabe der Philosophie darin, in den Wissenschaften jeweils die starken Theoriestrategien gegenüber dem empiristischen Elementarismus und Induktionismus zu fördern. In diesem Sinne halte ich den Historischen Materialismus für ein sinnvolles Programm einer künftigen Theorie der sozialen Evolution, freilich nicht schon für deren fertige Gestalt. Die Philosophie ist der bis heute unersetzliche Statthalter eines Anspruchs auf Einheit und Verallgemeinerung, der freilich entweder wissenschaftlich oder gar nicht eingelöst wird. Diese Statthalterrolle des philosophischen Denkens hat eine eigene Würde. Wer sie abschafft, beseitigt ein Element der bürgerlichen Welt, auf dessen Erbschaft wir nicht ohne Schaden für die Wissenschaft selber verzichten können. Diesen Verzicht fördert und vollzieht der Positivismus – gerade nicht die sozialistischen, sondern die bürgerlichen Erben der bürgerlichen Welt.

b) Die Philosophie hat ferner, wie ich meine, die Aufgabe, die

Universalität des in den Wissenschaften ausgebildeten objektivierenden Denkens ebenso wie die Universalität der Grundsätze einer rationalen, der Rechtfertigung fähigen Lebenspraxis darzutun. Die Prinzipien objektivierenden Denkens und rationalen Handelns sind zwar in der abendländischen Tradition, d. h. in der bürgerlichen Gesellschaft entdeckt, privilegiert und entfaltet worden; darum gehören sie aber nicht zu den idiosynkratischen Merkmalen einer bestimmten Kultur, die ihre besondere Lebensform diktatorisch über den Erdball verbreitet. Das ist gewiß auch geschehen. Die nur zu begründete Kritik an den europazentrischen Denkschablonen und an der imperialistischen Verdrängung außereuropäischer Kulturen darf sich aber nicht auf die kulturell universalen Grundlagen von Denken und rationaler Lebensführung erstrecken. Diese Selbstauslegung und Selbstverteidigung der Vernunft ist Sache der Philosophie.

c) Die vornehmste Aufgabe der Philosophie sehe ich darin, gegen jede Gestalt des Objektivismus, gegen die ideologische, d. h. scheinhafte Verselbständigung von Gedanken und Institutionen gegenüber ihren lebenspraktischen Entstehungs- und Verwendungszusammenhängen, die Kraft der radikalen Selbstreflexion aufzubieten.

Unmittelbar richtet sich diese gegen den Absolutismus von Ursprungsdenken und reiner Theorie, gegen das szientistische Selbstverständnis der Wissenschaften und gegen das technokratische Bewußtsein eines von der Basis abgelösten politischen Systems. In dieser Selbstreflexion stellt sich die Einheit der theoretischen und der praktischen Vernunft her. Sie ist das einzige Medium, in dem sich heute noch die Identität der Gesellschaft und ihrer Mitglieder bilden kann – es sei denn, wir fallen auf die Stufe partikularistischer Identitäten zurück. Mit dem Zerfall der Hochreligionen ist das neue Heidentum derer, die sich in den Superstrukturen hochdifferenzierter Gesellschaften einrichten, wie die Indianer in den

Reservaten des heutigen Amerika, eine aktuelle Gefahr. Ich sehe nicht, wie wir ohne Philosophie imstande wären, eine Identität auf einem so zerbrechlichen Boden, wie die Vernunft ihn bereitet, auszubilden und zu sichern.[11]

Anmerkungen

1 Vgl. das Vorwort von Erich Gerlach zur Neuausgabe von »Marxismus und Philosophie«, Frankfurt/Main 1966.

2 Einen Überblick geben I. Fetscher (Hg.), Der Marxismus, Bd. I: Philosophie und Ideologie, München 1963; G. Lichtheim, From Marx to Hegel, London 1971; P. Vranicki, Geschichte des Marxismus, 2 Bde., Frankfurt/Main 1973/74.

3 Vgl. H. Marcuse, Über den affirmativen Charakter der Kultur, in: Kultur und Gesellschaft, Frankfurt/Main 1965, S. 56—101.

4 Gleichlautend in: »Ludwig Feuerbach und der Ausgang der klassischen Philosophie« und in: »Herrn Dührings Umwälzung der Wissenschaft«.

5 R. Döbert, Systemtheorie und die Entwicklung religiöser Deutungssysteme, Frankfurt/Main 1973.

6 P. Bachrach, Zur Theorie der demokratischen Eliteherrschaft, Frankfurt/Main 1971.

7 J. Rawls, Theory of Justice, dt. Eine Theorie der Gerechtigkeit, Frankfurt/Main 1975.

8 J. Habermas, Technik und Wissenschaft als »Ideologie«, Frankfurt/Main 1968.

9 A. Kosing (Hg.) Marxistische Philosophie, Berlin 1967.

10 Siehe auch J. Habermas, Wozu noch Philosophie? in: Philosophisch-Politische Profile, Frankfurt/Main 1971, Einleitung.

11 J. Habermas, Können komplexe Gesellschaften eine vernünftige Identität ausbilden? in: Zwei Reden, Frankfurt/Main 1974, S. 23—84.

Ernst Bloch: Utopische Funktion im Materialismus

Der Materialismus fängt keineswegs mit Utopie an, und er hat von seinem neuzeitlichen Anfang, dem mechanischen her sehr vieles behalten, was mit Utopie nicht zusammengeht, sondern zunächst nur mit der Geburt des materialistischen Denkens in der Aufklärung. Kant, der zwar keineswegs Materialist war, aber in diesem Punkt mit dem Materialismus sich einig zeigte, bestimmte: »Aufklärung ist Ausgang des Menschen aus selbstverschuldeter Unmündigkeit.« In dem ersten Auftreten von materialistischem Denken steckt schon eine Pointe, die gerichtet ist gegen Aberglauben, auch, obwohl noch keineswegs bereits ausgesprochen oder reflektiert, gegen Ideologie, gegen Überschätzung des Geistigen und auch gegen schöne oder schönfärbende Redensarten, die mittels des Geistigen gemacht werden. So beginnt also die Unruhe des Denkens überhaupt bei den Griechen gegen Mythos sich zu wenden, mittels eines materialistischen Ansatzes bei den ersten sogenannt »vor-sokratischen« Denkern, die allerdings mit Unrecht »vor-sokratische« heißen, denn sie wußten ja gar nicht, daß sie vor Sokrates lebten, der erst nach ihnen kam. Hier handelt es sich also um eine Erfindung der Philosophiehistoriker, nebenbei bemerkt. Der erste dieser sogenannten Vorsokratiker, ein Herr namens Thales, suchte das Wesen der Welt, das ja auch schon in den Mythen gesucht wurde, nun auf unmythischem Weg. Was ist die Essenz des Ganzen? Das Wesen der Dinge, das Wesen der Welt, so fand Thales heraus, ist Wasser, also — wie Nietzsche darüber höhnt, zum Teil mit Unrecht –: Man suchte das Wesen der Welt, und als man es hatte, war es Wasser. Doch eben Wasser ist von Zeus und Olymp oder gar von den großen Mythen unter den der Aufklärung noch fernen Kulturvölkern, also Indien, China und so weiter, ziemlich weit entfernt und sehr nüchtern. Es ist gar kein *heilig*-nüchternes Wasser am Anfang, sondern das nüchterne Wasser, das Thales gesetzt hat. Und dieses Kleine, Unbedeutende, geistig Nicht-Geladene, das gibt den Ton, der durch den alten Materialismus, bis in den mechanischen des 18. Jahrhunderts hindurchklingt und auch in Anfang und Mitte des 19. Jahrhunderts, bei Karl Marx, durchgehend lebendig, sozusagen lebendig bleibt. Der antike Materialismus war allerdings, das muß hier nachgetragen werden, kein mechanischer, selbst nicht bei Demokrit; vielmehr muß man für diese Phase von einem »hylozoistischen Materialismus« sprechen. »Hyle« heißt griechisch ursprünglich »Holz«, und »Holz« steht dann für »Stoff«. »Hyle« ist das griechisch entsprechende Wort für »materia«, das von »Mutter« kommt, »mater«. Und »-zoistisch«, »Zoon« bedeutet »Lebewesen«, der Stoff ist also ein belebter, lebendiger. Ich zweifle, ob bei Thales das Wasser, bei Anaximenes die Luft, bei Heraklit das Feuer, bei Empedokles die vier Elemente nun besonders lebendig sind. Jedenfalls hat der Begriff des Hylozoismus sich eingebürgert in der Geschichte der Philosophie. Des Sinns, in dem man unter ihm die gute alte, sinnliche, taktil erfaßbare Materie zu verstehen hat, die im Anfang als Wasser oder Luft oder Feuer erscheint und schließlich als Vereinigung dieser drei Elemente mit dem vierten der Erde. Diese verschiedenen Grundcharaktere des Materiellen machen in den jeweiligen frühen Lehren die Substanz der Welt aus und nichts anderes mischt sich in deren Grund. Darin steckt Aufklärung gegen Götter und Jenseiterei, die allerdings in der griechischen Antike nicht so gefährlich und verfolgungswürdig erschien wie später. Denn bei den Griechen gab es ohnehin keine Priesterherrschaft, kein tonangebendes Priestertum; weshalb schon die »sieben Weisen« recht frei von theologischer Bevormundung reden und behaupten konnten. Es steckt hier aber nun doch noch etwas anderes darin, nämlich der kleine Anfang statt des großen, pathetisch transzendenten Beginns der Welt. Es wird etwas dem Tastsinn Naheliegendes als Ursprungsinhalt und als Wesen, als Substanz der Welterscheinungen behauptet. Die Formel »Nichts als« ist auch eine Formel der Aufklärung, indem sie sich gegen Sündenfall und vor allem gegen überschäumenden Mythos richtet, also etwas Entzauberndes an sich hat. Es steckt etwas Detektivisches in ihr. Die Sache ist ganz einfach zu fassen: Nicht Zeus und der Olymp oder gar die Weltseele bei Platon haben die Welt geschaffen, sondern sie entsteht aus dem Wasser, dem Feuer, das es allerdings auch in sich hat bei Heraklit; – denn Heraklit ist nicht einfach nur ein mechanischer Materialist. Jedenfalls aber beginnt die Welt in relativ niederen Regionen, ein schlichtes materielles Element wird als Wesen, als Substanz der Welt ausgegeben und soll sie erklären. Dies Detektivische, das mit der Aufklärung zusammenhängt, ist auch dem Dialektischen Materialismus, wie er dann bei Karl Marx und Friedrich Engels erscheint, eigentümlich geblieben: das gründliche Mißtrauen gegen allzu hoch hergeholte Komplikationen der Welterklärung, das Verlangen nach möglichst einfachen, faßbaren und vor allen Dingen welthaften Antworten ohne Transzendenz. Die frühen vorsokratischen Lehren suchen den Grund alles Existierenden durchaus in der Immanenz, das Feuer ist immanent, die vier Elemente sind immanent. Auch die dann so sehr viel später untersuchten ökonomisch-gesellschaftlichen Vorgänge in dem nicht mehr mechanischen, sondern dem historisch-dialektischen Materialismus bei Marx und Engels sind durchaus immanent: Hier auf Erden quillen unsere Freuden. Diesem Satz Geltung zu verschaffen, hatte der Pantheismus noch in einer sehr höflichen Form versucht, etwa bei Spinozas Unternehmen, den lieben Gott abzudanken durch die Formel »Natura sive deus«. »Natura« ist materialistisch, »Deus« ist idealistisch, aber durchschlagend wirkt, daß »Natura« eingefügt wurde, weshalb das »Sive deus« sich als eine ungeheure Blasphemie für die offizielle Religion der Kirchen darstellte, trotz des »Deus« des Theos im Pan-Theismus.

Ich möchte jetzt vor einem noch näher zu bezeichnenden Hintergrund übergehen zu dem historisch-dialektischen Materialismus im Marxismus selber. Dessen philosophischer Hintergrund wird vorbereitet in einer neuen Blütezeit des mechanischen Materialismus, lang nach der griechischen, die von Thales ausgeht und spät erst endet bei Demokrit, Epikur. Die neue, allerdings auf die Antike rückgreifende Blütezeit beginnt zunächst in der Renaissance und entwickelt sich dann vor allem im 17. und 18. Jahrhundert. Für diesen mechanischen Materialismus gibt an bezeichnender Stelle Lamettrie einen schlagenden Titel, der allein schon Bände spricht: »L'homme machine«, »Der Mensch als Maschine«. Das entspricht ganz schon der neuen Maschinenwelt, die nun kam mit der industriellen Revolution, in der der Mensch auf ganz neue Weise eine zweite Natur schuf mit Dampfenergie, erzeugt aus Wasser und Kohle, übertragen auf Kolben und Pleuelstange, derart verwandelt in Bewegung. Wir haben also die erste Dampfmaschine, später die erste Lokomotive. Es erscheint eine völlig mechanisch-materielle Welt, die die gesellschaftliche Welt auch grundlegend verändert hat. Aber von der gesellschaftlichen Welt wird im 18. Jahrhundert noch kein Wort gesprochen, das entscheidend gewesen wäre, weder bei Lamettrie noch bei den französischen Enzyklopädisten und Materialisten. Sie vertreten den alten mechanischen Materialismus, allerdings mit einem betonten Pathos gegen Religion, also für den Atheismus, das in der Antike fehlte. »Ich brauche diese Hypothese nicht«, hat ein französischer Naturforscher zu Napoleon I. gesagt, als der ihn fragte, was er über den lieben Gott denke. Es entsteht also die völlige Neufassung eines Versuchs der Erklärung der Welt aus sich selbst, ohne einen Gott, der sie geschaffen hat, ohne ein Himmelreich, auf das sie sich zubewegt. Wegen des Finalen in solchen Auffassungen gibt es für sie ohnehin keine materialistische Erklärung, weil der Materialismus nur die Kausalität als Erklärungsprinzip anerkennt. Pointe gegen die Religion, nicht nur gegen den Mythos, sondern gegen den kirchlich und staatlich hochgehaltenen Theismus, gehört zum Wesen des Materialismus. Er war in diesem Fall also eine Brechstange der Französischen Revolution gegen die gesellschaftlichen Zustände, gegen die Kirche und wegen des Verbunds von Kirche und Obrigkeit ebenso gegen den Staat. Denn die Kirche war ja nur eine transzendent verlegte Obrigkeit, indem die Obrigkeit ihr Schwert von Gott haben sollte. Und wenn es keinen Gott gibt, dann braucht man keine Theodizee, keine Rechtfertigung Gottes für die vielen Übel, die die Welt hervorbringt. Wieder ein französischer Enzyklopädist und Materialist sagte: »Die einzig vollkommene Rechtfertigung Gottes ist die, daß er gar nicht existiert.« Das kann man als ironische Theodizee auch für den sozialistischen Materialismus akzeptieren. Soweit die Wiedergeburt des mechanischen Materialismus, der sich freilich noch sehr vom historisch-dialektischen Materialismus unterscheidet, auf den ich jetzt komme.

Der bisher umrissene Hintergrund liegt zeitlich der Entstehung des historisch-dialektischen Materialismus ziemlich nahe; Lamettrie lebte um die Mitte des 18. Jahrhunderts. Er war Gast bei Friedrich II. von Preußen, auch bei Katharina war er eingeladen; die damalige Oberschicht hat sich noch den Luxus geleistet, solche gefährlichen Leute zu protegieren. Anders hingegen steht es mit dem historisch-dialektischen Materialismus. Marx ging ursprünglich aus von Hegel und nicht vom mechanischen Materialismus. Aber er ging von Hegel aus, um Hegel, wie er sagte, vom Kopf auf die Füße zu stellen. In dieser Umstandpunktung einer Philosophie ist schon Materialismus der Formulierung nach; denn die Füße gehören zum Materialismus, der Kopf gehört zum Idealismus. Also die Hegelsche Philosophie und vor allem die Hegelsche Dialektik vom Kopf auf die Füße zu stellen, heißt, man lehrt sie gehen, man macht sie auch zum politischen Angriff tauglich. Dazu hat sich für Marx in der Hegelschen Philosophie früh empfohlen, daß sie die Reihenfolge von Thesis, Antithesis, Synthesis lehrt; die Mitte der Folge heißt Antithesis. Thesis ist die Setzung, Antithesis ist der Widerspruch dagegen, und Synthesis ist die Einheit der Einheit *und* der Widersprüche. Deutlich wird Antithesis in jeder Revolution: Sobald Unzufriedenheit mit der gesetzten Thesis der Verhältnisse auftritt, hat man den zweiten Punkt der Dialektik erreicht, nämlich den Widerspruch, und zwar a) den subjektiven Widerspruch als Unzufriedenheit und b) den objektiven Widerspruch als die Unhaltbarkeit des alten Zustands. Wenn also Verelendung eintritt – schon lange vor Marx bei den Bauern oder in ganz früher Zeit bei den Sklaven unter Spartakus – entsteht ein subjektiver und zugleich objektiver Widerspruch, das heißt, die gesellschaftlichen Verhältnisse, die ökonomisch-gesellschaftlichen Verhältnisse funktionieren nicht mehr so glatt wie in ihren Glückszeiten, ihren Höhepunkten, sondern es zeigt sich, daß an dem ganzen Gepräge etwas nicht stimmt, daß etwas objektiv-real rebelliert in der Sache. Und dies kommt dem Widerspruch der notleidenden gequälten Sklaven in der Spartakus-Zeit, der leibeigenen revolutionären Bauern in den europäischen Bauernkriegen des 15. und 16. Jahrhunderts und dem revolutionären Proletariat im 19. Jahrhundert sehr gut entgegen. Zwischen beiden Widersprüchen findet also ein Bündnis statt. Dasselbe noch einmal ausgedrückt in Hegelscher Terminologie: als erstes tritt eine Thesis auf, eine gesetzte Realität, die in sich Widersprüche entwickelt, und zwar zwei Arten, einmal den subjektiven Widerspruch und andererseits den objektiven Widerspruch, der zum Verbündeten des subjektiven Widerspruchs gemacht werden kann. Ein entsprechender Zustand war eingetreten in der ersten Krise, die der Kapitalismus erfuhr, Anfang des 19. Jahrhunderts. Die »Krise« ist nur ein anderer Ausdruck für das Wort »objektiv-realer Widerspruch«, demgemäß die Sache nicht mehr so glatt läuft wie bisher. In solch krisenhafter Zeit kam nun Marx von Hegel her zu dem Standort: Wir müssen Hegel, vor allen Dingen seine Dialektik, vom Kopf auf die Füße stellen. Daraus entstand eine Dialektik, für die der vorzügliche Ausdruck eines liberalen russischen Emigranten in England, Alexander Herzen, gelten konnte, obwohl der kein Sozialist war: »Die Dialektik ist die Algebra der Revolution.« So wurde also die Hegelsche Dialektik, nachdem sie durch Marx und Engels vom Kopf auf die Füße gestellt war, die Algebra der Revolution. Im jetzigen Zustand hat wieder einmal vorerst der subjektive Widerspruch nachgelassen, ich meine damit das Nachlassen der revolutionären Studentenbewegung, der französischen Arbeiterrevolte aus den sechziger Jahren. Aber wir haben, nachdem scheinbar aufs neue die alte Ordnung und Ruhe eingekehrt ist, trotzdem in den objektiv-realen Verhältnissen des Kapitalismus einen widersprechenden Sprung. Die Studenten hat man zwar vorübergehend zum Schweigen gebracht, jetzt gibt es aber nun die vielen Krisen, die vielen Gesichter und Facettierungen der kapitalistischen Krise in Rezession, Inflation, Stagflation. Das heißt, im objektiv-realen Unterbau zeigt sich eine enorme Antithese der Sache selbst. Das Gerede von der Überwindung der Krisenökonomie samt Klassenkampf durch konzertierte Aktion, Krisenmanagement und so weiter stimmt nicht. Die Krise als Ausdruck der Unangemessenheit von Produktivkräften und Produktionsverhältnissen im Unterbau, die vom Profitinteresse während der Adenauer-Ära so scheinhaft glänzend bewältigt schien, zeigt sich wieder recht offen. Da sind schreckliche Risse und Sprünge im Gebälk, von unangenehmster Art, die sich nicht mehr einfach zudecken lassen. Wird an einer Stelle geflickt, geht es an anderer Stelle wieder los, obwohl wir keinen ausreichenden subjektiven Faktor haben, der befördert. Zwar könnte eintreten, daß sich die Krisenhaftigkeit nicht wieder ausbügeln läßt, aber wir müssen mit dem Wahrscheinlicheren rechnen, daß sie vorerst nur vorübergehend ist, gemäß unseren bisherigen Erfahrungen. Dann bleibt das Eintreten eines vorantreibenden subjektiven Faktors ebenfalls materieller Art unabdingbar nötig, damit sonst ungenutzt vorübergehende und ständig wiederkehrende Krisenhaftigkeit umschlägt in revolutionäre Bewegung. Tritt der subjektive Faktor ein, dann sieht eben die Sache anders aus als unmittelbar heute. Ich komme nun zu den Kategorien, die die ganze Zeit schon in der Luft liegen: Unterbau, Überbau. Unterbau ist ursprünglich der Unterteil eines Schiffs, der Überbau bezeichnet dessen Aufbauten. Marx hatte diese Ausdrücke in England gefunden, wo die Marine mehr im Blickpunkt lag als auf dem Kontinent. Näher zum Überbau, so sind seemännisch darunter zu verstehen die Masten, bei Kriegsschiffen die Artillerie und so weiter, also all das, was der Schiffsrumpf trägt. Wendet man das Bild auf die Gesellschaft an, dann bedeutet der Schiffsrumpf zusammen mit den Maschinen darin die ökonomisch-gesellschaftlichen Produktivkräfte samt Produktionsverhältnissen. Das andere, in früheren Zeiten auch die Segel, in heutiger Zeit der Motorschiffahrt noch die Masten und vor allem die Kapitänskajüte bedeuten die gesellschaftlichen Ordnungsverhältnisse des Staats, des Rechts, der Ideologie überhaupt. Worin, um noch im Bild zu bleiben, der Kurs bestimmt wird, Seekarten und Kontrollinstrumente studiert werden, also insgesamt Kopfarbeit regiert, statt der Handarbeit der Matrosen. Gesellschaftlich übertragen steht auf der einen Seite der Unterbau der Produktions- und Austauschverhältnisse wie -prozesse, auf der anderen Seite der

Überbau der sogenannten Kultur: die Moral, die Kunst, die Religion, die Wissenschaft, die Zeitungen, das Fernsehen, alle Medien, die sich mit intelligenten Angelegenheiten abgeben, mit Begriffen, mit Gleichnissen, die alle in der grob materiellen Welt der Arbeiter, der Fabriken, des Geschäftslebens und so weiter gar nicht vorkommen. Der Widerspruch zwischen einem Lyriker als Schwiegersohn und einem Geschäftsmann als Schwiegersohn, der erscheint auch in der Unterbau-Überbau-Relation. Obwohl dem Erscheinungsbild nach Unterbau und Überbau dermaßen verschieden sich zeigen, ist nun wichtig, daß nach Marx nichts im Überbau ist, was nicht vorher im Unterbau war. Und im Überbau erscheinen die Momente des Unterbaus zum größten Teil als Schwindel, Betrug, Schönfärberei. Man redet von Freiheit – zum Beispiel in der Französischen Revolution – und meint eigentlich Freizügigkeit, weil die beginnende Industrie frei verschiebbare Arbeiter braucht und keine Leibeigenen, die an die Scholle gefesselt sind. Deshalb müssen die leibeigenen Bauern »Freiheit«, lies: Freizügigkeit, bekommen. Und es geht eine große Idolatrie und Ideenentwicklung in Sachen Freiheit los, »Freiheit, die ich meine«, die aber eigentlich nur eine sehr bequeme Ideologie für die Bedürfnisse des neu entstehenden Kapitals ist im Zeitalter der industriellen Revolution. Am fernsten scheint Musik einer Begründung aus dem Unterbau zu stehen, weil in ihr das Interesse am wenigsten sichtbar scheint. Daher überrascht die Evidenz eines Zusammenhangs mit Ökonomie hier am stärksten. In der Musik haben wir zwei Formen, gemeint ist dabei die neuere abendländische Musik, die allein eine mehrstimmige ist. Die andere Musik in den übrigen Teilen der Erde ist einstimmig. Vielstimmigkeit entsteht erst seit dem 14. Jahrhundert und bildet sich aus im 15. und 16. Jahrhundert. In der vielstimmigen, überwiegend also europäischen Musik, haben wir nun zwei große Formen: Fuge und Sonate. Die Fuge hat nur ein Thema in den verschiedenen Stimmen und sie arbeitet mit dem Kontrapunkt. Man kann sie nicht von oben nach unten gleichzeitig hören, derart, daß sich Akkorde bilden, sondern es wird horizontal gehört, weil die Stimmen horizontal übereinanderlaufen. Bei der spätesten und größten Fugenform, der Bachs, ist deutlich zu hören, wie bis zu acht Stimmen das Thema auf ihre Weise behandeln. Kein Akkord wird gebildet, sondern die Musik bleibt kontrapunktisch klar, weshalb auch am liebsten verschieden instrumentiert wurde. Derart komponierte man ungefähr bis zur Mitte des 18. Jahrhunderts, in kapitalistisch nicht-entwickelten Ländern dauerte es noch länger. In kapitalistisch entwickelten Ländern aber war es schon vor Mitte des 18. Jahrhunderts ausgeschlossen, daß die »Küstermusik«, wie selbst die Bachsche beschimpft wurde, noch etwas galt. Statt ihrer kam die Sonate, die als Form dasselbe ist wie die Sinfonie. Darin geht es nun ganz anders zu; es gibt zwei Themen und das Übereinander von Stimmen ist abgeschafft. Dieser Wandel ist es, der eine verblüffende Analogie aufweist zu der Entwicklung der ökonomisch-gesellschaftlichen Basis. Das Übereinander der Stimmen in der Fuge entspricht nämlich dem Übereinander der Stände in der feudalen Gesellschaft: Bauer, Bürger, Edelmann, Fürst, König, Kaiser, Papst, das ist die mittelalterliche Gesellschaftsschichtung, der eben entspricht das Übereinander der Fuge. Sobald der Kapitalist erscheint, das unternehmerische Individuum, kommt Tempo in die Sache hinein, Bewegung, Unruhe, das Hinstreben nach einem Ziel, ökonomisch wesentlich nach dem Profitziel. Dem entspricht die Form der Sonate, ohne sonst die mindeste erkennbare, direkte Berührung mit dem Geschäftsleben zu zeigen. Aber es ist kein Zufall, daß die Sonate und auch die Sinfonie (Sonate und Sinfonie sind eben technisch dasselbe) Unruhe, Spannung und Zielstreben hörbar machen. Vor allem die Beethovensche Sinfonie läßt ja Streben nach einem Ziel hin besonders stark deutlich werden, nun freilich nicht nach einem kapitalistischen Ziel, sondern das Freiheitsziel der Französischen Revolution ist darin zu hören als eines, das noch nicht zu Freizügigkeit verkommen ist. Derartiges hat mit der Fuge nichts mehr gemein; fugale Sätze zu machen, wird zu einem überflüssigen Luxus. Also Fuge auf der einen Seite, Sonate/Sinfonie auf der andern Seite sind doch Kunstformen, die mit dem Unterbau überhaupt keinen Zusammenhang zu haben scheinen, und doch haben sie allerstärksten, gerade pädagogisch am besten zu illustrierenden Zusammenhang. Infolgedessen also: Was im Überbau ist, ist nicht aus und durch sich allein; alle Inhalte und Formen des Überbaus kommen schon im Unterbau vor. Und der Überbau empfiehlt sich nun nicht nur als Überbau, sondern vor allem als Ideologie; man kann nämlich vorzüglich durch ihn betrügen, unter Umständen subjektiv ehrlich am Anfang. Wie etwa Adam Smith noch durchaus subjektiv überzeugt sein mochte, daß das selfish-system zugleich der sicherste Garant für allgemeine Wohlfahrt sei. Die Krisen des Kapitalismus, bis hin zu seinem Nothelfer in der schlimmsten Stunde, dem Faschismus, haben dann gezeigt, was es mit solcher Wohlfahrt auf sich hatte.

Materie hat im historisch-dialektischen Materialismus, wie zu sehen, ihre Qualität verändert. Sie läßt sich nicht mehr definieren durch Druck und Stoß und durch die Träger von Druck und Stoß, also Steine oder Maschinenteile oder greifbare Gegenstände überhaupt. Materie ist also nicht mehr als das zu verstehen, was man mit den Händen fassen kann, was ein Gewicht hat und so weiter. Sondern sie bildet sich als die ökonomisch-gesellschaftliche Grundlage in Gestalt der Unterbauten aus, die doch alle Verstand schon voraussetzen, weil er bei ihren Bildungsprozessen mithalf. Wegen des großen Anteils von Kopfarbeit in den Unterbauten stehen sie ja dem eigentlich Überbauhaften von Kunst, Ethik, Religion, Literatur nicht so fern, wie oft gemeint wird.

Aber immerhin den Unterbau betreffend sagt man: materielle Produktion, materielle Vorgänge, nennt sie die ökonomisch-technischen und grenzt sie gegen ideelle Vorgänge ab. Ich habe schon gesagt, daß durch Marx die Dialektik vom Kopf auf die

Füße gestellt, das heißt eben in die ökonomischen Vorgänge hineinversetzt wurde. Engels hat nun den materiellen Prozessen, gerade die Sprünge in ihnen pointierend, etwas bis dahin ganz unbekannt Neues zugeschrieben, das sie am gründlichsten vom alten mechanischen Materialismus unterscheidet. Er gebraucht dafür den Ausdruck »starting point«, also Umschlagspunkt, und meint damit den Umschlagspunkt etwa vom Atom zur Zelle, von der Zelle zum mehrzelligen Organismus sowohl der Pflanzen wie der Tiere, dann den Sprung zum Menschen, einen ungeheuren Sprung, rein biologisch betrachtet. Biologisch ist überhaupt nicht zu verstehen, daß sich ein Lebewesen auf den Verstand setzt und mit ihm arbeitet, sich selbst reflektiert, Bewußtsein und sogar Selbstbewußtsein haben kann, was den Tieren deutlich fehlt, von den Pflanzen ganz zu schweigen. Und innerhalb der Menschengeschichte hat sich nun der Homo sapiens herausgebildet. Der machte wieder einen Sprung, den zum Homo öconomicus, mit einem Ausdruck von Adam Smith. Es ist also mit dem Homo öconomicus etwas zur Erscheinung gebracht worden, das zu verstehen dem Denken meilenweite, geradezu astronomische Entfernungen abnötigt. Mit einem Stein lassen sich da schwer Vergleiche anstellen. Unzulänglich ist der mechanisch-materialistische Versuch, aus Gehirnwindungen einer breiigen Masse plötzlich einen Homo öconomicus erscheinen zu lassen. Und dann die ganze Fülle der gesellschaftlichen Verhältnisse und Kulturen, ihren Reichtum, auch ihre Armut in den verschiedenen Zivilisationsformen. Also all das, was losbricht durch den Homo öconomicus, den Homo socialis, den Homo cultivatus, der dann Kultur bildet. Da gibt es mehr als fünf oder sechs »starting points«. Diese letzteren werden allerdings von Engels kaum mehr angedeutet, weil er dem mechanischen Materialismus doch noch recht nahesteht und daher beim Homo öconomicus am liebsten aufhören möchte. Aber der Homo öconomicus steht an einem Punkt, von dem der Sprung nun dialektisch weitergeht und zu weiteren Entwicklungen treibt. Hier setzt nun der dialektisch-historische Materialismus besonders stark ein, immer begleitet zwar von der entzaubernden Formel, die ich am Anfang bemüht habe, der Formel des »Nichts als« als einer Brechstange, die vom mechanischen Materialismus geerbt wurde. Aber diese Formel des detektivischen, desillusionierenden und solcher Art entwertenden Blicks hört auf, allein wirksam zu sein. Es geht nicht bloß um ein Herunteranalysieren von allem auf den Unterbau, sondern man muß aus dem verstandenen Prozeß des Unterbaus heraus verstehen, wieso es zu dem Überbau gekommen ist. Methodisch kann hierzu die Physik lehrreich beitragen. Bereits Galilei machte innerhalb physikalischer Gegenstände die Entdeckung, daß nicht nur die resolutive Methode wichtig ist, durch die Erscheinungen in ihre einzelnen Vorgänge aufgelöst und auf diese Weise ursächlich erklärt werden. Sondern ebenso wichtig ist die kompositive Methode, gemäß der die analytische Einsicht in die einzelnen Bewegungsursachen nun eingesetzt wird in eine Prognostizierung der zukünftig erwartbaren mechanischen Prozesse. Ganz unmechanisch gibt es nach Marx und Engels Verwandtes auch in der Geschichte, wonach Zukunft nicht mehr wie ein angeblich unabwendbares Schicksal völlig aus dem Nichts heraus auf uns zukommt, sondern die Zukunft wird planbar, wird berechenbar mittels einer vorausschauenden Methode, die allerdings auf historischem Feld das Erwartbare nur mit höherer oder geringerer Wahrscheinlichkeit vorherbestimmen kann. Aber immerhin ist die Blindheit gegenüber einem auf uns hereinbrechenden Schicksal aufgelöst. Neue Methoden sind jedoch erforderlich; die Prognoseweisen des mechanischen Materialismus sind schon deshalb untauglich, weil es innerhalb der mechanischen Bewegung ja grundsätzlich gar nichts Neues gibt. Nur stereotype Wiederholung: ein Stein fällt stets nach den gleichen Fallgesetzen; die Himmelsmechanik wiederholt ihre Bewegungen fest nach Keplerschen Gesetzen. Unter der mechanischen Sonne gibt es wirklich nichts Neues, es sei denn in außerordentlich langen astronomischen Zeitläufen. Dagegen die menschliche Geschichte explodiert von Neuheiten, von einigen unfruchtbaren Zeiten abgesehen, wie zum Beispiel streckenweise unsere Zeit eine solche zu sein scheint, aber das mag Täuschung sein. Das Neue also gehört zum Geschichtsprozeß, aber als eines, das zugleich vorhersehbar, antizipierbar ist. So daß schlechte Möglichkeiten gegebenenfalls verhindert werden können durch zureichende Einsicht, und die guten als beförderbar sich erweisen. Zugleich bedeutet das, die guten Möglichkeiten werden ohne den subjektiven Faktor des revolutionären Menschen nicht eintreten. Es kommt sehr oft vor, daß ein großer Moment ein kleines Geschlecht findet; es kommt aber ebenso vor, daß ein kleiner Moment ein großes Geschlecht findet. Dieser Widerspruch kann allerdings immer wieder, von Zeit zu Zeit aufgehoben werden, so daß der große Moment und das Geschlecht, das ihn erlebt, miteinander in ihrem Widerspruch wie in ihrer Zukunftsvision einig sind.

Mit dem Wort Zukunftsvision – einem von vornherein verdächtig klingenden Wort – haben wir nach dem mechanischen Materialismus und einer kurzen Skizze des historisch-dialektischen Materialismus das dritte Thema erreicht: Worin besteht die Beziehung der Utopie zum Materialismus? Die Beziehung wurde mit den Begriffen Voraussage und Planung schon gestreift; zu diesem Punkt müssen wir jetzt zurückgehen. Das Rückwärtsgewandte liegt der analytischen Methode nahe. Das Neu-Erscheinende ist hier ein unangenehmer Gast, wogegen man in der Vergangenheit alles schön abgeschlossen vor sich hat. Vergangenes ist ein »Faktum«, aus dem das »Fieri« scheinbar heraus ist, ein Gewordenes, aus dem das Werdende heraus ist. Die analytische Methode enthält die Gefahr, daß mit der betrügenden Ideologie auch das für den Marxismus und die Revolution lichtvoll Brauchbare an den Überbaugestalten, wie es zum menschlichen Glück gehört, gleichmäßig weggefegt wird und eine allgemeine Geringschätzung des

Überbaus sich breitmacht. Eine Geringschätzung, die im mechanischen Materialismus noch nicht vorkommt, weil dort vom Überbau noch gar nicht die Rede ist. Aber in einem vulgären Verständnis des historischen Materialismus wurde dann die eigentlich bloß detektivische Formel des »Nichts als« gegen Überbau schlechthin und unterschiedslos angewandt. Derart verfuhr besonders Kautsky, ein sonst anständiger Mann und streckenweise sogar ein linksstehender Sozialdemokrat, mit Ausnahme seiner Stellungnahme zu den Kriegskrediten im 1. Weltkrieg, woran sich allerdings entschieden hat, wie links einer wirklich stand. Kautsky verfaßte den rückwärtsgewandten, analytisch rückwärtsgewandten, auflösenden, durchaus auch entzaubernd gemeinten Satz, der weit über sein Erklärungsvermögen hinausschießt: »So ist denn die Reformation nichts anderes als der ideologische Ausdruck für tiefgehende Veränderungen auf dem europäischen Wollmarkt.« Derart weiß man endgültig und klar erwiesen, was die Reformation war – einschließlich auch der Bauernkriege und Thomas Münzers. Indem die Veränderungen auf dem europäischen Wollmarkt des Pudels Kern sein sollen, hat man allerdings den Gegenstand der Untersuchung verloren. Es ist gar nicht mehr von der Reformation die Rede oder von den Bauernkriegen, die uns ja mehr angehen als Luther und Calvin, sondern es sind die »tiefgehenden Veränderungen des europäischen Wollmarkts« allein das Thema der Stunde und des Tages und des 16. Jahrhunderts. Das heißt, man räumt alles ab, was nicht in den Stoff einer absolut vulgär-marxistischen, vulgär-ökonomistischen Unterbaurealität hineinpaßt. Dieser Tribut an den Idealismus darf nicht gezahlt werden, indem nun mit ihm zusammen die ganze Überbaulehre wieder verschwände, sondern die Vermittlungsglieder müssen marxistisch untersucht werden, die zwischen den tiefgehenden Veränderungen auf dem damaligen europäischen Wollmarkt und den ideologischen Vorgängen der Reformation möglicherweise bestanden haben. Aber die Zwischenglieder sind sehr zahlreich. Ich brauche nur an das frühere Beispiel noch einmal zu erinnern: Fuge hier, Sonate/Sinfonie dort. Welche Zwischenglieder zwischen dem europäischen Wollmarkt, der Feudalgesellschaft und der Fuge auf der einen Seite, auf der anderen Seite zwischen der Sonate/Sinfonie und dem beginnenden Kapitalismus immer auch bestehen mögen, soviel steht fest: viele Zwischenglieder sind notwendig, damit es aus den Bewegungen der revolutionären Bourgeoisie zu einer Beethovenschen Sinfonie kommt und vorher aus der Feudalgesellschaft zu einer Bachschen Fuge. Gerade eine gründliche Untersuchung der Zwischenglieder vermöchte dazu beizutragen, daß das uns Ergreifende in Kunst, in großer Philosophie, in kanonischen Gestalten, ethisch hervorstechenden Figuren und Handlungen der Geschichte nicht vulgär-marxistisch mit der Formel: »Mir macht keiner etwas vor« problemlos einfach abgetan wird. Haß gegen Kopfarbeit, gegen Begriff, gegen Theorie, der leider auch bei den Studenten heute teilweise im Schwang ist, gehört nicht in den Marxismus. Marxismus besteht nicht aus alleiniger Reduktion auf die ökonomische Basis, sondern er pointiert die Wechselwirkung zwischen ökonomischer Basis und Überbau, damit der Überbau nicht betrügend bleibt, sondern zu einer Kultur wird, die wechselwirkend den Unterbau revolutionär zu aktivieren vermag. Diese Wendung des Überbaus zur Zukunft hin muß festgehalten werden.

Eine äußerst stringente, in die Augen fallende und den Menschen betreffende Berührung mit Zukunft besteht nun in der Utopie. Die Utopie ist an sich nichts als ein Wunschtraumgebilde, abstrakt von Haus aus, ein Sich-ausdenken-Wollen von glücklichen Tagträumen, ohne Bedürfnis, sie zu prüfen auf ihre reale Gültigkeit, auf ihre Vermittlung mit der Realität. Solcher Art ist sie abstrakte Utopie und hat insofern, nicht ganz mit Unrecht, eine schlechte Presse. Bei bloßen Tagträumen bleibt sie allerdings selbst als abstrakte nicht stehen, ja vielmehr von ihrem Stammhaus her breitet sie sich aus zu ausgemalten Bildern einer vollkommen gewordenen Gesellschaft, eines vollkommen gewordenen Staats. So in der Renaissance bei Morus und Campanella, die Utopia wie Sonnenstaat auf ferne Inseln verlegen, also in räumlichen Abstand setzen, derart an ihnen als Vorbildern das Elend der gegebenen Verhältnisse messen. Anders dann die frühsozialistischen Utopisten des 19. Jahrhunderts, Owen, Saint-Simon, Fourier; zwar konstruieren auch sie idealen Staat, ideale Gesellschaft und Arbeitsorganisation im ausmalenden Gedanken, doch nicht in geographischer Ferne gelegen, sondern in zeitlichem Abstand als herzustellende Verhältnisse der Zukunft, wie der mit dem Charakter von Vorbild und Gegenbild. Diese Utopien der größten Utopisten, vorab Owens, Fouriers und Saint-Simons, bezeichnet Engels als »Vorläufer des wissenschaftlichen Sozialismus«. Sozialismus ist von hier aus der Fortschritt von der Utopie zur Wissenschaft; aber schon in der abstrakten Gesellschaftsutopie sind die zielhaften Richtungen und Linien des Sozialismus angelegt, wie Engels betont, und Marx hat dem nicht widersprochen. Abstraktheit erschöpft daher die Gesellschaftsutopie nicht. Marx hat die Utopien von Owen, Fourier, Saint-Simon und von den Früheren genauso wie die Hegelsche Dialektik vom Kopf auf die Füße gestellt, weshalb ja auch Lenin deutlich die drei Quellen des Marxismus in folgendem sah: deutsche Philosophie, englische Ökonomie und französische Sozialutopie der Zukunft, darin eingeschlossen die Französische Revolution und ihre Utopie. Das sind die Quellen und Säulen des wissenschaftlichen Sozialismus.

Auch hier nun wieder muß gefragt werden, die Frage lautet jetzt: wie steht es dann mit der Materie. Es ist wichtig, daß ein Bogen geschlagen wird zwischen dem wissenschaftlichen und philosophisch geläuterten, geprüften Begriff der Utopie (die völlig aufhört, ein Schimpfwort zu sein, vielmehr eine Erkenntnisart darstellt) und der Substanz des Geschehens, also der Materie, in die hinein die Utopie dann gehört. Ich nannte ein Kapitel meines Buchs »Tübinger Einleitung in die Philosophie«: »Der Bogen Utopie – Materie«. Der Bogen zwischen beiden ist ein schwieriger; Materie kann natürlich die eine Seite des Bogens, seinen Halt- und Fußpunkt nur bilden, wenn man sie nicht im Sinn des mechanischen Materialismus versteht, dem sie nur in Form von Klötzchen oder riesigen Materieansammlungen der Planeten, der Gebirge und so weiter vorkommt, glühend, glühend heiß und radioaktiv bis zum Exzeß in den Fixsternen. Zwar ist das selbstverständlich auch Materie, sie gehört in die Physik als einem riesigen Gebiet in der Natur. Die Materie aber, von der hauptsächlich im Marxismus gesprochen wird, ist zunächst die Materie unmittelbar um uns Menschen herum, zum großen Teil die jener von uns selber gemachten zweiten Natur, also technisch beeinflußte, bearbeitete Materie. Wie kann aber auch diese zweite Natur, die doch ebenfalls nach mechanischen Gesetzen gebildet worden ist — schließlich hätte es ohne Entwicklung der mechanischen Naturwissenschaften keine industrielle Revolution gegeben –, wie kann diese zweite Natur zu einem nicht nur überbauhaften, sondern schlechthin versponnenen und gegebenenfalls sogar irrsinnig anmutenden Wesen wie der Utopie in einer Beziehung stehen? Wie kann ein Bogen zwischen scheinbar völlig Unvereinbarem geschlagen werden? Selbst und gerade der ganz jenseits von mechanischem Materialismus stehende Materiebegriff eines Hegel hilft nicht weiter, indem bei ihm Materie nur die Wahrheit hat, keine Wahrheit zu haben. Erst die Hegelrezeption von Marx und Engels kehrt die reale Seite des dialektisch-historischen Hegel hervor und zeigt, daß seine Materie, die zwar bei ihm Geist heißt, in Wirklichkeit Geschichtsstoff ist, die Geschichtsmaterie. Von hier aus geht es zurück mit Hilfe der Engelschen Lehre von den »starting points«. Aus der Mechanik der Klötzchen springen neu einsetzend chemische Vorgänge hervor, nach einigen weiteren enormen Sprüngen setzen die ökonomischen Vorgänge arbeitender Menschen ein, die ganz anders aussehen als die biologischen, chemischen, mechanischen Prozesse. Verschiedenartige »starting points«, verschiedenartige sprunghaft einsetzende Bewegungsweisen des Materiellen, sie verweisen (vor allem wenn man die Vielfalt der »starting points« über Engels' Auffassung hinaus steigert) auf die Unabgeschlossenheit der Welt, ihre Tendenzen und zugleich Latenzen, in denen sich der Weltprozeß noch befindet. Er selber ist dann voll von Realutopie, voll von Realallegorien, voll von Realsymbolen. Die Naturschönheit etwa ergreift uns wie ein Versprechen von etwas. »Der bestirnte Himmel über mir und das moralische Gesetz in mir« können auf keineswegs bloß poetisch-lyrisch verblasene Weise von dem scharfsinnig nüchternen Kant zusammengebracht werden. Was betrifft uns denn in der Naturschönheit, gar Naturerhabenheit? – eben das Versprechen von etwas. Was ist denn der bestirnte Himmel? Daß er eine Sammlung von Fixsternexplosionen ist, lehrt uns die Astronomie, aber das reicht nicht aus zur Erklärung der Betroffenheit. Und wie steht es erst mit dem ungeheuren Überschuß über das Erreichte, gar das Gewollte, das doch die Geschichte der Kultur aufzeigt über die bloße Ideologie hinaus. Wie verhält sich eine Materie, die mit Natur und vor allem Geschichte geladen ist mit dem Anspruch des Utopischen, des Realutopischen in einer unabgeschlossenen Welt? Hier ist nicht mehr Demokrit, noch weniger nachher Lamettrie und das »System de la nature« des Holbach zuständig mit rein mechanischem Materialismus. Sondern wir erinnern uns jetzt des großen Vermächtnishinterlassers Aristoteles, bei dem Materie dreifach definiert vorkommt. Erstens: als das Störende, als das, was mit dem abbrechend Unterbrechenden, uns Ablenkenden und Übel-Schwierigen zu tun hat. Also Last und Mühe, die auf unsere Schultern drücken und allein schon mit dem Wort »Schwere« bezeichnet werden dürfen. Damit hängt auch das scheinbar Zufällige zusammen, das mechanisch gar nicht zufällig ist, vielmehr nach Gesetzen vor sich geht. Aber im Zusammenhang mit der menschlichen Gesellschaft erscheint dann etwas mechanisch Ablaufendes durchaus als zufällig, und zwar meistens als schlimmer Zufall, selten als glücklicher. Wenn ein Sturm einen Baum auf einer Anhöhe umwirft, ist das ein Zufall für den Sturm und für den Baum. Die Bewegung des Sturms ist meteorologisch genau bestimmt, die meteorologische Bewegung weiß aber von dem Baum gar nichts. Die Erzeugung und Entstehung des Baums an dieser Stelle aus einem von einem Vogel hierher geschleppten Samenkorn vor hundert Jahren ist ganz und gar nicht zufällig, sondern wieder mechanisch. Daß es aber zur Überschneidung und Durchkreuzung zweier Kausalketten kommt, das erscheint uns als ein Zufall. Derart ist das Zufällige, das Unregelmäßige zu verstehen, das Aristoteles von der Materie her im negativen Sinn hereinkommen läßt. Aber es gibt zwei andere Definitionen der Materie bei Aristoteles, die viel entscheidender sind und mit der Utopie schon deutlicher und auf nie bemerkte Art zusammenhängen. Das eine ist bezeichnet durch das griechische Kata to dynaton und das andere ist das leider ebenfalls griechische Dynamei on. Kata to dynaton als Wesenheit der Materie bedeutet ihre Bewegung »nach Maßgabe des Möglichen«. Die Materie selber ist die Maßgabe der Verhältnisse, nach der etwas eintreten kann oder nicht. Das ist auch in Anwendung auf Natur bereits ein geschichtsphilosophischer Satz: Die Bedingungen müssen reif sein, die Bedingungen müssen aufhören, bloß partiale zu sein, damit sie eine ausreichende Ursache geben für das, was erscheint. Derart enthält die Materie kraft ihres mitwirkend einsprechenden Kata to dynaton, der Maßgabe des Möglichen die Bedingungen dessen, was sich im Veränderungsprozeß realisieren möchte. Dieses Mögliche ist vorausgesetzt, und die Materie ist die Substanz des objektiv-real Möglichen. Sie ist deshalb nicht bloß das Einschränkende, den Fahrplan Setzende, sondern sie ist in einer dritten Bestimmung des Aristoteles der Schoß alles Möglichen überhaupt, das Dynamei on, das In-Möglichkeit-Sein. Die Materie selber ist unabgeschlossen; also ist sie Materie nach vorwärts, ist offen, hat eine unabsehbare Karriere vor sich, in die wir Menschen eingeschlossen sind, sie ist die Substanz der Welt. Die Welt ist ein Experiment, das diese Materie durch uns mit sich selber anstellt. Also die wichtigste Bestimmung der Materie bei Aristoteles ist bezeichnet durch den Ausdruck »dynamei on«, das »In-Möglichkeit-Sein«, und das hat zum Inhalt: Objektiv-reale Möglichkeit ist nicht nur ein Zustand, in dem Menschen sich befinden gegenüber einem Sachverhalt, den sie noch nicht kennen; etwa wenn man sagt, möglicherweise ist Louise zu Hause, dann kann sie zu Hause sein oder nicht, der Sprechende wenigstens weiß es nicht. Sondern objektiv-reale Möglichkeit ist besonders, wie ich auszuführen und zu analysieren versucht habe im »Prinzip Hoffnung«, ein realer Zustand, in dem sich Vorgänge und keimende Inhalte in der Welt repräsentieren. Objektiv-real möglich ist das partial Bedingte, zu ihm muß ein subjektiver Faktor hinzukommen, damit das Mögliche bereichert wird genau um die Bedingungen, die zur Realisation noch fehlen.

Das Mögliche ist eine in der Geschichte der Philosophie immer stiefmütterlich behandelte Kategorie, um so wichtiger ist es, sie neu zu bedenken. Auch im psychologischen Sinn auf den Menschen angewandt macht sie sich unumgehbar. Das Vorausträumen ist der Zustand von Jugend, der Zustand von Wendezeiten und der Zustand von Kreativität, worin ein Neues geschaffen wird, das es bisher noch nicht gab, das aber fällig ist, weil es möglich wurde. Ein Noch-Nicht-Bewußtes, dem ein Noch-Nicht-Gewordenes auf der objektiven Seite entspricht, beides gehört zur Möglichkeit. Und das Substrat dieser Möglichkeit ist Dynamei on, das In-Möglichkeit-Sein, also der Grundstoff der Welt, der noch nicht zu seiner adäquaten Gestalt gekommen ist. Zurück zum »Traum«, so ist damit nicht der Nachttraum gemeint, sondern der Tagtraum, der ja äußerst stiefmütterlich behandelt wird von der Psychoanalyse. Bei Freud gilt er nur als Vorstufe des Nachttraums, während er von Grund auf etwas anderes ist, keine Zensur hat und den Ort anzeigt, aus dem alle großen künstlerischen, religiösen und zum Teil auch moralischen Gebilde hervorgehen, in dem ebenso alle Ideen und Ideologien, im guten Sinn gerichtet auf Weltverschönerung, auf ein schöneres, besseres Leben, ihren Platz haben. Gewiß, Tagträume müssen geprüft und berichtigt werden, darum kommen sie aber durchaus in der Welt vor. Zum weiteren ist wichtig, daß Tagträume nicht aus Herabgesunkenem, einmal Verkanntem bestehen, das nur traumatisch nachwirkt aus der Kindheit oder aus schlechten Jugendeinflüssen – wie die Nachtträume in der Psychoanalyse Freuds, in der das Nicht-mehr-Bewußte völlig das Noch-nicht-Bewußte verdeckt. Sondern die Tagträume enthalten das Noch-nicht-Bewußte als einen Zustand, den jeder junge Mensch kennt. Die Hemmung des in diesem Zustand Gewollten, Intendierten führt zu dem, was dann psychomedizinisch als »frustration« auftritt, als Frustration, als Vereitelung. Ich verstehe nicht, warum die Psychoanalyse diese andere Seite, die Seite des verhinderten Aufgangs, des verhinderten Hellwerdens, des verhinderten Ziels, der Verzweiflung am Mangel eines Ziels, alle diese andersartigen tausendfachen Ursachen von Neurose, Psychose, Depression, Nihilismus, stillschweigend und unstudiert übergangen hat. Und alle psychischen Erkrankungen auf die schlechte Kindheit oder die Ereignisse im Mutterleib zurückführt. Hier also haben wir das riesige Gebiet des Potentialis, des Potentialischen als Potenz auf der Seite des subjektiven Faktors, als Potentialität auf der Seite des objektiven Faktors. Beide Seiten brauchen Unterstützung, und immer wieder neuen Antrieb, damit der Weltprozeß subjektiv nicht in Verzweiflung und objektiv nicht in Nihilismus endet. Statt dessen beschäftigt man sich mit Stillschweigen und einer Idolatrie des Gewesenen in der Gleichung, Wesen sei Gewesenheit. Was weit gefehlt ist: Wesen ist Werden, Heraufkommen, Gesicht-Bekommen, Gestalt-Bekommen dessen, was noch nicht da ist, sich erst bildet. Gerichtet auf die Substanz des Werdens, auf das, was materiell sich bewegt. Ob nun in Hoffnung oder Verzweiflung über das Kommende oder

Nicht-Kommende, jedenfalls geht es um das, was an der Front des Weltprozesses, in seinen Perspektiven sich zuträgt und Inhalt hat in einer Materie, die man »materia ultima« nennen könnte, weil sie zuletzt als die Substanz der ganzen Sache hervortritt, als das herausgebrachte Rätsel des Prozesses, des Ringens um ein Gesicht, des Ringens um Gesichtwerdung des riesigen Arsenals von Möglichkeiten, das in der Welt sich vorfindet. Darin scheint die letzte Kategorie vor, eben die Substanz, mit ihren zwei Seiten. Sie enthält sowohl die Gefahr, in Nichts zu enden, wie so viele unserer Tätigkeiten im kleinen ja schon zeigen, aber auch die Möglichkeit, die Hoffnungsmöglichkeit eines Alles. Aber nur, wenn wir uns daranhalten und zusammen mit der Tendenz und Latenz, mit dem Trend und mit der Verborgenheit von etwas Wesenhaftem, das hier vorliegt und ans Licht dringen will, das Erhoffbare bewirken, das noch nicht da ist. Die Verbindung beider Weisen des Möglichen, der subjektiven Potenz und der objektiven Potentialität hat ihren Ort in der Substanz als dem Weltstoff. Ich gebrauche das Wort »Materie« jetzt nicht mehr, sondern ich sage Weltstoff, weil dieser Begriff noch unbestimmter ist, worauf es hier ankommt. Vagheit kann nämlich der Ausdruck von höchster Präzision sein; denn Sachhaftes, das an sich selber noch nicht bestimmt ist, kann auch nicht präzis ausgedrückt werden, oder man verfälscht es. Also präzise Vagheit ist notwendig, um das Heraufkommende, das Neue, das was Materie als Substrat letzthin in sich enthält, zu bezeichnen. Damit nicht Marxismus sich auf seinen detektivisch ernüchternden Kältestrom reduziere, sondern gerade mittels dessen sich in den ihm ebenso zugehörigen Wärmestrom begebe. Kälte- und Wärmestrom im Marxismus, wie ich an anderer Stelle formulierte, gerade im Hinblick auf das »Materialismusproblem«, Kälte- und Wärmestrom sind beide aufeinander wechselseitig angewiesen. Der erste bedeutet die Kühle des Mißtrauens, das sich kein X für ein U vormachen läßt und darum alle hoch daherkommende Ideologie auf ihre ganz einfachen, oft schäbigen Ursachen zurückzuführen sich bemüht, derart alle verschönernde Aufbauschung durchschauend. Der kalte sachliche Blick in die Welt erlaubt keinen Betrug mehr und stellt sich ganz in den Dienst für das Interesse der Unterdrückten, der Erniedrigten und Beleidigten, der Mühseligen und Beladenen, gegen das Interesse der kleinen Herrenschicht. Das will der marxistische Kältestrom. Seinetwegen wurde aber ganz überflüssigerweise so oft, zu oft der marxistische Wärmestrom vernachlässigt, der sich auf das Licht richtet, das aufgehen soll im Abtun des Betrugs. Die großen Kategorien des Zielhaften in der Welt sind ja gerade marxistisch nicht erledigt. Im Gegenteil, den Unterdrückten geht an Marx und dem Marxismus eine Betroffenheit auf, die sich in der Frage zu formulieren vermag: Woher weiß der das von uns? Wie er uns doch angeht, uns nicht nur betrifft, sondern uns ergreift, uns eine Hoffnung bedeutet und Nahrung für ein neues Feuer der Hoffnung geben kann. Wie in jeder Revolution, so der Russischen, so der Französischen, auch in den Bauernkriegen, geht im revolutionären Marxismus das Gefühl an, daß es aufwärtsgeht, daß Aurora in der Welt ist und nicht nur Niedergang, nicht nur Entsagung und Enttäuschung. »Geschlagen ziehen wir nach Haus«, haben die Bauern gesungen, 1525 nach der Schlacht von Frankenhausen, die das Ende der Bauernrevolution brachte. »Geschlagen ziehen wir nach Haus, unsere Enkel fechten's aus.« Hier wird die Flagge an den Mast genagelt, gerade bei Untergang des Schiffs. Das heißt, selbst wenn wir zugrunde gehen, sind wir dadurch keineswegs widerlegt. Es wird auf neue Hände gewartet kraft des unnachläßlichen Wärmestroms im Marxismus, der zu seiner Propaganda, zu seiner Verbreitung und seiner Ergreifung allerdings selber beizutragen hat, wie das ja auch in früheren revolutionären Zeiten stets der Fall war. Zuletzt in der großen Russischen Revolution von 1918 und darüber hinaus, um dann leider in Bürokratismus zugrunde zu gehen. Aber die Sache selbst geht darum nicht zugrunde. Sie ist in der Tendenz und in der Latenz offen angelegt, läßt sich nicht abspeisen, läßt sich nicht unterschlagen, läßt sich nicht banalisieren und läßt sich noch weniger theologisieren, sondern gehört zur Immanenz unseres Daseins. Und auf diese kommt es an. Ich gebrauchte für die offene Prozeßimmanenz den nur scheinbar paradoxen Ausdruck: Transzendieren ohne Transzendenz, also ohne Jenseits, auch ohne Jenseits der Beschwerde. Mit dem Jenseits der Welt in einer Überwelt fällt ebenso das himmlische Droben samt seiner stellvertretenden Obrigkeit im Diesseits weg. Und dennoch gibt es ein Transzendieren, allerdings als eines in unsere Immanenz, worin es neues Feuer schlägt. Diesem Transzendieren ist die Bestandsaufnahme in der Philosophie verpflichtet, darum geht es ihr um die zentralen Fragen nach dem Noch-Nicht, nach der realen Utopie, nach der konkreten Utopie. Die bloß scheinbare Contradictio in adjecto dieses Begriffs wurde zum erstenmal in den bisher skizzierten breit offenen Zusammenhängen des historisch-dialektischen Materialismus geprägt, dann aber herausgelöst und bisweilen für ganz entgegengesetzte Zwecke mißbraucht. Was konkrete Utopie und ein Sein wie Utopie als fernste und dennoch praktischste Form bedeuten, heißt für das individuelle Subjekt Glück und dessen Hoffnungsinhalte, heißt für die gesellschaftliche Seite des subjektiven Faktors Solidarität und Möglichkeit des aufrechten Gangs, also Orthopädie des aufrechten Gangs, den wir als Menschen zu gehen haben. Heißt auf der objektiven naturhaften Seite ein Objekt, das nicht mehr behaftet ist mit einem uns Fremden, sondern Bestandteil und Baustein wird für das uns Allernächste, für das, was als Wort in aller Menschen Mund allzuoft gekommen ist, in dem aber trotzdem noch niemand war, nämlich Heimat. Das ist Marxismus.

Ekkehard Kaemmerling
wurde 1947 geboren. 1967 bis 1971 Studium der Literaturwissenschaft, Philosophie, Linguistik und Kunstwissenschaft. Seit 1971 Forschungstätigkeit in Berlin und Hamburg.

Wichtige Veröffentlichungen:
Semiotik des Dramas und Theaters (1975);
Semiotische Ästhetik (1975);
Becketts späte Spiele (1975);
Theorie des materiellen Dramas (in Vorbereitung).
Herausgaben:
Kunst als Zeichensystem (1975) zusammen mit Peter Gerlach;
Semiotik des Kinos (1975).

Marlis Gerhardt
wurde 1940 geboren. Studium der Philosophie, Literaturwissenschaft und Soziologie in München und Stuttgart. Promotion 1968. Frau Dr. Gerhardt ist Redakteurin im »Radio-Essay« des Süddeutschen Rundfunks.

Wichtige Veröffentlichungen:
Herausgaben: Linguistik und Sprachphilosophie (1974);
Psychoanalyse und Sprache (in Vorbereitung).

Hans Jörg Sandkühler
wurde 1940 geboren. Er ist Professor für materialistische Erkenntnistheorie an der Universität Bremen.

Wichtige Veröffentlichungen:
Freiheit und Wirklichkeit (1968);
F. W. J. Schelling (1970);
Praxis und Geschichtsbewußtsein (1973).

Herausgaben:
Psychoanalyse und Marxismus (1970);
Austromarxismus (1970);
Marxismus und Ethik (1974);
Marxistische Erkenntnistheorie (1973).

Niklas Luhmann
wurde 1927 geboren. Von 1946 bis 1949 Studium der Rechtswissenschaft, 1960/61 Studium der Verwaltungswissenschaft und der Soziologie. Er promovierte und habilitierte sich 1967 an der Universität Münster; seit 1968 ist er Ordinarius für Soziologie an der Universität Bielefeld.

Wichtige Veröffentlichungen:
Funktionen und Folgen formaler Organisation (1964/1972);
Soziologische Aufklärung: Aufsätze zur Theorie sozialer Systeme (1970, 4. Aufl. 1974);
Die Weltgesellschaft, Archiv für Rechts- und Sozialphilosophie 57 (1971) S. 1–35;
Einfache Sozialsysteme, Zeitschrift für Soziologie 1 (1972) S. 51–65;
Die Organisierbarkeit von Religionen und Kirchen, in: Jakobus Wössner (hrsg.), Religion im Umbruch (1972) S. 245–285.

Klaus Baumgärtner
wurde 1931 geboren. Studium in Leipzig und Berlin. Promotion zum Dr. phil., Habilitation 1965. Seit 1967 ist Baumgärtner Professor für Linguistik an der Universität Stuttgart.

Wichtige Veröffentlichungen:
Zur Syntax der Umgangssprache (1959).

Wolf Lepenies
wurde 1941 geboren. Er ist Professor am Institut für Soziologie der FU Berlin.

Wichtige Veröffentlichungen:
Melancholie und Gesellschaft (1969, Taschenbuch 1972);
Kritik der Anthropologie (zusammen mit Helmut Nolte, 1971, 2. Aufl. 1973);
Soziologische Anthropologie. Materialien (1971);
Orte des Wilden Denkens. Zur Anthropologie von Claude Lévi-Strauss (zusammen mit Hanns Henning Ritter, 1970, 2. Aufl. 1974).

Alfred Lorenzer
wurde 1922 geboren. Studium der Medizin. Psychiater an der Universitätsnervenklinik Tübingen, dann als Psychoanalytiker am Sigmund-Freud-Institut, Frankfurt, tätig. Habilitation 1969 an der Philosophischen Fakultät Frankfurt. Professor für Sozialpsychologie an der Universität Bremen. Jetzt Professor für Sozialisationstheorie an der Universität Frankfurt.

Wichtige Veröffentlichungen:
Architektur als Theologie (mit H. Berndt und Klaus Horn, 1968);
Kritik des psychoanalytischen Symbolbegriffs (1970);
Psychoanalyse als Sozialwissenschaft (mit Brede, Dahmer, Horn und Schwanenberg, 1971);
Zur Begründung einer materialistischen Sozialisationstheorie (1972);
Über den Gegenstand der Psychoanalyse oder Sprache und Interaktion (1973);
Die Wahrheit der psychoanalytischen Erkenntnis (1974).

Klaus Horn
wurde 1934 geboren. Er studierte Soziologie, Philosophie, Psychologie und Nationalökonomie. Er ist Professor und wissenschaftliches Mitglied am Sigmund-Freud-Institut in Frankfurt.

Arbeitsgebiete: Politische Psychologie und Medizinsoziologie.

Wichtige Veröffentlichungen:
Dressur oder Erziehung. Schlagrituale und ihre gesellschaftliche Funktion (1971);
Gruppendynamik und der subjektive Faktor. Repressive Entsublimierung oder politisierende Praxis (1973).
Horn ist Leiter des Arbeitskreises Politische Psychologie der DVPW und Mitherausgeber des LEVIATHAN, Zeitschrift für Sozialwissenschaft.

Jürgen Habermas
wurde 1929 geboren. Studium in Göttingen, Zürich und Bonn. Assistent am Institut für Sozialforschung, Frankfurt. Habilitation in Marburg, Professor für Philosophie in Heidelberg, Professor für Philosophie und Soziologie in Frankfurt, Direktor am Max-Planck-Institut zur Erforschung der Lebensbedingungen der wissenschaftlich-technischen Welt.

Wichtige Veröffentlichungen:
Strukturwandel der Öffentlichkeit (1962);
Theorie und Praxis (1963);
Erkenntnis und Interesse (1968);
Legitimationsprobleme im Spätkapitalismus (1973).

Ernst Bloch
wurde 1885 in Ludwigshafen geboren. Er studierte in München und Würzburg Philosophie, Physik und Musik und promovierte 1908 zum Dr. phil. Danach lebte er als freier Schriftsteller in Deutschland, der Schweiz, Italien und Frankreich bis 1933. Dann Emigration: Schweiz, Frankreich, Tschechoslowakei und USA.
1949 folgte er dem Ruf nach Leipzig als ordentlicher Professor und Direktor des Instituts für Philosophie. 1961 folgte Bloch der Einladung, als Gastprofessor an der Universität

Tübingen zu wirken und kehrte nach dem 13. August 1961 nicht mehr nach Leipzig zurück. Er ist an der Tübinger Universität als Professor für Philosophie tätig. 1964 wurde ihm der Kulturpreis des Deutschen Gewerkschaftsbundes verliehen, 1967 der Friedenspreis des Deutschen Buchhandels, 1969 erhielt er den Ehrendoktor der Universität Zagreb (Jugoslawien). Im Februar 1975 wurde ihm der Ehrendoktor der Pariser Universität Sorbonne verliehen.

Wichtige Veröffentlichungen:
Geist der Utopie (1918/1964);
Thomas Münzer als Theologe der Revolution (1921/1969);
Spuren (1930/1969);
Erbschaft dieser Zeit (1935/1962);
Subjekt und Objekt, Erläuterungen zu Hegel (1949/1962);
Das Prinzip Hoffnung (1954/1959);
Naturrecht und menschliche Würde (1961);
Tübinger Einleitung in die Philosophie (1963–64/1970);
Experimentum Mundi (1975).

Namenregister

Adorno, Th. W. 9, 40, 180, 188, 190
Albert, H. 9, 10, 30, 39
Alsop, J. 135
Anaximenes 206
Anziferowa, L. I. 152, 154, 162
Apel, K.-O. 39, 40, 43, 44, 45, 46, 48, 49, 53, 54, 55, 56, 57, 58, 59, 60, 62, 65
Arendt, H. 135, 136, 148
Ariès, Ph. 139
Aristoteles 77, 223, 224
Austin, J. 56, 117

Bachrach, P. 204
Backman, C. W. 179, 190
Bacon, F. 12
Baeyer-Katte, W. v. 183, 184, 188
Ballachey 179
Balzac, H. de 75
Baritz, L. 169, 188
Bastian, A. 144
Becker, E. 178, 190
Beckett, S. 77, 78
Bell, D. 196
Benjamin, W. 72, 84
Berg, J. H. v. d. 139
Berkeley, G. 47
Biermann, G. 188
Bierwisch, M. 111, 127
Bloch, E. 195, 200
Bloomfield, L. 110, 111
Bonaparte, M. 149
Boshowitsch, J. L. 151, 152, 154, 162
Bowen, M. 138, 148
Bowles, S. 188
Burdach, K. 38

Campanella, Th. 221
Canders, L. 189
Carnap, R. 22, 26, 29, 30, 39, 51, 52
Charters jr., W. W. 189
Chomsky, N. 44, 110
Claessens, D. 137, 148
Cobliner, G. 190
Comte, A. 12, 14, 15, 16, 22, 23, 38
Condorcet, A. de 15
Crutchfield 179

Darwin, Ch. 149, 150
Deborin 191
Delius, H. 11, 38
Demokrit 208, 223
Descartes, R. 46, 51
Dickson, W. J. 168, 188, 190
Dilthey, W. 50, 55, 56, 65
Dirks, W. 188
Döbert, R. 204
Durkheim, E. 134

Elias, N. 139
Empedokles 206
Engels, F. 72, 75, 148, 192, 193, 194, 207, 208, 216, 217, 221, 222, 223
Epikur 12, 208
Eyfert, K. 182, 186, 188

Feigl, H. 22
Fetscher, I. 204
Fichte, J. G. 72, 143
Foucault, M. 7, 133, 148
Fourier, Ch. 221
Frank, F. 148
Frege, G. 113, 118, 127
Freud, S. 58, 145, 149, 150, 151, 155, 161, 162, 163, 164, 165, 225
Friedeburg, L. v. 188, 190
Furtenbach, M. 189
Furtenbach, S. 189

Gadamer, H.-G. 65, 128
Galilei, G. 217
Galtung, J. 181, 188
Gantzel, K. J. 186, 188
Gehlen, A. 129, 132, 148, 181
Gerlach, E. 204

Gintis, H. 188
Goethe, J. W v. 55
Gramsci, A. 200
Graumann, C. F. 188
Gropp, R. O. 141

Habermas, J. 9, 15, 38, 40, 43, 44, 53, 59, 61, 62, 65, 132, 138, 141, 148, 173, 176, 188, 204
Haxthausen, A. 144
Hegel, G. W. F. 48, 72, 75, 108, 109, 112, 113, 143, 210, 211, 221, 222
Heidegger, M. 40, 43, 46, 47, 48, 49, 50, 65
Heller, A. 39
Hempel, C. G. 39
Heraklit 206, 207
Hermand, J. 38
Herzen, A. 211
Hilferding, R. 172, 173, 175, 188
Hobbes, Th. 47
Hofstätter, P. R. 183, 189
Holbach, P. T. d' 223
Horkheimer, M. 188, 200
Horn, K. 165, 168, 170, 183, 189
Hume, D. 12, 13, 38, 47
Hüppauf, B. 39
Husserl, E. 7, 51

Jaspers, K. 40, 150, 151, 165, 198
Jones, E. 165

Kafka, F. 47
Kant, I. 27, 46, 51, 53, 54, 72, 204, 223
Kapp, E. 127
Karttunen, L. 127
Kautsky, K. 191, 197, 219
Kierkegaard, S. A. 141
Knutson, J. N. 189
Köhler, E. 77
Kolakowski, L. 198
Kolumbus, Ch. 150
Kon, I. S. 151, 154, 162
Kopernikus, N. 149, 150
Korsch, K. 191, 194, 197, 200
Koselleck, R. 139, 148
Kosing, A. 204
Krader, L. 143, 148
Krahl, H. J. 173, 189
Kramer, W. 189
Kraus, K. 47
Krech, D. 179, 189
Kress, G. 186, 188
Kroner, B. 188
Kruse, L. 188

Labriola, A. 200
Lamettrie, J. O. de 208, 209, 223
Lefèbvre, H. 166, 189
Lenin, W. I. 72, 74, 75, 84, 221
LePlay, F. 144
Lersch, Ph. 189
Lewin, K. 169
Lichtenberg, G. Ch. 47
Lichtheim, G. 204
Lippitt, R. O. 169, 190
Lorenz, K. 128, 135
Lorenzer, A. 59, 73, 184, 189
Löwith, K. 141
Lubbock, J. 143
Lück, H. E. 189
Luhmann, N. 132, 148
Lukács, G. 191, 200

Mach, E. 12, 14, 16, 22, 38
Maine, H. S. 143
Mann, L. 180, 189
Mansurow, N. S. 152, 154, 162
Marcuse, H. 196, 204
Maren-Grisebach, M. 38
Marx, K. 49, 54, 72, 74, 75, 132, 140, 141, 142, 143, 144, 145, 146, 148, 163, 164, 192, 193, 194, 206, 207, 208, 210, 211, 212, 213, 215, 217, 222, 228
Maurer, G. L. 144
Mayer, A. 174, 189
Mayo, E. 168, 188, 189
McDougall, W. 188, 189
Metscher, Th. 77
Mill, J. St. 12, 38, 195
Mitscherlich, A. 180, 189
Moore, G. E. 47

Morgan, L. H. 143, 144
Morgenthaler, F. 189
Morus, Th. 221
Münzer, Th. 219
Musil, R. 47, 55

Narr, W. D. 183, 189
Neruda, P. 77, 78
Neurath, O. 22, 39
Newcomb, Th. M. 179, 189
Niemi, R. G. 184, 189
Nietzsche, F. 55, 141, 206
Nipperdey, Th. 139, 148
Nolte, H. 128

Ockham, W. v. 47
Offe, C. 173, 189
Owen, R. 221

Pagès, M. 168, 189
Pap, A. 39
Parin, P. 184, 189
Parin- Matthèy, G. 189
Parsons, T. 90
Paul, H. 109
Peirce, Ch. S. 44, 47
Peter, Hans 165
Petrovic, Gajo 191
Phear, J. B. 143
Pizarro, F. 150
Platon 12, 141, 207
Plessner, H. 131
Popper, K. R. 9, 10, 30, 39

Rawls, J. 195, 204
Reichenbach, H. 23, 29, 30
Reinach, A. 117, 127
Ritter, J. 132, 148
Roethlisberger, F. J. 168, 188, 190
Ross, E. A. 188, 190
Roth, G. 189
Rubinstein, S. L. 151, 154, 162
Russell, B. 7, 23, 25, 47

Saint Simon, C. H. de 15, 221
Sander, F. 189
Sartre, J.-P. 40, 198
Saussure, F. de 7
Scheler, M. 131
Schelling, F. W. J. von 48, 143
Scherer, W. 20, 21, 38
Schleiermacher, F. E. D. 50, 55, 65
Schlick, M. 22, 39
Schmidt, E. 38
Schmidt, R. 178, 190
Searle, J. 56, 117
Secord, P. F. 179, 190
Senghaas, D. 188
Sève, L. 181, 190
Smith, A. 215, 216
Sokrates 205
Spartakus 210
Spinoza, B. de 141
Spitz, R. 190
Stegmüller, W. 38, 39, 41, 62
Stirner, M. 146
Szczesny, G. 145, 148

Tarde, G. 134
Tarski, A. 113, 114, 127
Taylor, F. W. 184, 190
Thales 206, 208
Theusner-Stampa, G. 190
Thomae, H. 189
Tomberg, F. 77
Tylor, E. B. 144

Vega, G. de la 77
Vogt, I. 182, 190
Vranicki, P. 204

Weinbrenner, Milli 188
Weygandt 151
White, R. K. 169, 190
Wilke, J. 190
Wittgenstein, L. 23, 25, 39, 43, 46, 47, 48, 49, 50, 51, 56, 57, 62, 110

Zabech, F. 38